GLOSSÁRIO DE TERMOS DE FUTEBOL

EDUARDO ARAÚJO

GLOSSÁRIO DE TERMOS DE FUTEBOL

PORTUGUÊS > INGLÊS
INGLÊS > PORTUGUÊS

APRESENTAÇÃO DE JUCA KFOURI

© 2013 Eduardo Araújo
Revisão técnica: Prof. José A. Nogueira Jr. e Profª. Luciana Nogueira
Capa e Projeto gráfico: Alberto Mateus
Foto de capa: Rubens Chaves / Pulsar Imagens (Reinauguração do Estádio Mário Filho-Maracanã. Rio de Janeiro, 2 de junho de 2013: Brasil 2 x 2 Inglaterra).
Produção editorial: Crayon Editorial

Dados Internacionais de Catalogação na Publicação (CIP)
(Câmara Brasileira do Livro, SP, Brasil)

Araújo, Eduardo
   Glossário de termos de futebol / Eduardo Araújo. –
Barueri, SP : DISAL, 2013.

   ISBN 978-85-7844-154-8

   1. Futebol 2. Futebol – Vocabulários, glossários etc
3. Inglês – Vocabulários, glossários etc – Português 4.
Português – Vocabulários, glossários etc – Inglês I. Título.

13-12351   CDD-796.334

Índices para catálogo sistemático:
   1. Glossários : Termos de futebol :
      Inglês-português   796.334

Todos os direitos reservados em nome de:
Bantim, Canato e Guazzelli Editora Ltda.

Alameda Mamoré 911 – cj. 107
Alphaville – BARUERI – SP
CEP: 06454-040
Tel. / Fax: (11) 4195-2811
Visite nosso site: www.disaleditora.com.br
Televendas: (11) 3226-3111

Fax gratuito: 0800 7707 105/106
E-mail para pedidos: comercialdisal@disal.com.br

Nenhuma parte desta publicação pode ser reproduzida, arquivada ou transmitida de nenhuma forma ou meio sem permissão expressa e por escrito da Editora.

A Nair Lima de Araújo
e Francisco Paulo de Araújo

For Nair Lima de Araújo
and Francisco Paulo de Araújo

APRESENTAÇÃO

Vem aí uma Copa do Mundo no Brasil. No Brasil e no Brazil, com *s* e com *z*.

Trata-se do mais globalizado dos torneios de futebol, que já está tão globalizado que se vê pelas ruas do país o desfile de camisas do Barcelona, Chelsea, Real Madrid, Bayern Munique, Milan, tantos.

Globalizado, aliás, há mais de um século, não fosse o Corinthians filho mais glorioso de um clube londrino, o Corinthians Paulista duas vezes, *twice*?, campeão deste planeta que é uma bola, *ball*.

Não poderia vir mais a calhar, portanto, este glossário bilingue, agora sem acento e sem trema, ou *bilingual*, como você preferir, se adotar o idioma de Shakespeare e não o de Camões.

Eça de Queirós um dia disse que devemos falar orgulhosamente mal o idioma dos outros.

Pode ser, mas quem segui-lo ao pé da letra hoje em dia é que se dará mal, muito mal, *badly*.

Ali pelos anos 1950, escanteio ainda era *corner* e bola na mão era *hands*.

De lá para cá, tudo foi sendo traduzido e houve até quem quisesse chamar o futebol de ludopédio e, felizmente, não foi bem-sucedido.

Mas o *football* passou a ser futebol para sempre, por mais que os americanos insistam em chamá-lo de *soccer*, assim como, às vezes, os próprios ingleses o façam, como homenagem aos que colonizaram.

Retomo o fio da meada para dizer que esta bem sacada obra ajudará a receber melhor o mundo que para cá virá, assim como o ajudará a nos entender, embora ninguém jamais traduzirá literalmente caixinha de surpresas como *little box of surprises*, mas, sim, como ensina este glossário, *football is a funny old game* – o que, cá entre nós, não tem graça nenhuma nem faz jus à expressão cunhada por Benjamin Wright, pai do ex-árbitro José Roberto.

Seja como for, sabe você como os ingleses se referem ao drible entre as pernas, a nossa caneta? *Nutmeg*, eles dizem.

E por aí vai.

O Neymar, que os ingleses adoram vaiar por considerá-lo cai-cai, como vimos e ouvimos nas Olimpíadas de Londres, é chamado de *diver*, o que faz todo sentido, porque é sinônimo de mergulhador.

Em bom português, diria que você tem em mãos uma verdadeira festa.

A real party!

Está certo, Eduardo Araújo?

Ah, sim, ele é o autor louco por futebol que nos deu este presentaço e que, ao fim e ao cabo do Glossário de Termos de Futebol, você poderá chamar, com intimidade, de Edward, ou ainda melhor, de Eddy.

O Araújo, amigo, como saudade, não tem tradução...

JUCA KFOURI

PREFÁCIO

Este projeto é fruto do meu amor pelo futebol e da minha paixão pela língua inglesa. E como frequentemente acontece com amores e paixões, ele nasceu espontaneamente.

Desde que comecei a me dedicar mais seriamente a aprender a língua inglesa, em 1993, adquiri o hábito de catalogar frases equivalentes, em português e em inglês, e ordenar esses enunciados em temas. Com o tempo, comecei a relacionar as expressões futebolísticas que eu aprendia em inglês àquelas que eu já conhecia em minha língua materna, e acabei montando uma pequena lista com frases comumente usadas para se referir ao jogo e que se correspondem nas duas línguas.

Anos mais tarde, por ocasião da Copa do Mundo FIFA de 2010, na África do Sul, expandi e organizei aquela lista inicial e a publiquei em um blog dedicado ao aprendizado do inglês que eu mantinha na época. A reação imediatamente positiva àquela pequena amostragem ainda em esboço, em forma de apoio, comentários e perguntas, já confirmava a relevância de se produzir um glossário bilíngue amplo e específico de expressões idiomáticas e convencionais relacionadas ao esporte.

Seria um desafio e tanto! O jogo de futebol, por excelência, permite um sem-número de possibilidades e improvisos em seus lances e em sua movimentação. Devido à natureza do futebol, um mesmo objetivo, seja um passe para um companheiro de equipe em posição favorável, seja um lance de gol iminente, pode ser fisicamente executado de formas diversas e muitas vezes imprevisíveis.

Pensando nessa complexidade inerente ao esporte, pesquisei mais profundamente como os meios de comunicação e os torcedores expressavam essas possibilidades em inglês, sempre buscando relacionar as expressões que eu coletava à cultura do futebol no Brasil.

Este trabalho não pretende em absoluto ser um registro definitivo das expressões futebolísticas bilíngues. Agora mesmo surgem novas maneiras de descrever o jogo, são cunhadas novas palavras e frases que poderão entrar para o jargão do futebol. O vocabulário se estende e se renova, com a mesma força e a mesma expressividade lúdica do esporte.

PREFACE

This project is the fruit of my love for soccer and my passion for the English language. And as is often the case with love and passions, the idea was born spontaneously.

Since I started dedicating myself more seriously to learning English, in 1993, I have had a habit of making lists of phrases in English with their Portuguese equivalents, and to organize those phrases into themes. Over time, I started to relate the football expressions I would learn in English to those I was already familiar with in my native language, and ended up compiling a small list of common phrases used to refer to the game and which were equivalent in both languages.

Years later, and on the occasion of the 2010 FIFA World Cup in South Africa, I expanded and organized that initial list and published it on an English-learning blog that I had at the time. The immediate positive feedback that that small sample, still an early draft, received in the form of support, comments and questions, was already an indication of the relevance of producing a comprehensive and specific bilingual glossary of idiomatic and conventional expressions related to the sport.

And what a challenge it would be! The plays and moves of the football game by nature allow countless variations and improvisations. A single objective, be it a pass to a teammate in a good position or a goal-scoring opportunity, can be physically performed in various and often unpredictable ways.

With the inherent complexity of football in mind, I researched more deeply into it to find out how the media and the fans expressed those possibilities in English, always making sure to relate the expressions I collected to the football culture in Brazil.

This book by no means provides an exhaustive list of all football--related expressions in Portuguese and in English. Even at this moment new ways of describing the game are emerging, new words and turns of phrases are being coined which might end up in the jargon of football.

The vocabulary is constantly expanding and renewing itself with the same vitality and the same exciting expressiveness of the game.

❶ **CABINE DE TRANSMISSÃO** ▷ **BROADCAST BOOTH**
❷ **BANCO DE RESERVAS E ÁREA TÉCNICA** ▷ **SUBSTITUTES BENCH AND TECHNICAL AREA**
❸ **CÂMERA DE CAMPO** ▷ **SIDELINE CAMERAMAN, FIELD CAMERAMAN, ON-FIELD CAMERAMAN**
❹ **REPÓRTER DE CAMPO** ▷ **SIDELINE REPORTER, FIELD REPORTER, ON-FIELD REPORTER**

5 CAMAROTE ▷ VIP BOX
6 ANEL SUPERIOR ▷ UPPER TIER
7 ANEL INFERIOR ▷ LOWER TIER
8 TÚNEL DE ACESSO ÀS ARQUIBANCADAS ▷ STAND ACCESS TUNNEL

SUMÁRIO

1 INTRODUÇÃO — 19

2 SOBRE O GLOSSÁRIO — 23

3 ELEMENTOS DO JOGO — 29

O Estádio de Futebol — 30

O Campo de Jogo — 32

Jogadores e Posições — 33

O Equipamento — 36

Lances e Jogadas — 37

Tática e Estatísticas — 38

Comissão Técnica e Diretoria — 41

Árbitros — 42

Regras e Infrações — 43

4 FALANDO SOBRE O JOGO — 45

5 TERMOS DO FUTEBOL USADOS ESPECIFICAMENTE EM PORTUGUÊS E EM INGLÊS — 208

CONTENTS

1 INTRODUCTION — 215

2 ABOUT THIS GLOSSARY — 219

3 GAMEPLAY — 225

Football/Soccer Stadium — 226

Field of Play — 228

Players/Positions > > > > > > > > > > > > > > > > > **229**

The Equipment > > > > > > > > > > > > > > > > > **232**

Plays and Moves > > > > > > > > > > > > > > > > > **233**

Tactics and Stats > > > > > > > > > > > > > > > > > **234**

Coaching Staff and Management > > > > > > > > > > > > **237**

Referees > **238**

Rules and Offences > > > > > > > > > > > > > > > > **239**

4 TALKING ABOUT THE GAME > > > > > > > > > > > > > **241**

5 FOOTBALL TERMS SPECIFICALLY USED IN ENGLISH AND IN PORTUGUESE > > > > > > > > > > > > > > > > > **413**

GLOSSÁRIO DE TERMOS DE FUTEBOL

PORTUGUÊS – INGLÊS

1 INTRODUÇÃO

SOCCER E FOOTBALL

O futebol tem ganhado crescente destaque nos Estados Unidos e já figura entre os esportes coletivos mais populares no país, sobretudo nas escolas e entre sua população latino-americana. Já no Reino Unido, o futebol é o esporte número um e mobiliza milhões de fãs apaixonados, em diversos campeonatos regionais e continentais.

A cultura futebolística britânica exerce influência mundo afora e não seria diferente em relação à língua inglesa. Muitos dos profissionais da imprensa futebolística dos Estados Unidos são britânicos e isso tem impacto ainda mais direto na linguagem que os americanos, tanto mídia quanto torcida, empregam ao falar sobre o jogo. Sempre que necessário, esta publicação fará referência aos diferentes usos entre os países.

Mas há uma diferença imediatamente visível na linguagem futebolística entre o Reino Unido e os Estados Unidos (além de outros países falantes do inglês): a própria palavra para designar o esporte. Os torcedores americanos (assim como os canadenses, australianos e sul--africanos) usam predominantemente o termo "soccer", enquanto os britânicos dizem "football". A exceção no Reino Unido são os torcedores irlandeses, que usam os dois termos.

Durante a Idade Média, várias modalidades de jogos de bola floresceram em diferentes localidades das ilhas britânicas, sob a denominação genérica de "mob football" ou "folk football". Eram atividades coletivas populares, executadas com os pés, em oposição aos esportes que a aristocracia britânica praticava sobre cavalos.

Apesar do nome, os jogos ancestrais de futebol guardam poucas semelhanças com o esporte atual. Eles eram, por exemplo, praticados sem limite definido de tempo nem de número de jogadores. Não havia

INTRODUÇÃO

terreno específico para a prática. Tampouco havia regras ou árbitros. Na realidade, eram jogos bastante violentos, que muitas vezes ameaçavam a ordem pública.

Mais tarde, esses jogos viraram passatempos nas escolas reservadas à elite inglesa, onde, em meados de 1800, foram introduzidas as primeiras regras. Surgem duas vertentes principais do jogo: uma executada predominantemente com as mãos e outra, com os pés. Ambas logo se difundem entre as camadas mais populares da sociedade. Pouco tempo depois, as regras foram uniformizadas e dois jogos despontaram: "rugby football", praticado com as mãos, e "association football", praticado com os pés.

O nome "association football" faz referência à The Football Association, agremiação criada em 1863 na Freemason's Tavern, em Londres, e que codificou o jogo de futebol em 13 regras, além de organizar os primeiros torneios. O esporte passou, então, a ser chamado de "association", para diferenciá-lo de outras ramificações do futebol, como o rúgbi.

Acontece que até hoje é tradição entre os alunos das escolas inglesas apelidarem as coisas. No final do século XIX, uma das tendências entre os alunos era criar apelidos acrescentando o sufixo "-er" à raiz das palavras. De modo que o jogo de "rugby football" passou a ser chamado de "rugger", enquanto que "association football" foi apelidado de "soccer" (palavra composta da segunda sílaba de "as[soc]iation"). O nome "soccer" difundiu-se e foi exportado para os Estados Unidos, onde permanece até hoje.

Para o público americano, a palavra "football" comumente se refere ao esporte que no Brasil convencionamos chamar de futebol americano. Para os australianos, "football" refere-se ao que chamamos de futebol australiano. Os torcedores ingleses, por sua vez, fazem questão de usar

GLOSSÁRIO DE TERMOS DE FUTEBOL

a palavra "football", com o orgulho de quem nasceu no país onde se organizou e se difundiu por todo mundo a versão moderna do esporte.

A imprensa inglesa, provavelmente numa tentativa de se comunicar com um espectro mais amplo de pessoas, por vezes lança mão da palavra "soccer", como é o caso do próprio nome da conceituada revista britânica World Soccer. É possível até mesmo encontrar exemplos do uso de soccer na fala de alguns comentaristas ingleses em programas de mesa-redonda. Mas entre os torcedores britânicos, "football" é definitivamente o nome da sua paixão.

Quis o destino que uma palavra criada na Inglaterra fosse considerada um termo tipicamente americano!

2
SOBRE O GLOSSÁRIO

SOBRE O GLOSSÁRIO

Diversas mídias serviram como fonte para minha pesquisa, na busca por registros e estilos variados de frases de uso corrente. Foram analisados textos com comentários sobre os times e resumos dos jogos, áudio de programas no estilo mesa-redonda e vídeos de partidas de futebol.

Além de elementos estáticos, desde vocábulos como *trave*, *escanteio* e *marca do pênalti*, até os nomes das posições dos jogadores e os termos associados à regra e ao esquema tático, incluí também uma série de frases convencionais que descrevem ações mais complexas que se desenrolam durante uma partida.

Desta forma, em vez de apenas traduzir palavras isoladas como *meio-campista*, *chute* e *gol*, foram encontrados equivalentes em inglês para descrições mais completas, como "o meio-campista rolou a bola para o atacante que chutou de primeira para o fundo da rede" – uma unidade fraseológica facilmente reconhecível tanto pelo espectador como pelos profissionais inseridos na cultura do futebol.

É possível verificar na língua portuguesa certo padrão de frases utilizadas tanto durante uma partida, pelo narrador ou espectador, como após a partida, para comentar os lances que se desenrolaram nos 90 minutos de jogo. Esse mesmo padrão fraseológico pode ser claramente observado também no inglês, tanto americano quanto britânico, para descrever ou comentar os mesmos lances. Grande parte da pesquisa deu-se dentro desse âmbito linguístico, ou seja, o levantamento de equivalentes mais complexos entre português e inglês que descrevem as jogadas e improvisações do futebol.

Este glossário é a primeira publicação desse tipo no Brasil. Espero que ele atenda ao interesse de tantos brasileiros por futebol e pela

SOBRE O GLOSSÁRIO

língua inglesa, assim como espero que aproveitem deste glossário muitos falantes da língua inglesa, tanto profissionais ligados ao futebol quanto amantes do esporte, que se interessem pela tradição futebolística brasileira em específico, por sua cultura e suas manifestações, inclusive linguísticas.

GUIA DE UTILIZAÇÃO

A primeira parte deste glossário apresenta os elementos estáticos do jogo, como equipamentos, partes do campo de jogo e nomes das posições.

É importante notar que as posições e as funções dos jogadores (assim como os termos usados para elas) sofrem mudanças de tempo em tempo, conforme mudam as formações táticas do futebol. Este livro utiliza os termos para as principais posições usadas no futebol moderno.

Além disso, o futebol pode ser visto de maneira diferente conforme a cultura em que está inserido. Desse modo, por vezes a nomenclatura das posições dos jogadores pode não se corresponder entre o português e o inglês. Por exemplo, um jogador definido como atacante no Brasil pode ser chamado de meio-campista na Inglaterra. Ou então um mesmo termo, como lateral, pode descrever funções táticas bem distintas em duas culturas diferentes.

Alguns dos verbetes deste livro não encontram uma versão literal em inglês, mas um equivalente com o mesmo sentido. Exemplo disso é a expressão "o futebol é uma caixinha de surpresa", cujo equivalente em inglês é "football is a funny old game".

Este glossário também traz uma seção com termos de futebol usados especificamente em português e em inglês, sem equivalência.

Os verbetes deste glossário estão apresentados em ordem alfabética. Cada verbete está organizado da seguinte forma:

GLOSSÁRIO DE TERMOS DE FUTEBOL

❶ Verbete em português, em negrito. Em alguns casos, incluem-se expressões equivalentes, separadas por ponto e vírgula; em outros casos, são sinônimos separados por barra (/).

❷ Equivalente em inglês, em itálico. Em alguns casos, incluem-se expressões equivalentes, separadas por ponto e vírgula; em outros casos, sinônimos separados por barra (/).

❸ Em alguns casos, remissão a outros verbetes do glossário que ajudarão a compreender melhor o significado da palavra ou frase em questão, indicado assim: [VER TAMBÉM].

❹ Frase de exemplo ilustrando o verbete em português.

❺ Tradução da frase de exemplo ilustrando o equivalente em inglês.

❻ Em alguns casos, locuções que apresentam o verbete em questão.

Algumas expressões foram organizadas em torno da palavra principal. É o caso, por exemplo, de **estar em condição**, **saldo de gol negativo** e **dar rebote**. No primeiro exemplo, o leitor deverá procurar pelo verbete *condição*; no segundo caso, pelo verbete *gol*; no terceiro, pelo verbete *rebote*.

Além disso, os verbetes podem incluir informações explicativas, quando necessário.

Por exemplo, no verbete **mão de alface [informal]** e no verbete equivalente em inglês **scoreline [jornalismo]**, as palavras "informal" e "jornalismo", apresentadas entre colchetes, indicam o registro de linguagem em que o verbete é empregado.

No verbete **jogador titular [em oposição ao reserva]** a frase entre colchetes explica que se trata do jogador que inicia a partida, e não necessariamente do jogador do elenco principal do time, conotação que a expressão "jogador titular" também sugere no Brasil.

SOBRE O GLOSSÁRIO

A explicação também pode vir apresentada entre parênteses, como nos verbetes **convocação (para a seleção)** e **(estar/jogar com um homem) a menos** em que a frase, além de explicar o uso do verbete, é também complemento dele.

No verbete **linha de impedimento*** o asterisco indica que há uma nota explicativa apresentada ao final do verbete. A nota explicativa traz informações que ajudam o leitor a compreender questões pertinentes ao jogo ou ao uso da expressão dentro da cultura do futebol.

As abreviações utilizadas neste glossário são:

RU – Reino Unido
EUA – Estados Unidos
AUS – Austrália

3
ELEMENTOS DO JOGO

O ESTÁDIO DE FUTEBOL

ESTRUTURA DO ESTÁDIO

alto-falante ▷ *speaker*

anel superior/inferior ▷ *upper/lower tier*

área técnica ▷ *technical area*

arquibancada ▷ *grandstand; stand*

banco de reservas ▷ *substitutes bench; team bench; dugout*

cabine de imprensa ▷ *press box*

cabine de transmissão (de TV/de rádio) ▷ *(TV/radio) broadcast booth*

cadeira numerada ▷ *numbered seat*

cadeira; assento; lugar ▷ *seat*

camarote ▷ *private suite; VIP box*

câmera de campo [nome do profissional] ▷ *sideline cameraman/ camerawoman; camera operator; field cameraman; on-field cameraman*

campo de treinamento ▷ *training field*

capacidade (de público) ▷ *capacity (of spectators)*

centro de mídia ▷ *media center*

cobertura ▷ *roof*

equipe de imprensa ▷ *media crew*

equipe médica ▷ *medical team*

fotógrafo de campo ▷ *sideline photographer; field photographer; on-field photographer*

maca ▷ *stretcher*

pista de atletismo ▷ *athletics track*

placa de propaganda ▷ *advertising hoarding [RU]; advertising board [EUA]*

placar eletrônico ▷ *electronic scoreboard*

ELEMENTOS DO JOGO

refletores ▷ *floodlights*

repórter de campo ▷ *sideline reporter*

serviço de som ▷ *PA system*

sistema de drenagem ▷ *drainage system*

sistema de irrigação ▷ *irrigation system*

telão ▷ *video screen*

tribuna de honra ▷ *directors' box*

túnel de acesso ao campo ▷ *pitch access tunnel*

túnel de acesso às arquibancadas ▷ *stand access tunnel*

túnel de acesso dos jogadores ▷ *players' tunnel*

DENTRO DO ESTÁDIO

área de alimentação/praça de alimentação ▷ *concession area*

área de aquecimento ▷ *warm-up area*

área para entrevista ao vivo ▷ *flash interview area*

lanchonete; quiosque ▷ *concession stand; kiosk*

loja do clube ▷ *club shop; team store [EUA]*

saguão; corredor ▷ *concourse*

sala de entrevista coletiva ▷ *media conference room*

vestiário ▷ *dressing room; changing room; locker room [EUA]*

zona mista ▷ *mixed zone*

FORA DO ESTÁDIO

bilheteria ▷ *ticket office*

catracas ▷ *turnstiles*

entrada acessível ▷ *accessible entrance*

GLOSSÁRIO DE TERMOS DE FUTEBOL

estacionamento ▷ *parking area*
guichê ▷ *ticket window*

O CAMPO DE JOGO

❶ **arco de canto; marca de escanteio** ▷ *corner arc*
❷ **arco penal; meia-lua [informal]** ▷ *penalty arc*
❸ **área de meta; pequena área** ▷ *goal area/box; six-yard area/box [EUA]*
❹ **área penal; grande área** ▷ *penalty area/box; 18-yard area/box [EUA]*
❺ **campo** ▷ *pitch; field [EUA]*
❻ **círculo central** ▷ *centre circle [RU]; center circle [EUA]*
❼ **linha da grande área; linha da área penal** ▷ *penalty area marking*
❽ **linha de fundo** ▷ *by-line; end line*
❾ **linha do gol; linha de meta** ▷ *goal line*
❿ **linha do meio-campo** ▷ *halfway line*
⓫ **linha lateral** ▷ *sideline; touchline*
⓬ **marca central** ▷ *centre mark [RU]; center mark [EUA]*
⓭ **marca do pênalti; marca penal** ▷ *penalty spot/mark*

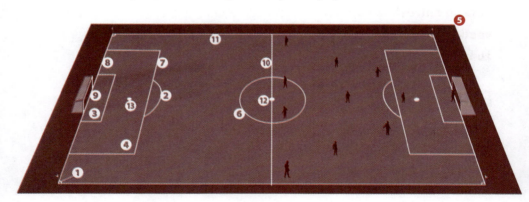

32

ELEMENTOS DO JOGO

O GOL E A BANDEIRA

bandeira de escanteio ▷ *corner flag*

pau da bandeira ▷ *flag post*

rede ▷ *net*

trave ▷ *goalpost; post*

travessão ▷ *crossbar; bar*

JOGADORES E POSIÇÕES

POSIÇÕES BÁSICAS

atacante ▷ *forward; striker*

goleiro ▷ *goalkeeper*

meio-campista ▷ *midfielder*

zagueiro ▷ *defender*

DEFESA

goleiro ▷ *goalkeeper; keeper; goalie [informal]*

lateral direito avançado; ala direito ▷ *right wingback*

lateral direito recuado ▷ *right back; right fullback [RU]; right outside back [EUA]*

lateral esquerdo avançado; ala esquerdo ▷ *left wingback*

lateral esquerdo recuado ▷ *left back; left fullback [RU]; left outside back [EUA]*

líbero ▷ *sweeper; libero*

zagueiro ▷ *center back; center fullback; stopper*

GLOSSÁRIO DE TERMOS DE FUTEBOL

MEIO-CAMPO

meia atacante ▷ attacking midfielder; offensive midfielder

meia central ▷ central midfielder

meia de contenção ▷ holding midfielder

meia direita ▷ right midfielder; right half

meia direita avançado; ponta direita ▷ right winger; right wing

meia esquerda ▷ left midfielder; left half

meia esquerda avançado; ponta esquerda ▷ left winger; left wing

meio-campo defensivo; volante; cabeça de área ▷ defensive midfielder

ATAQUE

atacante direito ▷ right forward

atacante esquerdo ▷ left forward

centroavante ▷ centre-forward [RU]; center-forward [EUA]

primeiro atacante ▷ first striker

segundo atacante ▷ second striker; secondary striker; supporting striker

SOBRE OS JOGADORES

articulador; armador ▷ playmaker

artilheiro (de uma competição) ▷ the top scorer; the leading scorer

artilheiro; goleador ▷ goal scorer

atacante matador; atacante goleador ▷ goal-scoring striker

atacante recuado; armador recuado ▷ deep-lying striker; deep-lying playmaker

banheirista [informal] ▷ goal-hanger; cherry picker

centroavante de referência ▷ target striker

ELEMENTOS DO JOGO

desarmador; roubador/ladrão de bola; batedor de carteira [informal] ▷ *ball winner; ball stealer*

destruidor de jogadas; volante destruidor ▷ *destroyer; anchorman; anchor player; midfield anchor*

distribuidor ▷ *distributor*

finalizador ▷ *finisher*

jogador cai-cai [informal]; jogador que simula falta ▷ *diver*

jogador com fome de gol ▷ *goal-hungry player*

jogador de contenção ▷ *holding player*

jogador de ligação; homem de ligação (entre o meio-campo e o ataque) ▷ *the link-up player/man (between midfield and attack)*

jogador de linha ▷ *outfield player; outfielder*

jogador de referência; homem de referência; pivô ▷ *target man/player*

jogador formado nas divisões de base; jogador prata da casa [informal] ▷ *homegrown talent/player*

jogador reserva; reserva ▷ *the reserve; the substitute; the bench player*

jogador titular; jogador principal ▷ *first teamer; first-choice player*

jogador titular; jogador que inicia a partida; jogador que começa jogando ▷ *starting player; starter*

meio-campista que vem de trás ▷ *deep-lying midfielder*

último homem ▷ *last man*

GLOSSÁRIO DE TERMOS DE FUTEBOL

O EQUIPAMENTO

bermuda térmica ▷ *thermal shorts*

braçadeira; faixa de capitão ▷ *captain's armband*

camisa ▷ *shirt; jersey*

camisa de manga curta ▷ *short-sleeved shirt/jersey*

camisa de manga longa ▷ *long-sleeved shirt/jersey*

camisa térmica ▷ *base layer*

caneleiras ▷ *shin pads [RU]; shin guards [EUA]*

chuteiras ▷ *(football) boots [RU]; (soccer) shoes [EUA]; cleats [EUA]*

colete (de treinamento) ▷ *(training) bib/vest/pinny*

luvas de goleiro ▷ *goalkeeper gloves*

meiões ▷ *socks*

shorts ▷ *shorts*

solado (das chuteiras) ▷ *outsole (of boots)*

travas; cravos ▷ *studs; cleats*

travas de alumínio ▷ *metal studs*

travas de borracha ▷ *rubber studs*

travas de plástico ▷ *plastic studs*

travas de rosca ▷ *screw-in studs*

uniforme ▷ *strip; kit; uniform [EUA]*

ELEMENTOS DO JOGO

LANCES E JOGADAS

bicicleta ▷ *bicycle kick*

cabeçada ▷ *header*

cabecear a bola ▷ *to head the ball*

carrinho ▷ *tackle*

chutar ▷ *to shoot; to kick*

chutar de bico ▷ *to toe the ball*

chutar de primeira ▷ *to strike it first-time*

chutar de trivela ▷ *to kick an out swerve*

chute ▷ *shot*

corta-luz ▷ *dummy*

corte (drible) ▷ *cut*

cruzamento ▷ *cross*

cruzar a bola ▷ *to cross the ball*

dar carrinho ▷ *to tackle*

defender (bola ao gol) ▷ *to save*

defesa (no gol) ▷ *save*

dividida ▷ *50/50*

driblar um jogador ▷ *to dribble past a player; to juke a player [EUA]*

drible ▷ *move; trick*

fazer falta ▷ *to foul*

fazer o giro ▷ *to turn; to swivel*

finalizar ▷ *to finish*

finta ▷ *feint; fake*

fintar ▷ *to feint; to fake*

lance; jogada ▷ *play*

GLOSSÁRIO DE TERMOS DE FUTEBOL

marcar um gol ▷ *to score*

matar a bola ▷ *to trap the ball*

matar a bola no peito ▷ *to chest trap the ball*

passar; dar um passe ▷ *to pass*

passe ▷ *pass*

receber falta ▷ *to be fouled*

tocar por cima ▷ *to chip/flick/lob the ball*

TÁTICAS E ESTATÍSTICAS

TABELA DE CLASSIFICAÇÃO ▷ *STANDINGS*

POSIÇÃO	EQUIPE	PTS	J	V	E	D	GP	GC	SG
1	Azul	24	11	7	3	1	26	11	+15
2	Verde	22	11	6	4	1	23	10	+13
3	Amarelo	20	11	6	4	1	17	14	+3
4	Vermelho	17	11	6	2	3	17	12	+5
5	Branco	17	11	5	2	4	19	17	+2

LEGENDA:

posição ▷ *place*

equipe ▷ *team*

PTS (pontos) ▷ *PTS (points)*

J (jogos) ▷ *GP (games played)*

V (vitórias) ▷ *W (wins)*

E (empates) ▷ *D (draws)*

D (derrotas) ▷ *L (losses)*

GP (gols pró) ▷ *GF (goals for)*

GC (gols contra) ▷ *GA (goals against)*

SG (saldo de gols) ▷ *GD (goal difference)*

ELEMENTOS DO JOGO

OUTROS TERMOS DE ESTATÍSTICA

artilheiro ▷ *top scorer; leading scorer*

assistências ▷ *assists*

bolas perdidas ▷ *balls lost*

carrinhos ▷ *tackles*

cartões amarelos ▷ *yellow cards*

cartões vermelhos ▷ *red cards*

chutes a gol ▷ *shots on goal*

cruzamentos ▷ *crosses*

desarmes ▷ *dispossessions*

escanteios ▷ *corner kicks*

faltas cometidas ▷ *fouls committed*

faltas recebidas ▷ *fouls suffered*

finalizações ▷ *finishes*

gols contra ▷ *own goals*

gols marcados ▷ *goals scored*

gols sofridos ▷ *goals allowed*

impedimentos ▷ *offsides*

passes errados ▷ *misplaced passes*

pênaltis ▷ *penalty kicks*

posse de bola ▷ *possession*

tabela de jogos ▷ *fixtures [RU]; (match) schedules [EUA]*

OUTROS TERMOS DE TÁTICA

anular (um jogador; uma jogada etc) ▷ *to nullify (a player; a play etc)*

armação/construção de jogada ▷ *setup; buildup; buildup play*

GLOSSÁRIO DE TERMOS DE FUTEBOL

bola rifada ▷ *hoofed ball*

buraco na defesa ▷ *hole in the defense*

chegar duro ▷ *to come in hard*

cobrir (a defesa) ▷ *to cover; to back up (the defense)*

coletivo ▷ *scrimmage*

colocar/pôr a bola no chão [figurativo] ▷ *to play on the deck/on the floor*

contra-ataque ▷ *counter-attack*

criar espaço ▷ *to create space*

deixar um adversário em impedimento ▷ *to catch an opponent offside*

espaço ▷ *space*

espaço aberto ▷ *open space*

espaço nas costas de um jogador ▷ *space behind a player*

esquema tático; estratégia ▷ *game plan; tactics; scheme*

evitar um gol ▷ *to deny a goal*

fazer jogo aéreo ▷ *to play over the top*

fazer marcação cerrada ▷ *to play tight*

fazer marcação dupla ▷ *to double team; to do double marking*

fechar os espaços ▷ *to close down space*

formação; sistema de jogo ▷ *formation; system of play*

fugir da marcação ▷ *to escape the marker*

furar a marcação ▷ *to break through the defense*

jogada de bola parada ▷ *dead-ball situation; set piece*

jogar ▷ *to play*

jogar aberto; jogar pelos lados; fazer um jogo aberto ▷ *to play wide*

jogar na defesa ▷ *to play a defensive game*

jogar por dentro ▷ *to play narrow*

matar uma jogada ▷ *to break a play up*

ELEMENTOS DO JOGO

movimentação de bola ▷ *ball movement*
penetração (na defesa) ▷ *penetration (into defense)*
roubar a bola ▷ *to steal the ball*
treinar ▷ *to train; to practice*
treino; treinamento ▷ *training; practice*
ultrapassagem ▷ *overlapping run*

COMISSÃO TÉCNICA E DIRETORIA

assessor de imprensa ▷ *press officer*
auxiliar técnico ▷ *assistant coach*
dirigente ▷ *director*
equipe médica ▷ *medical team*
fisiologista ▷ *athletic trainer*
fisioterapeuta ▷ *physiotherapist; physio*
gandula ▷ *ballboy/ballgirl; ballkid [informal]*
gerente de futebol ▷ *football/soccer (operations) manager*
massagista ▷ *massage therapist*
médico ▷ *physician*
nutricionista ▷ *nutritionist*
olheiro; observador ▷ *(talent) scout*
observador tático ▷ *tactical scout*
observador de adversários ▷ *opposition scout*
observador técnico ▷ *technical scout*
preparador de gramado ▷ *groundskeeper; groundsman/groundswoman*
responsável pelo gramado ▷ *head groundskeeper; head groundsman/ groundswoman*

GLOSSÁRIO DE TERMOS DE FUTEBOL

preparador físico ▷ *fitness coach; strength and conditioning coach*

presidente ▷ *chairman/chairwoman*

roupeiro ▷ *kit man/kit woman; kit manager; equipment manager*

técnico do time de base; treinador do time de base ▷ *youth team coach; youth team manager [RU]*

técnico principal ▷ *head coach*

técnico; treinador; professor [informal] ▷ *coach; manager [RU]; gaffer [informal]*

treinador de goleiros; preparador de goleiros ▷ *goalkeeper coach; goalkeeping coach*

ÁRBITROS

apitar/arbitrar um jogo ▷ *to officiate/to referee/to call/to ref [informal] a game*

apito ▷ *whistle*

apito com cordão ▷ *whistle with lanyard*

apito com dedal ▷ *finger grip whistle*

arbitragem ▷ *refereeing; officiating; reffing [informal]*

equipe de arbitragem ▷ *officiating/refereeing crew*

trio de arbitragem ▷ *officiating/refereeing trio*

árbitro; juiz ▷ *official; referee*

árbitro assistente; assistente; árbitro auxiliar; auxiliar ▷ *assistant referee; AR*

árbitro principal ▷ *center referee*

bandeira do assistente ▷ *assistant referee's flag*

cartão amarelo ▷ *yellow card*

ELEMENTOS DO JOGO

cartão vermelho ▷ *red card*

cronômetro ▷ *timer*

juiz; árbitro ▷ *referee; official; ref [informal]*

juiz de linha; bandeirinha [informal]; bandeira [informal] ▷ *linesman/lineswoman; lino [informal]*

juiz/árbitro de gol; quinto árbitro; árbitro assistente adicional ▷ *goal-line referee/official; fifth official; Additional Assistant Referee*

munhequeira ▷ *wristband*

quarto árbitro ▷ *fourth official*

spray demarcatório ▷ *vanishing spray (paint)*

REGRAS E INFRAÇÕES

barreira ▷ *wall*

bola na mão ▷ *ball to hand*

carga ▷ *charge*

cobrança; tiro ▷ *kick*

cobrança de escanteio ▷ *corner kick*

cobrança de pênalti ▷ *penalty kick*

cobrança lateral; arremesso lateral ▷ *throw-in*

tiro de meta ▷ *goal kick*

conduta/atitude antidesportiva ▷ *unsporting behavior/conduct*

falta ▷ *foul*

impedimento ▷ *offside; offsides [EUA]*

má conduta ▷ *misconduct*

mão na bola ▷ *hand to ball*

pé alto ▷ *high kick; high foot*

GLOSSÁRIO DE TERMOS DE FUTEBOL

prorrogação; tempo extra ▷ *extra time; overtime [EUA]*

regra do gol fora de casa ▷ *away goals rule*

tempo de acréscimo; acréscimo; acréscimos ▷ *added time; injury time; stoppage time*

toque de mão ▷ *handball*

4
FALANDO SOBRE O JOGO

aberto ▷ wide

Chute do atacante aberto na esquerda.

*A shot from the striker **wide** on the left.*

A atacante jogou aberto na direita durante todo o jogo.

*The forward played **wide** on the right throughout the game.*

abrir ▷ to play (the ball) wide

Em vez de tentar o chute, o meio-campista abriu para o ponta direita, que entrava na área.

*Instead of trying a shot on goal, the midfielder **played the ball wide** to the right winger coming into the box.*

abrir a porteira [informal]* ▷ to open the floodgates

O gol demorou para sair, mas abriu a porteira.

*The goal was a long time coming but it **opened the floodgates**.*

*No futebol, dizer que um gol abriu a porteira significa que, a partir do primeiro gol, ficou mais fácil marcar outros.

abrir o placar ▷ to score the/an opening goal; to break on top; to get on the board first; to open the score/scoring; to open the account

VER TAMBÉM PLACAR

acertar (a trave/o travessão) ▷ to rattle the frame (of the goal); to hit the goalpost/the bar

VER TAMBÉM TRAVE

ADVERSÁRIO

acertar (contrato) com um time ▷ to sign with a club

VER TAMBÉM CONTRATO

acesso ▷ promotion

O atacante foi decisivo na campanha de acesso da equipe.
*The striker was crucial in the team's **promotion** campaign.*
A equipe conquistou o acesso à primeira divisão.
*The team won the **promotion** to the first division.*
O lateral direito marcou o gol que garantiu o acesso
à primeira divisão.
*The right back scored the goal that secured the team's **promotion**
to the first division.*

acréscimo(s) ▷ added on; added time; injury time; stoppage time

Haverá três minutos de acréscimo.
*Three minutes will be **added on**.*
O time marcou nos acréscimos do final do primeiro tempo.
*The team scored in time **added on** at the end of the first half.*
O gol veio aos cinco minutos dos acréscimos.
*The goal came in the fifth minute of **injury time**.*

adversário; time adversário ▷ opponent

O time conhecerá seu adversário depois da conclusão da rodada.
*The team will learn its **opponent** after this round wraps up.*
Os zagueiros devem ficar de olho na bola e no corpo do adversário.
*The defenders must keep an eye on the ball and their **opponent's** body.*

ADVERTÊNCIA

adversário [adjetivo] ▷ *opposing*

O time adversário.

*The **opposing** team.*

A defesa adversária.

*The **opposing** backline.*

advertência ▷ *warning*

O jogador já havia levado um cartão amarelo e recebeu a última advertência.

*The player was on a yellow and got a final **warning.***

A juíza parou a partida e deu uma advertência verbal ao técnico.

*The referee stopped the match and gave a verbal **warning** to the coach.*

aéreo ▷ *over-the-top*

O ala direito lançou uma bola aérea para o atacante.

*The right wingback played an **over-the-top** ball to the striker.*

O atacante recebeu um passe aéreo do volante.

*The striker received an **over-the-top** pass from the defensive midfielder.*

O incessante jogo aéreo da equipe não é interessante de se ver.

*The team's incessant **over-the-top** play is not entertaining to watch.*

fazer jogo aéreo ▷ *to play over the top*

A forte defesa italiana obrigou a equipe a fazer jogo aéreo.

*Italy's tough defense forced the team to **play over the top**.*

jogo aéreo ▷ *over-the-top play*

Eles não tinham velociadade para fazer frente ao jogo aéreo de seus adversários.

*They had no speed to match the **over-the-top play** of their opponents.*

AMISTOSO

afastar (um jogador) ▷ *to sideline*

O atacante to Real Madrid ficará afastado até outubro.
*Real Madrid's attacker will be **sidelined** until October.*

agregado ▷ *aggregate*

VER TAMBÉM PLACAR

ajeitar a bola ▷ *to set the ball up; to set it up*

Em vez de chutar de primeira, você pode ajeitar a bola com um toque
e depois chutar com um segundo.
*Instead of striking it first-time, you can **set it up** with a first touch to
strike it with a second touch.*
Ele ajeitou a bola para seu companheiro.
*He **set the ball up** to his teammate.*

ala; lateral avançado ▷ *wingback*

ala/lateral direito avançado ▷ *right wingback*
ala/lateral esquerdo avançado ▷ *left wingback*

alto-falante ▷ *speaker*

VER TAMBÉM SISTEMA DE SOM

amistoso ▷ *friendly (match)*

amistoso internacional ▷ *international friendly*
amistoso preparatório ▷ *warm-up friendly*

análise do jogo ▷ *match analysis*

análise pós-jogo ▷ *post-match analysis*

anel (da arquibancada) ▷ *tier (of the stand)*

anel inferior ▷ *lower tier*
anel superior ▷ *upper tier*

ângulo ▷ *top corner; angle*

ângulo (do gol) ▷ *top corner of the goal; upper 90 [EUA]*
A bola entrou no ângulo.
*The shot went into the **upper 90**.*
A zagueira cabeceou a bola no ângulo direito.
*The defender headed the ball into the right **top corner of the goal**.*
ângulo fechado ▷ *tight angle*
O jogador marcou o gol com/de um ângulo fechado.
*The player scored the goal on/from/at a **tight angle**.*
Chute de um ângulo fechado.
*A **tight angle** shot.*
fechar o ângulo (goleiro) ▷ *to cut down the angle; to narrow the angle*
O goleiro saiu em velocidade para fechar o ângulo do atacante.
*The keeper rushed out to **narrow the angle** on the striker.*
Antes de o goleiro fechar o ângulo, o atacante deu um chute de dentro da área.
*Before the goalie **cut down the angle**, the striker fired a shot from inside the area.*
sem ângulo ▷ *no angle*
O atacante acertou um chute de canhota quase sem ângulo.
*The striker hit a left-footed shot with almost **no angle**.*

O lateral esquerdo estava sem ângulo, mas acertou uma bomba que foi para o fundo da rede.

*The left back had almost **no angle,** but hit a screamer that went into the net.*

anotar; marcar (um gol) ▷ *to get on the scoresheet*

Três jogadores diferentes anotaram na vitória do time sobre o Chelsea por 4 a 0.

*Three different players **got on the scoresheet** in the team's 4-0 win over Chelsea.*

O meio-campista francês anotou novamente aos 30 minutos.

*The French midfielder **got on the scoresheet** again in the 30th minute.*

antecipação ▷ *anticipation*

Os zagueiros precisam ter boa antecipação para cortar os passes perigosos.

*Defenders need to have good **anticipation** to cut out dangerous passes.*

anular ▷ *to nullify*

A defesa não conseguiu anular o craque da equipe adversária.

*The defense was not able to **nullify** the opponent's star player.*

O time foi capaz de anular os grandes lances de ataque de seu rival.

*The team managed to **nullify** the major attacking threats from their rival.*

anular (um gol) ▷ *to nullify a goal*

VER TAMBEM GOL

aparecer ▷ to emerge

O zagueiro apareceu para matar a jogada.

*The defender **emerged** to clear.*

aparecer para o jogo ▷ to show up

Ele é um jogador-chave e precisa aparecer nos jogos importantes.

*He is a key player and needs to **show up** in the big games.*

apitar ▷ to call (a foul etc); to referee a game

apitar/dar/marcar/assinalar/anotar (uma falta etc.) ▷ to call

O gol foi anulado depois que o juiz deu uma falta contra o Barcelona.

*The goal was disallowed after the referee **called** a foul against Barcelona.*

O juiz assinalou uma falta do zagueiro.

*The referee **called** a foul on the defender.*

O juiz apitou um pênalti contra nosso time.

*The ref **called** a penalty kick against our team.*

apitar/arbitrar (um jogo) ▷ to referee; to officiate; to ref [informal]; to call

Ele é um árbitro de nível mundial e apitou na última Copa do Mundo.

*He is a world-class referee who **officiated** at the last World Cup.*

Foi um jogo bem arbitrado.

*It was a well-**reffed** match.*

apitar tudo*; marcar tudo ▷ to call it tight; to call a game tight

`VER TAMBÉM` DEIXAR O JOGO CORRER

Os juízes geralmente apitam tudo em jogos oficiais e deixam o jogo correr em partidas de exibição.

*Referees usually **call it tight** for official matches and call it loose for exhibition games.*

A juíza disse que começaria a marcar tudo até que as faltas parassem.

*The ref said she'd start **calling it tight** until the fouling stopped.*

ARBITRAGEM

*O juiz que "apita tudo" não deixa de marcar uma falta, mesmo aquelas consideradas sem importância.

apito ▷ whistle

apito com cordão ▷ whistle with lanyard

apito com dedal ▷ finger grip whistle

(de) apoio ▷ standing

pé de apoio ▷ standing foot

Quando ele cobrou o pênalti, seu pé de apoio escorregou e a bola voou por cima do travessão.

*As he took the penalty kick, his **standing foot** slipped and the ball flew over the bar.*

perna de apoio ▷ standing leg

apresentação ▷ display; performance

Foi uma bela apresentação de Ronaldo.

*It was a magnificent **display** by Ronaldo.*

fazer/ter uma boa apresentação ▷ to put in a good performance

A equipe fez uma boa apresentação com alguns belos gols.

*The team **put in a good performance** with some great goals.*

aproveitamento ▷ run/streak

VER TAMBÉM SÉRIE

arbitragem ▷ refereeing; officiating; reffing [informal]

A arbitragem é muito rígida.

*The **refereeing** is very severe.*

ÁRBITRO

O time reclamou que a arbitragem foi tendenciosa.
*The team complained that the **reffing** was one-sided.*

árbitro; juiz ▷ *referee; official; ref [informal]*

árbitro assistente; árbitro auxiliar; juiz assistente ▷ *assistant referee; AR*

o auxiliar levanta a bandeira (narrador) ▷ *the flag is up*

O atacante arranca em direção ao gol, mas o auxiliar levanta a bandeira.

*The striker sprints off toward the goal, but **the flag is up**.*

árbitro de linha; juiz de linha; bandeirinha [informal]; bandeira [informal] ▷ *linesman/lineswoman; lino [informal]*

árbitro principal; juiz principal ▷ *centre referee [RU]; center referee [EUA]*

árbitro/juiz de gol; árbitro/juiz de linha de fundo; quinto árbitro; árbitro assistente adicional ▷ *goal-line official/referee; fifth official; Additional Assistant Referee*

equipe de arbitragem ▷ *refereeing/officiating crew*

quarto árbitro ▷ *fourth official*

sinalização do árbitro ▷ *referee signals*

trio de arbitragem ▷ *refereeing/officiating trio*

arco penal ▷ *penalty arc*

área ▷ *area; box*

área de alimentação/praça de alimentação ▷ *concession area*

área de aquecimento ▷ *warm-up area*

área de meta; a pequena área [informal] ▷ *goal area; goal box*

ARMAÇÃO/CONSTRUÇÃO DE JOGADA

área para entrevista ao vivo ▷ *flash interview area*

área penal; grande área [informal] ▷ *penalty area; penalty box; the box; the 18-yard box (EUA)*

de dentro da área ▷ *from inside the box/the area*

A atacante abriu o placar com um toquinho de dentro da área por cima da goleira, que saía para defender.

*The striker opened the scoring with a chip **from inside the area** over the oncoming goalkeeper.*

de fora da área ▷ *from outside the box/the area*

O jogador passou em velocidade por dois zagueiros e soltou um chute indefensável de fora da área.

*The player sprinted past two defenders and unleashed an unstoppable shot **from outside the area**.*

dentro da área ▷ *inside the box/the area*

O jogador recebeu falta dentro da área.

*The player was fouled **inside the box**.*

fora da área ▷ *outside the box/the area*

O jogador recebeu falta fora da área.

*The player was fouled **outside the box**.*

área técnica (no campo) ▷ *technical area*

armação/construção de jogada; jogada ▷ *setup; buildup; buildup play*

Daniel Alves chutou de fora da área no ângulo depois de uma jogada de Ronaldinho.

*Daniel Alves drilled it from outside the box into the upper 90 off a **setup** from Ronaldinho*

O gol saiu de uma bela armação de Messi.

*The goal was the result of a good **buildup play** by Messi.*

armar uma jogada ▷ *to set up*

Robinho armou a jogada para Kaká dentro da grande area.
*Robinho **set up** Kaka inside the area.*

arquibancada ▷ *grandstand; stand; seats*

O chute foi muito alto e parou na arquibancada.
*The shot was too high and ended in the **seats**.*

arrancada* ▷ *breakaway*

O jogador marcou um gol numa arrancada.
*The player scored in a **breakaway**.*
*Uma arrancada é um ataque rápido, geralmente de uma posição defensiva e executada por um jogador com a bola. Normalmente, a arrancada termina em um mano a mano entre o goleiro e o atacante.

arremesso lateral; um lateral ▷ *throw-in*

VER TAMBÉM COBRANÇA
O lateral direito cobrou o lateral.
*The right back took the **throw-in.***
O lateral esquerdo cedeu o lateral.
*The left back conceded a **throw-in**.*

articulador; homem de armação ▷ *playmaker; setup man*

artilheiro ▷ *top scorer; leading scorer; goal scorer*

artilheiro (da competição) ▷ *the top scorer; the leading scorer*

Ele terminou como artilheiro da competição com oito gols e levou o time brasileiro ao quinto título de Copa do Mundo.
*He finished as the tournament's **top scorer** with eight goals and led the*

Brazilian team to the fifth World Cup title.

Ele é o maior artilheiro de todos os tempos da equipe.

He is the team's all-time leading scorer.

artilheiro; goleador ▷ *goal scorer*

O time precisa de um goleador que consiga pressionar a defesa adversária.

*The team needs a **goal scorer** that is able to put pressure on the opposing backline.*

assento ▷ *seat*

VER TAMBÉM CADEIRA

assinar contrato com um time; fechar com um time ▷ *to sign with a club*

VER TAMBÉM CONTRATO

assistência ▷ *assist*

O meio-campista deu três assistências durante o jogo.

*The midfielder provided three **assists** during the match.*

assistente (de árbitro) ▷ *assistant referee; A.R.*

VER TAMBÉM ÁRBITRO

atacante ▷ *forward; striker; attacker*

atacante oportunista ▷ *goal poacher*

Ele é um atacante oportunista que sempre aparece na área na hora certa para ficar com a bola.

*He's a **goal poacher** who is always at the right moment in the penalty area to end up with the ball.*

primeiro atacante ▷ *first striker*

segundo atacante ▷ *second striker; secondary striker; supporting striker*

ataque ▷ *attack; the offense*

atendimento ▷ *treatment*

O jogador precisou de atendimento no primeiro tempo.
*The player needed **treatment** in the first half.*

atirar-se; jogar-se; simular uma falta ▷ *to dive; to take a dive; to flop*

O jogador atirou-se para enganar o juiz.
*The player **dived** in an attempt to con the referee.*
O atacante jogou-se na área, mas o juiz o ignorou.
*The striker **took a dive** in the box, but the referee ignored him.*
A jogadora costuma se jogar ao chão se a adversária esbarra nela.
*The player tends to **flop** to the ground if another player even brushes her.*

atitude/conduta antidesportiva ▷ *unsporting behavior; unportsmanlike conduct*

O juiz deu cartão ao jogador por conduta antidesportiva.
*The referee booked the player for **unsporting behavior**.*

atrair a defesa ▷ *to draw defenders*

Ele sabe atrair a defesa deixando espaço livre para os atacantes que chegam.
*He knows how to **draw defenders** leaving a gap for oncoming forwards.*

atrás ▷ *at the back*

O time está com três homens lá atrás.
*The team has three men **at the back**.*

BANCO DE RESERVAS

atuação ▷ *performance*

    atuação pela seleção ▷ *cap; to be capped*
    `VER TAMBÉM` PARTIDA PELA SELEÇÃO

    ter uma boa atuação ▷ *to put in a good performance*

aumentar o placar ▷ *to add one more*

`VER TAMBÉM` PLACAR

avançar de fase ▷ *to advance; to move on; to go through*

`VER TAMBÉM` PASSAR

azarão ▷ *underdog*

azarar ▷ *to jinx; to put a jinx*

`VER TAMBÉM` SECAR

balançar a rede ▷ *to rattle the net*

O meio-campista balançou a rede com um chute forte de fora da área.
*The midfielder **rattled the net** with a powerful strike from the edge of the box.*

banco de reservas ▷ *substitutes bench; team bench; bench; dugout*

    contar com um bom banco de reservas; ter um bom banco de reservas ▷ *to have depth*
    O plantel não conta com um bom banco de reservas.
    *The squad does not **have a lot of depth**.*

    esquentar o banco de reservas ▷ *to warm the bench; to ride pine [informal]*

Com tantos veteranos de talento no time, o jogador novato sabe que irá esquentar o banco por algum tempo.

*With so many talented veterans on the team, the rookie knows he will **warm the bench** for a while.*

A técnica disse à atacante que ela esquentaria o banco se não se apresentasse bem no próximo jogo.

*The coach said to the striker that she'd **ride pine** if she didn't have a good performance in the next game.*

bandeira (do árbitro assistente) ▷ (lineman's) flag

banheirista* [jogador – informal] ▷ goal-hanger; cherry picker

* "Banheirista" é o atacante que sempre fica perto da área do gol adversário à espera de gols fáceis de fazer. O comportamento desse tipo de jogador é reprovado por ser considerado preguiçoso: ele deixa que os outros jogadores se esforcem para trazer a bola até a área, e leva o crédito por fazer o gol. Geralmente, o banheirista acaba ficando impedido.

barreira ▷ wall

a barreira está formada ▷ the wall is set up

ajeitar/arrumar a barreira ▷ to adjust the wall

barreira de/com três jogadores ▷ a three-man wall; a three-woman wall

formar barreira ▷ to set up a wall

o chute acertou a barreira ▷ the shot hit the wall

batedor; cobrador (de falta, escanteio etc.) ▷ taker

O meio-campista argentino é provavelmente o melhor batedor de falta deste campeonato.

*The Argentinean midfielder is probably the best free-kick **taker** in the tournament.*

bater (na trave/no travessão) ▷ to hit the post/the bar

VER TAMBÉM TRAVE e TRAVESSÃO

bate-rebate ▷ scramble

O gol saiu de um bate-rebate dentro da área.
*The goal came on a **scramble** in the box.*
Depois de um bate-rebate na boca do gol, o zagueiro central marcou para o seu time.
*After a goalmouth **scramble**, the center back poked the ball home.*

belo passe ▷ neat pass

VER TAMBÉM PASSE

bermuda térmica (do jogador) ▷ thermal shorts

bicampeão; tricampeão; tetracampeão; pentacampeão etc. ▷ two-time champion; three-time champion; four-time champion; five-time champion etc.

Os pentacampeões da Copa do Mundo.
*The **five-time** World Cup **champions**.*

bicicleta ▷ bicycle kick; scissors kick; overhead kick

O jogador marcou o gol da vitória com uma bicicleta.
*The player scored the winning goal with a **bicycle kick**.*

bilheteria ▷ ticket office

bloquear ▷ to block; to close down

O zagueiro não conseguiu bloquear o atacante.

*The defender failed to **close down** the striker.*

bola ▷ ball

boa bola ▷ good ball

O meia deu uma boa bola ao atacante.

*The midfielder gave a **good ball** to the forward.*

bola "enfiada" ▷ through ball

Uma bola "enfiada" pelo meio-campista encontrou o centroavante na área, que chutou de direita, mas o goleiro fez boa defesa.

*A **through ball** from the midfielder found the striker in the area who fired a right-footer, but the keeper made a good save.*

bola aérea ▷ over-the-top ball

O ala direito lançou uma bola aérea para o atacante.

*The right wingback played **an over-the-top ball** to the striker.*

bola alçada na área ▷ high ball

O meio-campista desviou para o segundo pau a bola alçada na área, onde o atacante cabeceou a bola para fora, sem perigo.

*The midfielder drifted a **high ball** to the far post where the striker sent a harmless header wide.*

bola ao chão* ▷ dropped ball; drop-ball

O juiz deu bola ao chão.

*The referee opted for a **dropped ball**.*

*Quando o jogo é interrompido por alguma situação imprevisível, que foge do controle dos jogadores (como quando a bola é chutada para fora por dois jogadores ao mesmo tempo, quando o jogo é interrompido temporariamente por causa de contusão ou quando a bola murcha), o árbitro pode recomeçar a partida deixando a bola cair ao chão no mesmo ponto em que a parada ocorreu e permitir que apenas dois jogadores a disputem. Esse reinício de jogo é chamado de "bola ao chão". Quando a bola bate no chão, diz-se que ela está "viva" e pode então ser tocada pelos jogadores. Esse procedimento é feito de modo a não oferecer vantagem a nenhum dos times.

bola cruzada ▷ *crossing pass*

O atacante marcou de cabeça aproveitando uma bola cruzada pelo ponta esquerda.

*The striker scored on a header shot off a **crossing pass** from the left winger.*

bola longa ▷ *long ball*

O zagueiro mandou uma bola longa em profundidade para o campo adversário.

*The defender sent a **long ball** deep into the opposing team's half.*

bola/passe na fogueira ▷ *hospital ball/pass*

O zagueiro deu um passe na fogueira para o meio-campista e a posse de bola foi para o adversário, no seu campo.

*The defender played a **hospital pass** to the midfielder and gave the opponent possession in their half.*

O meio-campista recebeu uma bola na fogueira.

*The midfielder was given **a hospital ball**.*

bola na mão ▷ *ball to hand*

`VER TAMBEM` MÃO NA BOLA

bola no meio das pernas; drible no meio das pernas; caneta [informal] ▷ *nutmeg*

`VER TAMBEM` DRIBLE NO MEIO DAS PERNAS

O atacante aplicou uma caneta no adversário.

*The forward did a **nutmeg** on the opposing player.*

bola rifada ▷ *hoofed ball*

`VER TAMBEM` CHUTÃO

BOLA

bola roubada; roubada de bola ▷ *steal*

O meio-campista fez várias roubadas de bola importantes durante a partida.

*The midfielder made several key **steals** during the match.*

O zagueiro conseguiu dez bolas roubadas durante a partida.

*The defender pulled off ten **steals** during the match.*

colocar/pôr a mão na bola ▷ *to handle the ball*

O zagueiro colocou a mão na bola e o juiz imediatamente sinalizou tiro livre direto.

*The defender **handled the ball** and the ref immediately signaled a direct free kick.*

domínio de bola ▷ *ball control*

Ele é um meio-campista técnico com ótimo domínio de bola.

*He is a technically skilled midfielder with great **ball control**.*

estar fora de jogo ▷ *to be out of play/bounds*

O **replay** mostra que a bola estava fora de jogo antes de ser cruzada.

*The replay shows the ball **was out of play** before it was crossed.*

ficar com a bola ▷ *to claim the ball*

O goleiro saiu pra fazer a defesa e ficou com a bola.

*The goalie came out and **claimed the ball**.*

ganhar a bola ▷ *to win the ball*

O zagueiro ganhou a bola no meio-campo e tocou para o atacante.

*The defender **won the ball** in midfield and played it to the striker.*

mandar a bola ▷ *to send the shot*

O atacante mandou a bola por cima do gol.

*The striker **sent the shot** over the bar.*

mão na bola ▷ *hand to ball*

O juiz não marcou toque de mão, pois ele decidiu que foi bola na mão, e não mão na bola.

*The ref didn't call a handball as he decided it was a ball to hand situation, and not a **hand to ball** situation.*

meter uma bola "enfiada" ▷ *to play a through ball*

O meio-campista armou o gol metendo uma bola enfiada na frente para o atacante.

*The midfielder set up the goal by **playing a through ball** ahead for the striker.*

movimentação de bola ▷ *ball movement*

A equipe teve melhor penetração no primeiro tempo, mas mostrou menos movimentação de bola no segundo.

*The team had better penetration in the first half, but showed less **ball movement** in the second half.*

perder a bola/a posse de bola ▷ *to lose (ball) possession*

O atacante perdeu a bola para o adversário.

*The striker **lost possession** to the opponent.*

pôr/colocar a bola no chão* ▷ *to play on the deck/ floor*

É difícil para o time colocar a bola no chão quando está em desvantagem no placar.

*It's hard for the team to **play on the deck** when they have to chase.*
* "Colocar a bola no chão" significa manter o jogo no chão e passar a bola de pé a pé, em vez de tentar bolas longas ou aéreas. Esse estilo requer habilidade e paciência.

posse de bola ▷ *ball possession*

VER TAMBÉM PERDER A BOLA

prender a bola ▷ *to hold up the ball*

O jogador sabe prender bem a bola e rolar para outros jogadores.

*The player can **hold the ball up** well and lay it off nicely to other players.*

rolar a bola ▷ *to lay the ball off*

O meio-campista rolou a bola para o atacante que chutou de primeira para o fundo da rede.

*The midfielder **laid the ball off** to the forward who struck it first-time into the back of the net.*

roubador/ladrão de bolas; desarmador ▷ *ball winner; ball stealer*

A meio-campista é uma excelente roubadora de bolas, mas precisa trabalhar seu passe.

*The midfielder is a great **ball winner**, but needs to work on his passing.*

roubar a bola ▷ *to steal the ball*

O meio-campista roubou a bola do atacante adversário e serviu o ala esquerdo.

*The midfielder **stole the ball** from the opposing striker and fed it to the left wingback.*

sair ▷ *to go out; to go out of play/bounds*

Foi difícil determinar quem tocou na bola por último antes de ela sair.

*It was hard to determine who touched the ball last before it **went out of bounds**.*

segunda bola ▷ *second ball*

Os meias brigaram muito pela segunda bola.

*The midfielders fought hard for the **second ball.***

As atacantes adversárias ganharam todas as segundas bolas no primeiro tempo.

*The opposing attackers won all the **second balls** in the first half.*

sem a bola; quando não está com a bola ▷ *off the ball*

Os atacantes não têm boa movimentação sem a bola.

*The forwards don't have good movement **off the ball**.*

O jogador demonstra aplicação quando não está com a bola.

*The player shows tenacity when **off the ball**.*

BOLO

tirar a bola ▷ *to clear the ball*

O zagueiro deu alguns carrinhos para tirar a bola de perigo, pois o adversário pressionava.

*The back made some tackles to **clear the ball** from danger as the opponent pushed forward.*

tirar a bola de soco ▷ *to punch the ball away*

O goleiro saiu firme e tirou de soco uma bola de escanteio.

*The goalkeeper came out hard and **punched the ball** from a corner **away**.*

tocar na bola (goleiro) ▷ *to get a hand on the ball*

O goleiro tocou na bola, mas não conseguiu fazer a defesa.

*The goalie **got a hand on the ball,** but couldn't make the save.*

triscar a bola ▷ *to scrape the ball*

O zagueiro triscou a bola para afastá-la.

*The defender **scraped the ball** away.*

O goleiro triscou a bola com a ponta da luva.

*The keeper **scraped the ball** with the tip of his glove*

viva ▷ *alive*

A bola ficou viva na grande área e o atacante conseguiu marcar para seu time.

*The ball stayed **alive** in the box and the striker was able to poke it home.*

bolo* ▷ *mixer*

A cobrança de escanteio do meio-campista foi para o bolo da área.

*The midfielder's corner kick made its way into the **mixer**.*

Enquanto o atacante se preparava para cobrar a falta, a torcida gritava: "Manda pra área!"

*As the striker prepared to take the free kick, the crowd shouted: "Put it in the **mixer**!"*

Eles ficam mandando a bola para o bolo da área sem nenhum objetivo claro.

*They just keep throwing it into the **mixer** with no clear target.*

* "Bolo" é a área em frente ao gol em que os jogadores aguardam um cruzamento ou uma cobrança de falta.

bomba ▷ screamer

O atacante acertou uma bomba de longe.

*The striker hit a **screamer** from long range.*

braçadeira/faixa de capitão ▷ captain's armband

brasão/escudo/distintivo/emblema do clube ▷ club crest/badge/shield/logo

O distintivo do clube tem três estrelas para cada campeonato nacional conquistado.

*The club's **badge** has three stars for each national championship.*

buraco na defesa ▷ hole in the defense

O meio-campista achou um buraco na defesa do Cruzeiro e anotou para o Corinthians.

*The midfielder found a **hole in Cruzeiro's defense** and got on the scoresheet for Corinthians.*

cabeçada; bola cabeceada ▷ header

A atacante finalizou a jogada com uma cabeçada para o fundo da rede.

*The striker finished the play with a **header** into the net.*

cabeça-de-chave ▷ *top seed; seed*

O Brasil é o cabeça-de-chave daquele grupo.

*Brazil is the **top seed** of that group.*

escolher como cabeça-de-chave ▷ *to seed; to top seed*

Oito equipes foram escolhidas como cabeça-de-chave.

*Eight teams were **top seeded.***

cabine de imprensa ▷ *press box*

cadeira; assento; lugar ▷ *seat*

cadeira numerada ▷ *numbered seat*

cai-cai [informal]; jogador que simula falta ▷ *diver*

VER TAMBEM ATIRAR-SE

Ele ganhou fama de jogador "cai-cai" depois de simular falta e ganhar um pênalti contra o Flamengo.

*He earned himself a reputation as a **diver** after faking a foul and winning a penalty against Flamengo.*

caído (no campo) ▷ *down (on the field)*

estar caído (no campo) ▷ *to be down (on the field)*

O jogador colocou a bola fora de jogo, pois um adversário estava caído por contusão.

*The player put the ball out of play as an opponent **was down** injured.*

calcanhar ▷ *back-heel*

de calcanhar ▷ *back-heeled*

O meio-campista deu um passe de calcanhar para o lateral esquerdo que vinha chegando para marcar o gol.

*The midfielder sent a **back-heeled** pass to the oncoming left back to score the goal.*

O atacante marcou um gol de calcanhar.

*The striker scored a **back-heeled** goal.*

tocar de calcanhar ▷ to back heel

O jogador tocou de calcanhar uma bola perfeita para o atacante que marcou para o seu time.

*The player **back-heeled** a perfect ball to the striker who netted home the goal.*

toque de calcanhar ▷ a back heel

O atacante marcou o primeiro gol com um toque de calcanhar.

*The striker scored the first goal with a **back heel**.*

calçar (um adversário) ▷ to trip up (an opponent)

O zagueiro errou a bola e calçou seu adversário.

*The defender missed the ball and **tripped up** his opponent.*

camarote ▷ private suite; VIP box

câmera [nome do profissional] ▷ cameraman; camerawoman; camera operator

camisa ▷ jersey, shirt

camisa térmica (do jogador) ▷ base layer

troca de camisa ▷ jersey swap/exchange

trocar camisas ▷ to swap/exchange jerseys

Os jogadores trocaram camisas no final da partida.

*The players **swapped jerseys** at the end of the game.*

vestir a camisa ▷ to pull on the jersey/the shirt

O ala colombiano vestirá a camisa de um time brasileiro na próxima temporada.

*The Colombian wingback will **pull on the shirt** of a Brazilian club for the next season*

O jovem talento brasileiro vestirá a camisa verde-amarela pela primeira vez.

*The young Brazilian talent will **pull on the yellow-green shirt** for the first-time.*

campeão ▷ *champion*

VER TAMBEM VICE-CAMPEÃO

campo ▷ *pitch; field; turf [EUA]*

VER TAMBEM CASA

campo de ataque ▷ *attacking half; attacking third*

campo de jogo ▷ *field of play*

campo de treinamento ▷ *training field*

campo neutro ▷ *neutral turf*

A partida será jogada em campo neutro.

*The match will be played on **neutral turf**.*

caneleiras ▷ *shin pads [RU]; shin guards [EUA]*

caneta [informal]; drible no meio das pernas ▷ *nutmeg*

O atacante aplicou uma caneta no adversário.

*The forward did a **nutmeg** on the opposing player.*

aplicar uma caneta ▷ *to nutmeg a player; to do a nutmeg on a player*

O atacante aplicou uma caneta no zagueiro e chutou para o fundo da rede do goleiro do Flamengo.

*The forward **nutmegged** the defender and fired a shot past Flamengo goalie and into the net.*

canto ▷ *corner*

`VER TAMBÉM` ÂNGULO

canto inferior do gol ▷ *bottom corner of the goal; lower 90 [EUA]*
canto superior do gol; ângulo ▷ *top corner of the goal; upper 90 [EUA]*

capacidade (de público) ▷ *capacity (of spectators)*

O estádio tem capacidade para 70.000 espectadores.
*The stadium has a **capacity** of 70,000 spectators/a 70,000-spectator **capacity**.*
O público no estádio chegou à capacidade máxima.
*The stadium was filled to **capacity**.*

capitão ▷ *captain, skipper [informal]*

cara a cara; mano a mano ▷ *one-on-one situation; one-on-one opportunity; one-on-one*

O atacante passou pelo zagueiro e ficou cara a cara com o goleiro.
*The striker got past the defender and found himself in a **one-on-one** with the goalkeeper.*
O meio-campista ficou cara a cara com o goleiro.
*The midfielder had a **one-on-one** with the goalie.*
A meio-campista deixou a atacante no mano a mano com a zagueira.
*The midfielder put the forward in a **one-on-one situation** with the defender.*

carga de ombro; tranco com o ombro ▷ *shoulder charge*

fazer carga de ombro; deslocar com o ombro ▷ *to shoulder charge*
A zagueira tirou a atacante da bola com o ombro.
*The defender **shoulder charged** the striker off the ball.*

receber carga de ombro/tranco com o ombro; ser deslocado com o ombro ▷ *to be shoulder charged*

O atacante foi deslocado com o ombro dentro da área.

*The forward **was shoulder charged** in the box.*

carretilha; lambreta ▷ *rainbow kick*

O atacante venceu o zagueiro dando uma carretilha sobre ele.

*The striker beat the defender by doing a **rainbow kick** over his head.*

carrinho ▷ *slide tackle; tackle*

carrinho lateral ▷ *side tackle*

carrinho por trás ▷ *tackle from behind*

carrinho violento ▷ *harsh/hard tackle*

dar/aplicar um carrinho ▷ *to tackle*

receber/levar um carrinho ▷ *to be tackled*

O jogador se contundiu depois de receber um carrinho violento durante a última partida.

*The player was injured after **being tackled** hard during the previous game.*

tirar (a bola) de carrinho ▷ *to tackle the ball away*

O jogador perdeu a bola, mas voltou e a tirou de carrinho.

*The player lost the ball but chased back and **tackled it away**.*

cartão ▷ *card*

cartão amarelo* ▷ *yellow card*

VER TAMBEM PENDURADO

* O juiz mostra um cartão amarelo para indicar que um jogador (ou mais de um) fez falta, teve conduta antidesportiva ou cometeu qualquer outra violação que o juiz considere passível de cartão. O árbitro anota os detalhes do jogador no verso do cartão ou num pequeno caderno de anotações. Por isso, em inglês, é dito que um jogador está "booked" (registrado). O jogador pode continuar jogando, mas será expulso da partida caso receba outro cartão amarelo. Na maioria das competições profissionais, um cartão amarelo vale para a próxima partida ou até mesmo para a próxima temporada: ao receber o segundo cartão amarelo, o jogador fica fora da partida seguinte.

cartão vermelho direto ▷ *straight red card*

cartão vermelho* ▷ *red card*

* O juiz mostra o cartão vermelho para indicar que um jogador (ou mais de um) cometeu jogada faltosa grave ou teve conduta violenta, e que deve deixar o campo imediatamente. O jogador não pode ser substituído, o que significa que a equipe jogará o restante da partida com um (ou mais de um) jogador a menos. Em algumas competições, um cartão vermelho vale para a próxima partida, ou até mesmo para a próxima temporada, deixando o jogador automaticamente suspenso da partida seguinte.

dar cartão amarelo ▷ *to issue a caution*

O juiz deu cartão amarelo ao zagueiro por uma entrada atrasada.

*The referee **issued a caution** to the defender for a late challenge.*

ganhar cartão ▷ *to earn a card*

mostrar/dar cartão ▷ *to show/give/issue a card; to book*

A juíza parou a jogada e deu cartão amarelo ao zagueiro.

*The center referee stopped play and **gave a yellow card** to the defender.*

O juiz apitou um pé alto do atacante e deu cartão amarelo.

*The ref whistled the striker for a high kick and **issued a yellow card**.*

O juiz parou o jogo e deu cartão ao jogador por entrar no campo sem permissão.

*The ref stopped the game and **booked** the player for entering the field of play without permission.*

receber cartão vermelho ▷ *to receive a red card; to be shown a red card*

O jogador recebeu cartão vermelho por impedir uma chance de gol fora da grande área.

*The player **was shown a red card** for denying a goal scoring opportunity outside the 18-yard box.*

CASA

receber cartão; levar cartão ▷ *to receive a card; to be carded; to be booked*

O jogador recebeu cartão por fazer falta no adversário.

*The player **was carded** for fouling the opponent.*

O jogador levou cartão por ter tirado a camisa depois de marcar.

*The player **was booked** for taking off his shirt after scoring.*

receber/levar cartão amarelo ▷ *to receive a yellow card; to be shown a yellow card; to receive a caution*

Um jogador que receber três cartões amarelos durante o campeonato fica fora da próxima partida.

*A player who **receives three yellow cards** during the regular season will sit out the next game.*

O jogador levou cartão amarelo por calçar o adversário.

*The player **was cautioned** for tripping up his opponent.*

segundo cartão amarelo ▷ *second yellow card*

casa; campo ▷ *turf; ground*

O time decidirá o campeonato na casa do adversário.

*The team will decide the championship on the opponent's **turf**.*

O time tem seu próprio campo.

*The team has its own **ground**.*

em casa ▷ *home; at home*

O time conta com seu excelente retrospecto em casa para vencer seu próximo jogo.

*The team is counting on their amazing **home** record to win the next match.*

Em torneios mata-mata, o essencial é não levar gols nos jogos em casa.

*In knockout competitions, the key thing is to keep a clean sheet in the **home** games.*

A vitória permitiu que eles jogassem a última partida em casa.
*Their victory allowed them to play the final match **at home**.*

fora de casa ▷ *away; away from home*

O time tenta manter seu excelente retrospecto fora de casa.
*The team is looking to keep its excellent **away** record.*

A equipe fará um jogo difícil fora de casa contra o Boca Juniors.
*The team will play a tough **away** game against Boca Juniors.*

Todas as próximas cinco partidas serão disputadas fora de casa.
*All of their next five games will be played **away from home**.*

A equipe garantiu um ponto fora de casa em sua partida de estreia pela Copa Libertadores.
*The team secured an **away** point in the opening Libertadores Cup match.*

categorias de base ▷ *youth academy*

VER TAMBEM DIVISÕES DE BASE

catimba [informal] ▷ *gamesmanship*

Em um de seus lances de catimba, o meio-campista fez o juiz dar cartão para um adversário.
*In one of his **gamesmanship** moves, the midfielder had the referee card an opponent.*

O goleiro usou de muita catimba, como pedir para um companheiro de equipe amarrar sua chuteira, atrasar o reinício da partida e reclamar das decisões do juiz.
*The keeper used a lot of **gamesmanship**, like asking a teammate to tie his boot, delaying the restart of the game and disputing the ref's calls.*

catracas ▷ *turnstiles*

cavadinha ▷ *scoop/chip/lob shot*

`VER TAMBEM` PÊNALTI

O terceiro gol do Messi, uma cavadinha marota sobre o goleiro, trouxe o estádio do Camp Nou abaixo.
*Messi's third goal, a teasing **chip shot** over the keeper, brought the Camp Nou house down.*

> **tocar de cavadinha; tocar por cima** ▷ *to chip/lob/flick/scoop the ball*
>
> O atacante tocou de cavadinha por cima do goleiro, para o fundo do gol.
> *The forward **chipped the ball** over the keeper into the goal.*

ceder (um lateral; um escanteio; uma cobrança de falta; um pênalti; um gol etc.) ▷ *to concede (a throw-in; a corner; a free-kick; a penalty; a goal etc.)*

central (zagueiro) ▷ *centre fullback [RU]; center fullback [EUA]*

centrar a bola ▷ *to centre the ball [RU]; to center the ball [EUA]*

O ponta centrou a bola com perfeição para o atacante, que venceu o goleiro e colocou o Flamengo na frente, 2 a 1.
*The wing **centered the ball** perfectly to the forward who beat the goalie to put Flamengo ahead 2-1.*

centroavante ▷ *centre forward [RU]; center forward [EUA]*

> **centroavante de referência; pivô** ▷ *target man*

centro de mídia ▷ *media center*

chance de gol ▷ *goal-scoring opportunity; scoring opportunity*

`VER TAMBÉM` GOL

chapa ▷ instep

chute de chapa ▷ knuckleball; knuckle shot; instep drive

O atacante acertou um chute de chapa da entrada da área para o fundo da rede.

*The striker hit a **knuckleball** from the top of the box into the back of the net.*

gol de chapa ▷ instep goal

passe de chapa ▷ instep pass

chegar ▷ to arrive; to come in

chegar atrasado ▷ to arrive late

O zagueiro chegou atrasado no atacante e foi expulso.

*The defender **arrived late** on the forward and was sent off.*

chegar duro/firme; entrar duro/firme ▷ to come in hard (on)

O zagueiro chegou duro no atacante e a juíza imediatamente apitou falta.

*The defender **came in hard on** the striker and the ref immediately blew the whistle for a free kick.*

chutão; bola rifada ▷ hoofed ball

Os chutões para o centroavante são uma perda de tempo.

*The **hoofed balls** to the center-forward are a waste of time.*

O zagueiro tirou a bola com um chutão.

*The defender **hoofed** the ball clear.*

dar chutão; rifar a bola ▷ to hoof (the ball)

Os jogadores deveriam tentar passar a bola para um companheiro em vez de dar chutão para frente.

*The players should try to pass the ball to a teammate rather than **hoof** it downfield*

Durante toda a partida, os zagueiros deram chutões para o homem de referência na frente.

*The entire match the defenders **hoofed** the ball forward for the target man.*

chutar ▷ *to kick; to strike the ball; to take a shot*

O jogador chutou de curta distância.

*The player **took a shot** from close range.*

chutar ao gol ▷ *to shoot on goal; to shoot on target*

O time chutou ao gol dez vezes.

*The team **shot on goal** ten times.*

chutar com força ▷ *to strike it with power*

O ponta direita chutou com força e a bola foi direto para o fundo da rede, mas o gol foi anulado.

*The right wing **struck it with power** and the ball went right in, but the goal was disallowed.*

chutar de bico ▷ *to toe the ball*

chutar de primeira ▷ *to strike it first-time*

O meio-campista chutou de primeira para o gol.

*The midfielder **struck it first-time** on goal.*

chutar de trivela ▷ *to kick an out swerve*

chutar de voleio ▷ *to volley the ball*

O cruzamento do meio-campista encontrou o atacante, que chutou de voleio para o fundo da rede.

*The midfielder's cross found the striker, who **volleyed** the ball into the back of the net.*

chutar para lateral; ceder o lateral ▷ *to kick the ball into touch*

Sob pressão, o zagueiro foi inteligente e chutou a bola para lateral e a defesa poder respirar.

*Under pressure, the defender was smart enough to **kick the ball into touch** so that the defense could get a break.*

chutar/bater com o lado do pé (borda interna) ▷ *to sidefoot the ball*

O atacante recebeu o passe e chutou com o lado do pé.

CHUTE

*The striker received the pass and **sidefooted** it into the back of the net.*

"não deixa chutar!" (goleiro pedindo que zagueiro impeça o adversário com a bola de chutar ao gol) ▷ *no shot!*

chute ▷ *kick; shot; strike*

`VER TAMBEM` TIRO

O time abriu vantagem de 1 a 0 quando um chute do meio-campista rebateu no goleiro e entrou.

*The team took a 1-0 lead when a **kick** by the midfielder rebounded off the goalkeeper into the net.*

O gol saiu de um belo chute do atacante.

*The goal came from a good **strike** by the forward.*

chute bem colocado ▷ *well-placed shot*

Um chute bem colocado no canto é difícil para o goleiro defender.

*A **well-placed shot** in the corner is very hard for goalkeepers to save.*

O meio-campista driblou um zagueiro e deu um chute bem colocado de pé esquerdo no canto baixo oposto.

*The midfielder dribbled past a defender and fired **a well-placed shot** with his left foot into the far bottom corner.*

A atacante acertou um chute bem colocado e deu ao time da casa a vantagem de 3 a 2.

*The forward hit **a well-placed shot** to give to home team a 3-2 lead.*

chute bem dado; um belo chute ▷ *well-taken shot*

O atacante do Flamengo marcou com um belo chute depois de a defesa do Botafogo falhar na tentativa de corte numa cobrança de escanteio.

*Flamengo's striker netted home with **a well-taken shot** after a failed clearance from Botafogo's backline off a corner kick.*

chute certeiro ▷ *clinical shot*

O meia fechou o placar com um chute certeiro no ângulo direito.

*The midfielder finished the scoring with a **clinical shot** into the top right--hand corner of the net.*

chute com efeito ▷ swerve shot; swerving shot

O atacante matou a bola de peito dentro da área, pôs no chão e mandou um chute com efeito pro fundo do gol.

*The striker chested down the ball in the area and sent **a swerve shot** into the net.*

chute cruzado ▷ angled shot

O meio-campista venceu o lance cara a cara com o goleiro e marcou com um chute cruzado.

*The midfielder beat the goalie in a one-on-one situation before scoring with **an angled shot**.*

chute de chapa ▷ knuckleball; knuckle shot; instep drive

O atacante acertou um chute de chapa da entrada da área para o fundo da rede.

*The striker hit a **knuckleball** from the top of the box into the back of the net.*

chute de dentro da área ▷ shot/strike from inside the (penalty) box/ (penalty) area/18 (EUA)/18-yard box/area (EUA)

O atacante abriu o placar com um chute de dentro da área.

*The striker opened the scoring with a **shot from inside the area**.*

chute de direita ▷ right-footer

A atacante aproveitou o cruzamento da lateral direito e acertou um chute de direita que passou pela goleira e foi para o fundo da rede, colocando seu time novamente à frente.

*The striker took a crossing pass from the right back and hit **a right-footer** past the goalie into the net, putting her team in the lead again.*

chute espetacular ▷ wonder strike

O meio-campista mandou um chute espetacular no ângulo esquerdo do gol.

*The midfielder fired a **wonder strike** into the upper left corner of the goal.*

O atacante acertou um chute espetacular e deixou a equipe com dois gols de vantagem.

*The striker hit a **wonder strike** and put the team two up.*

chute de esquerda ▷ left-footer

O ponta direta marcou da entrada da grande área com um chute de esquerda que desviou no zagueiro, enganou o goleiro e entrou no canto inferior direito do gol.

*The right wing scored from the top of the box with a **left-footer** that deflected off the defender, tricked the keeper and found the bottom right corner of the net.*

chute de fora da área ▷ shot/strike from outside the (penalty) box/ (penalty) area/18 (EUA)/18-yard box/area (EUA)

O atacante acertou/soltou um chute de fora da área que raspou o segundo pau antes de sair pela linha de fundo.

*The striker hit/struck/fired a **shot from outside the box** that brushed the far post before going out of bounds.*

A meio-campista marcou num chute de fora da área.

*The midfielder scored on a **strike from outside the 18-yard box**.*

chute em direção ao gol ▷ goal-bound shot

O goleiro defendeu um chute em direção ao gol espalmando a bola para fora.

*The goalkeeper saved a **goal-bound shot** by parrying it out of play.*

chute espanado; bola espanada; espanada ▷ miscue

O atacante marcou o gol depois de um chute espanado do zagueiro.

*The striker scored the goal after a **miscue** from the defender.*

chute forte ▷ powerful shot; strong shot

De perto, um chute preciso pode ser mais eficiente do que um chute forte.

*From short range, an accurate shot can be more efficient than a **powerful shot**.*

chute indefensável ▷ *unstoppable shot*

O jogador passou em velocidade por dois zagueiros e soltou um chute indefensável de fora da área.

*The player sprinted past two defenders and unleashed an **unstoppable shot** from outside the area.*

chute no ângulo ▷ *upper V shot*

chute para fora ▷ *shot that missed the target*

O jogador chegou perto de marcar um gol, mas seu chute foi para fora.

*The player came close to scoring but his **shot missed the target**.*

chute preciso ▷ *accurate shot*

O time abriu o placar com um chute preciso do meio-campista, aproveitando a assistência do ponta esquerda.

*The team opened the scoring with an **accurate shot** from the midfielder on an assist by the left winger.*

chute sem perigo ▷ *harmless shot*

O jogador deu um chute que parecia sem perigo, mas que entrou depois de desviar no zagueiro adversário.

*The player struck what seemed to be a **harmless shot**, but it deflected off the defender and went into the goal.*

chute/passe de trivela ▷ *out swerve (pass/kick); outside of the foot (pass/kick)*

chutes a gol ▷ *shots on target; shots on goal; shots on frame*

O time teve um bom esquema defensivo e cedeu apenas três chutes a gol.

*The team played a good defensive game allowing only three **shots on target**.*

O Brasil deu um total de 15 chutes a gol, enquanto a Argentina conseguiu quatro.

*Brazil took 15 **shots on goal** while Argentina managed four.*

No primeiro tempo, o ataque do time deu 14 chutes a gol.

*In the first half, the team's offense took 14 **shots on frame**.*

chutes dados ▷ *shots taken*

O jogador terminou a Copa do Mundo com 15 chutes dados.

*The player finished the World Cup with 15 **shots taken**.*

dar um chute ▷ *to take a shot; to fire a shot*

O meia esquerda recebeu um passe do ponta esquerda e deu um chute para o gol, mas o goleiro conseguiu defender a bola.

*The left half received a pass from the left wing and **took a shot** on goal from outside the box, but the keeper was able to save it.*

círculo central ▷ *centre circle [RU]; center circle [EUA]*

O jogador deu um chute do círculo central que passou por cima do goleiro e entrou.

*The player sent a shot from the **center circle** that flew over the head of the goalkeeper and went in.*

clássico ▷ *derby match; rival match; rivalry match*

O clássico entre Flamengo e Fluminense é considerado por muitos como o mais tradicional do Brasil.

*The **derby match** between Flamengo and Fluminense is considered by many as the most traditional one in Brazil.*

clássico local ▷ *local derby match; crosstown rivalry match [EUA]*

clássico estadual ▷ *intrastate derby match; intrastate rivalry match [EUA]*

classificação; tabela de classificação; tabela ▷ *standings*

Este jogo é o encontro dos dois times da parte de cima da tabela.

*This game is a matchup of the two teams at the top of the **standings**.*

Os quatro times na parte de baixo da tabela são rebaixados para a segunda divisão.

CLUBE

*The four teams at the bottom of the **standings** are relegated to the second division.*

O time subiu na classificação com uma vitória de 2 a 0.
*The team moved up in the **standings** with a 2-0 win.*

O time lidera a tabela no saldo de gols.
*The team lead the **standings** on goal difference.*

classificação atual ▷ *current standings*

classificação completa ▷ *full standings*

posição na classificação ▷ *position in the standings*

classificado ▷ *qualified*

O time inglês está classificado para a Copa do Mundo.
*The English team is **qualified** for the World Cup.*

praticamente classificado ▷ *as good as through*

O time está praticamente classificado para a próxima fase.
*The team is **as good as through** to the next stage.*

classificar ▷ *to put a team through*

Um gol marcado no último minuto do tempo extra deu a vitória ao time e o classificou para as quartas de final.
*A goal scored at the last minute of extra time gave the team the win and **put them through** to the quarterfinals.*

classificar-se ▷ *to qualify*

Os EUA classificaram-se para a Copa do Mundo.
*The US has **qualified** for the World Cup.*

clube ▷ *club; team*

VER TAMBEM TIME

cobertura ▷ *backup; cover*

O lateral direito deu cobertura para o zagueiro central que marcava o atacante adversário.

*The right back provided **backup** for the center back marking the opposing striker.*

cobertura [estádio] ▷ *roof*

A cobertura da arquibancada.

*The grandstand **roof**.*

coberto [estádio] ▷ *roofed*

`VER TAMBÉM` DESCOBERTO

Uma arquibancada coberta.

*A **roofed** stand.*

cobrador ▷ *taker*

`VER TAMBÉM` BATEDOR

cobrança ▷ *kick*

cobrança aberta ▷ *out-swinger*

O meio-campista armou a jogada numa batida de falta, mandando uma cobrança aberta para a entrada da pequena área.

*The midfielder set up the play with a free kick, hitting an **out-swinger** towards the edge of the goal area.*

cobrança de escanteio; escanteio ▷ *corner kick*

O gol saiu de um escanteio.

*The goal came off a **corner kick**.*

cobrança de falta; tiro livre ▷ *free kick*

Uma cobrança de falta foi dada para o time da casa.

*A **free kick** was awarded to the home team.*

cobrança de lateral; arremesso lateral; lateral ▷ *throw-in*

O jogador aproveitou que a defesa não estava posicionada e cobrou o lateral rapidamente.

*The player took advantage of the fact that the defense was not in position and took the **throw-in** quickly.*

A juíza permitiu à jogadora repetir a cobrança de lateral.

*The ref allowed the player to re-take the **throw-in**.*

cobrança de pênalti; pênalti (resultante de falta na área) ▷ *penalty kick; spot kick; penalty*

O atacante marcou num pênalti bem cobrado.

*The striker scored a well-taken **penalty**.*

cobrança fechada ▷ *in-swinger*

A cobrança de escanteio fechada desviou no zagueiro e foi para o fundo da rede.

*The **in-swinger** corner kick deflected off the defender and went into the goal.*

cobrança livre direta ▷ *direct free kick*

`VER TAMBEM` TIRO LIVRE DIRETO

cobrança livre indireta ▷ *direct free kick*

`VER TAMBEM` TIRO LIVRE INDIRETO

cobranças de pênalti; disputa de cobrança de pênalti; penalidades (para desempatar um jogo, por exemplo) ▷ *penalty shootout*

O time converteu todas suas penalidades nas cobranças de pênalti e venceu o torneio.

*The team converted all their kicks in the **penalty shootout** and won the tournament.*

dar cobrança de falta/de escanteio/de pênalti/de tiro livre direto etc. ▷ *to award a free kick/corner kick/penalty kick/direct free kick etc.*

O juiz deu cobrança de falta.

*The referee **awarded a free kick**.*

cobrar um pênalti ▷ *to take a penalty/spot kick*

O time ficou em vantagem depois que o atacante cobrou um pênalti com calma.

*The team took the lead after the striker calmly **took a penalty kick**.*

cobrir ▷ *to back up; to cover*

O lateral direito cobriu o zagueiro central que marcava o atacante adversário.

*The right back **covered** the center back marking the opposing striker.*

colete (de treinamento) ▷ *(training/scrimmage/practice) bib/vest/pinny*

coletivo (treino) ▷ *scrimmage*

colocar ▷ *to bring in; to play*

O técnico colocou o centroavante João para jogar pelo lado direito.

*The coach **brought in** striker João to play on the right.*

O técnico aproveitou o poder de ataque do meio-campista e colocou-o na frente.

*The coach took advantage of the midfielder attacking skills and **played** him up front.*

colocar em campo ▷ *to field*

O técnico deve colocar em campo uma formação 4-4-2 tradicional.

*The coach is expected to **field** a traditional 4-4-2 formation.*

O técnico deu a entender que deve colocar em campo dois centroavantes para a próxima partida.

*The coach has hinted that he may **field** two strikers for the next match.*

colocar/pôr a mão na bola ▷ *to handle the ball*

VER TAMBÉM BOLA

começa o jogo!; começa a partida! ▷ *it's game on!*

Começa o jogo no Maracanã!

It's game on *at Maracanã!*

comentários* ▷ *(colour) commentary*

VER TAMBÉM NARRAÇÃO

Os comentários serão feitos por...

*The **colour commentary** will be provided by...*

* Em inglês, a palavra "commentary" denota tanto a narração quanto os comentários. Quando necessário, o contraste é feito por meio de expressões que antecedem a palavra "commentary": para comentários, usa-se "colour commentary"; para narração, usa-se "play-by-play/main commentary". Isso também vale para comentarista ("colour commentator") e narrador ("play-by-play/main commentator"). Não há consenso sobre a origem do uso de "colour" nessas expressões em inglês. Uma explicação provável, mas não definitiva, está no fato de o comentarista, além de trazer análise e informações relevantes, também apresentar uma cobertura mais leve da partida, muitas vezes com anedotas e observações bem-humoradas. Em inglês, o adjetivo "colourful" denota, entre outras coisas, um comportamento interessante por ser inusitado. No inglês americano, a grafia de "colour" é "color".

comentarista* ▷ *(colour) commentator*; (colour) analyst [EUA]*

VER TAMBÉM NARRADOR

* Ver comentário acima.

cometer erro/falha (arbitragem) ▷ *to make a bad call*

A juíza cometeu algumas falhas.

*The ref made some **bad calls**.*

comissão técnica ▷ *coaching staff; technical staff*

companheiro de equipe ▷ *teammate*

O meio-campista fez bem em não passar a bola para o companheiro de equipe que estava impedido.
*The midfielder made a good decision not to pass to a **teammate** that was offside.*
O goleiro trombou com um companheiro de equipe e teve que receber atendimento.
*The goalkeeper collided with a **teammate** and had to receive treatment.*

competição; torneio ▷ *competition; tournament*

O time ainda não perdeu nesta competição.
*The team is unbeaten so far in this **tournament**.*

concluir; finalizar ▷ *to finish*

A atacante concluiu para o fundo da rede uma bola enfiada pela meio--campista.
*The striker **finished** a through ball from the midfielder into the back of the net.*

condição de jogo ▷ *playable condition/state*

O gramado não estava em condição de jogo.
*The ground was not in **a playable state**.*

dar condição (de jogo) ▷ *to play (a player) onside*

O gol valeu: de sua posição perto da bandeirinha, a zagueira dava condição à meio-campista.
*The goal stood: from his position near the corner flag, the defender **played the midfielder onside**.*

estar em condição irregular/em condição de impedimento ▷ *to be offside*

O atacante estava em condição irregular no momento do passe.

*The striker **was offside** at the moment of the pass.*

estar em condição legal/em posição regular ▷ *to be onside*

`VER TAMBÉM` POSIÇÃO REGULAR

O atacante estava em condição legal no momento do passe.

*The striker **was onside** at the moment of the pass.*

em condição de jogo; não contundido ▷ *healthy*

O atacante teria sido uma boa contratação se não estivesse contundido a maior parte do campeonato.

*The forward would have been a good signing if he'd been **healthy** for the most part of the season.*

confusão na defesa ▷ *mix-up in defence [RU]/defense [EUA]*

O atacante marcou um gol depois de uma confusão na defesa.

*The forward scored after a **mix-up in defense**.*

Uma confusão na defesa permitiu que o meio-campista marcasse para seu time.

***A mix-up in defence** allowed the midfielder to slot it home.*

construção de jogada ▷ *setup; buildup; buildup play*

`VER TAMBÉM` ARMAÇÃO DE JOGADA

contar com um bom banco de reservas; ter um bom banco de reservas ▷ *to have depth*

`VER TAMBÉM` BANCO DE RESERVAS

contra (X contra X) ▷ X on X situation

O atacante ficou no três contra dois para marcar o gol.
*The forward had a **three on two situation** to score.*
Eles contra-atacaram em alta velocidade e ficaram no quatro contra dois.
*They counter-attacked at full speed and created a **four-on-two situation**.*

contra-ataque ▷ counter-attack

O meio-campista interceptou uma bola perigosa e puxou o contra--ataque, passando para seu companheiro que estava impedido.
*The mid-fielder cut out a dangerous ball and led a **counter-attack**, passing it to his teammate who was caught offside.*
O atacante iniciou um contra-ataque que resultou no segundo gol da equipe.
*The forward started/launched a **counter-attack** that led to his team's second goal.*

(pegar/apanhar no) contrapé ▷ to wrong foot

O goleiro foi pego no contrapé e ficou sem reação com o chute.
*The goalkeeper was **wrong-footed** and stranded by the shot.*
O atacante acertou um belo chute que pegou o goleiro no contrapé.
*The striker struck it beautifully and it **wrong-footed** the keeper.*

contratação ▷ signing

O atacante equatoriano foi uma boa contração para a equipe.
*The Ecuadorian forward was a good **signing** for the team.*
O time está a procura de novas contratações para a próxima temporada.
*The team is looking for new **signings** for the next season.*

contratar ▷ to sign

VER TAMBEM SEM CONTRATO

O time contratou um atacante colombiano.

*The club has **signed** a Colombian forward.*

contrato ▷ contract

O jovem meio-campista realizou um sonho ao assinar um contrato para jogar no time espanhol.

*The young midfielder fulfilled a dream when he signed a **contract** to play for the Spanish club.*

fechar/assinar/acertar (um contrato, um acordo) ▷ to sign with a club; to sign a contract

O meio-campo argentino fechou com um clube brasileiro para a próxima temporada.

*The Argentinean midfielder has **signed with a Brazilian club** for the next season.*

sem contrato ▷ unattached

O jogador está há um ano jogando sem contrato.

*The player has been competing **unattached** for a year.*

Como o técnico estava sem contrato, o clube decidiu contratá-lo sem medo de ter de pagar uma multa de transferência.

*As the coach was **unattached**, the club decided to hire him without fear of having to pay a transfer fee for his services.*

contundido; lesionado ▷ injured

O meio-campista dedicou o gol ao seu companheiro de equipe contundido.

*The midfielder dedicated his goal to his **injured** teammate.*

contundir-se; lesionar-se ▷ *to be/get injured*

A jogadora se contundiu durante a última partida e agora é dúvida para o próximo jogo.
*The player **was injured** during the last match and is now doubtful for the next game.*

contusão; lesão ▷ *injury*

O meio-campista sofreu uma contusão na coxa.
*The midfielder picked up a thigh **injury**.*
O atacante sofreu uma lesão no tendão e não joga a próxima partida.
*The striker suffered a hamstring **injury** and will miss the next game.*
O goleiro está voltando de uma lesão no joelho.
*The goalie is coming back from a knee **injury**.*

> ### contusão/lesão leve ▷ *mild injury*
> ### contusão/lesão grave ▷ *serious injury*

converter ▷ *to convert*

O time converteu todas suas penalidades nas cobranças de pênalti e venceu o torneio.
*The team **converted** all their kicks in the penalty shootout and won the tournament.*

convocação (para a seleção) ▷ *call-up*

O jogador espera ansioso por sua convocação.
*The player is looking forward to a **call-up**.*
O jovem goleiro recebeu sua primeira convocação para a seleção brasileira.
*The young goalkeeper has received his first **call-up** to the Brazilian squad.*
O atacante recebeu sua segunda convocação depois de marcar o gol da vitória para seu clube.

CORREDOR/SAGUÃO

*The striker got his **second call-up** to the national team after scoring a winning goal for his club.*

O desempenho brilhante do meio-campista rendeu a ele uma convocação para a Copa do Mundo.
*The midfielder's stellar performance earned him a **call-up** for the World Cup.*

convocar (para a seleção) ▷ to call up (for the national team)

O meio-campista do Cruzeiro foi convocado para o jogo contra os EUA.
*Cruzeiro'as midfielder **was called up** for the US game.*
A técnica disse que se a zagueira estiver em condições, ela irá convocá-la para o próximo amistoso.
*The head coach says that if the defender is healthy she will **call her up** for the next international friendly.*

convocados; lista de convocados ▷ roster

Os convocados da seleção brasileira serão anunciados nesta semana.
*Brazil **roster** will be announced this week.*

estar de volta à lista de convocados ▷ to be back on the roster
estar fora da lista de convocados ▷ to be left out of the roster
estar incluído na lista de convocados ▷ to be included in the roster

copa (a competição) ▷ cup

`VER TAMBEM` TAÇA

Eles venceram duas copas seguidas.
*They have won two **cups** in a row.*

corredor/saguão ▷ concourse

corta-luz* ▷ *dummy*

O atacante fez um corta-luz que deixou o meio-campista livre para marcar o primeiro gol.
*The striker made a **dummy** that left the midfielder open to score the first goal.*
O atacante enganou o zagueiro com um corta-luz.
*The striker fooled the defender with a **dummy**.*

fazer o corta-luz ▷ *to dummy*

O meio-campista fez o corta-luz, deixando a bola para o ponta que vinha de trás.
*The midfielder **dummied** the ball, leaving it for the winger who was trailing behind.*

* Entre os exemplos clássicos de corta-luz, está a jogada de Falcão durante a partida do Brasil contra a União Soviética na Copa do Mundo de 1982, em que Falcão deixa a bola passar por entre as pernas para chegar a Eder, que marca para o Brasil.

cortar ▷ *to cut*

O jogador cortou e deu um chute, que foi desviado pra fora do gol.
*The player **cut** and fired a shot that was deflected off the goal.*

cortar para dentro ▷ *to cut inside*
cortar para fora ▷ *to cut outside*

corte (drible) ▷ *cut*

O atacante deu um corte, passou pelo zagueiro e soltou uma bomba que entrou no ângulo esquerdo no gol.
*The forward made a **cut**, got past the defender and blasted a shot into the top left corner.*

criar espaço ▷ *to create space*

A equipe dominou a posse de bola e criou espaço para levar perigo ao ataque.

*The team dominated possession and **created space** for attacking threats.*

critério de desempate ▷ *tiebreaker*

`VER TAMBÉM` DESEMPATE POR PENALIDADES

O saldo de gols é o primeiro critério de desempate da competição.

*The goal differential is the first **tiebreaker** of the tournament.*

cronômetro (árbitro) ▷ *timer*

cruzamento ▷ *cross*

Um cruzamento do ponta encontrou o atacante correndo pela grande área, que pôde então cabecear a bola para o fundo da rede.

*A **cross** from the winger found the striker running through the box, who then headed it into the net.*

O zagueiro desviou um cruzamento, que passou por seu próprio goleiro e foi pro fundo da rede.

*The defender deflected a **cross** past his own keeper and into the net.*

cruzar a bola ▷ *to cross the ball*

O ala direito cruzou a bola para a área, e o atacante, livre de marcação, cabeceou para o gol.

*The right wingback **crossed the ball** into the box and the unmarked striker headed it into the goal.*

curva ▷ swerve

fazer curva ▷ to swerve; to take a swerve

A bola fez uma pequena curva e pegou o goleiro no contrapé.

*The ball **swerved** a bit and caught the keeper on the wrong foot.*

O chute fez uma curva.

*The shot **took a swerve**.*

dar cobrança de falta etc ▷ to award a free kick

VER TAMBÉM COBRANÇA

dar trabalho ao goleiro ▷ to make the goalkeeper work

O time deu vários chutes a gol, mas deu trabalho ao goleiro apenas uma vez.

*The team had many efforts on goal, but only **made the keeper work** once.*

dar um soco na bola ▷ to punch the ball

O goleiro deu um soco na bola, mas ela desviou no zagueiro central e entrou.

*The goalkeeper **punched the ball**, but it deflected off the central back and went in.*

decidir a partida ▷ to have the game wrapped up; to wrap it up

VER TAMBÉM PARTIDA

decisão/marcação (do juiz) ▷ call (by the referee)

Algumas das marcações da juíza foram duvidosas.

*Some of the **calls** by the referee were questionable.*

DEFESA

decisivo; que decide ▷ *(game; title etc.) decider*

O jogador estava muito feliz por ter marcado o gol da vitória contra seu maior rival no jogo que decidiu o título.

*The player was ecstatic for having scored the winner against their biggest rivals in the **title decider**.*

O atacante cobrou novamente o pênalti e marcou o gol que decidiu a partida.

*The striker retook the penalty kick and scored the **game decider**.*

defender (uma bola ao gol) ▷ *to save (a goal-bound ball)*

O meio-campista saiu em arrancada e deu um chute forte, mas o goleiro defendeu.

*The midfielder went on a breakaway and fired a powerful shot, but the keeper **saved** it.*

O ponta soltou uma bomba de dentro da área, que foi defendida pelo goleiro, mantendo o placar em 0 a 0.

*The winger blasted a shot from inside the box, which was **saved** by the goalie, holding the score at 0-0.*

defesa ▷ *save; defense*

defesa (do time) ▷ *(the team's) defense*

O ataque americano não conseguiu vencer/superar a sólida defesa brasileira.

*The American offense was not able to overcome Brazil's solid **defense**.*

O atacante conseguiu passar pela defesa adversária e marcar um belo gol.

*The forward managed to get past the opposing **defense** and score a beautiful goal.*

A defesa da equipe cedeu apenas dois chutes a gol durante toda a partida.

The team's defense allowed only two shots on goal throughout the match.

defesa (do goleiro) ▷ *save (by the goalie)*

A cobrança de falta do zagueiro obrigou o goleiro adversário a fazer uma grande defesa.

*The defender's free kick forced a great **save** from the opposing keeper.*

O goleiro fez uma defesa no reflexo num chute à queima-roupa.

*The goalkeeper made a reflex **save** on a shot from point-blank range.*

O goleiro fez uma defesa com a ponta dos dedos numa cobrança de escanteio.

*The goalie made a fingertip **save** off a corner kick.*

defesa no reflexo; defesa de puro reflexo (do goleiro) ▷ *reaction/reflex save*

defesa parcial (do goleiro) ▷ *partial save*

A goleira fez uma defesa parcial e a zagueira tirou o perigo.

*The goalie made a **partial save** and the defender cleared the danger.*

fazer uma defesa ▷ *to make a save*

O goleiro fez uma grande defesa e evitou o gol.

*The goalie **made a great save**, denying the goal.*

O goleiro mergulhou para fazer a defesa.

*The goalkeeper **made a diving save**.*

deixar ▷ *to let; to leave*

deixa sair! (aviso a um companheiro que seu time terá posse de bola se ela sair) ▷ *let it ride!; let it roll! (to let a teammate know that your team will have possession of the ball if it goes out of play)*

deixa! (para que um companheiro de equipe saia da bola e evite uma colisão) ▷ *leave it!; leave! (to call a teammate off the ball in order to avoid a collision)*

deixar de fora ▷ *to leave out*

O técnico brasileiro deixou alguns grandes nomes de fora da seleção.

*The Brazilian coach **left out** some stars from the national team.*

O jovem meio-campista foi deixado de fora da lista final do técnico.

*The young midfielder was **left out** of the coach's final roster.*

deixar de ir na bola ▷ *to make no attempt to play the ball*

O zagueiro deixou de ir na bola para visar as pernas do atacante.

*The defender **made no attempt to play the ball** and instead tried to hit the forward's legs.*

deixar o jogo correr* (árbitro) ▷ *to call it loose; to call a game loose (of the official)*

VER TAMBÉM APITAR TUDO

Os juízes geralmente marcam tudo em jogos oficiais e deixam o jogo correr em partidas de exibição.

*Referees usually call it tight for official matches and **call it loose** for exhibition games.*

Os árbitros europeus são conhecidos por deixarem o jogo correr.

*European refs are known for **calling it loose**.*

* Um juiz ou uma juíza que "deixa o jogo correr" não marca as faltas consideradas de menor importância. Em geral, esse estilo de arbitragem faz com que o jogo flua melhor.

delegação ▷ *delegation*

A delegação brasileira acaba de sair do hotel.

*The Brazilian **delegation** has just left the hotel.*

derrota ▷ *defeat*

O time sofreu uma derrota em sua primeira partida na competição.

*The team suffered a **defeat** in their first match at the tournament.*

A equipe evitou uma derrota para/contra seu rival.

*The team avoided a **defeat** to/against their rival.*

derrotar; vencer ▷ *to defeat; to beat; to take down [informal]*

O Brasil derrotou a Itália nas cobranças de pênalti e avançou na competição.

*Brazil **defeated/beat** Italy in a shootout an advanced in the tournament.*

O Brasil venceu o México por 2 a 0 no último amistoso antes da Copa do Mundo.

*Brazil **took down** Mexico 2-0 in the last friendly before the World Cup.*

derrubar um jogador adversário ▷ *to trip an opponent*

O zagueiro errou a bola e derrubou seu adversário.

*The defender missed the ball and **tripped his opponent**.*

derrubar um jogador adversário com um empurrão ▷ *to push down an opponent*

O atacante foi derrubado com um empurrão dentro da área e o juiz deu pênalti.

*The striker was **pushed down** in the box and the ref called a penalty.*

desarmador; ladrão/roubador de bola; batedor de carteira [informal] ▷ *ball winner; ball stealer*

A meio-campista é uma excelente roubadora de bolas, mas precisa trabalhar seu passe.

*The midfielder is a great **ball winner** but needs to work on her passing.*

desarmar ▷ *to dispossess; to take away*

O zagueiro foi desarmado na área pelo atacante.

*The defender was **dispossessed** in the box by the striker.*

O zagueiro esticou a perna para desarmar o atacante.
*The defender stuck out a leg to **take the ball away** from the forward.*

desarme ▷ *dispossession*

descoberto [estádio] ▷ *unroofed*

VER TAMBEM COBERTO

Uma arquibancada descoberta.
*An **unroofed** grandstand.*

desempate por penalidades ▷ *penalty kick tiebreaker*

VER TAMBEM CRITÉRIO DE DESEMPATE

Depois que o tempo regulamentar e a prorrogação terminaram em empate, o clube ganhou o torneio no desempate por penalidades.
*After the regulation and extra time finished tied, the team won the tournament on a **penalty kick tiebreaker**.*

desmarcado; livre; livre de marcação; sem marcação ▷ *unmarked; open*

O passe do meio-campista encontrou um companheiro desmarcado chegando na área.
*The midfielder's pass found an **unmarked** teammate arriving in the box.*

O time foi pego de surpresa pela jogada que deixou o atacante livre pela lateral direita.
*The team was caught off guard by the play that left the striker **open** down the right sideline.*

DESTRUIDOR DE JOGADAS

destruidor de jogadas; volante destruidor ▷ *destroyer; anchorman; anchor player; midfield anchor*

Ela é uma volante destruidora bastante hábil em matar jogadas.

*She is a **destroyer** who is very skillful at breaking up plays.*

(em) desvantagem; atrás no placar ▷ *to trail*

O time estava um gol atrás no placar.

*The team was **trailing** by one goal.*

ficar em desvantagem (no placar) ▷ *to fall behind*

O time ficou em desvantagem depois de um gol contra do zagueiro.

*The team **fell behind** to the defender's own goal.*

Este é o único time que não ficou em desvantagem em nenhum jogo durante todo o campeonato.

*This is the only team not to **fall behind** in any game during the entire tournament*

É muito difícil ficar em desvantagem de 2 a 0 contra um time tão forte.

*It's very difficult to **fall behind** 2-0 against such a tough team.*

desviar ▷ *to deflect*

desviar de ▷ *to deflect away from*

A bola foi desviada do zagueiro.

*The ball was **deflected away from** the defender.*

desviar em/no ▷ *to deflect off*

A bola desviou no zagueiro.

*The ball **deflected off** the defender.*

desvio (da bola) ▷ *deflection*

O chute teve um pequeno desvio no zagueiro e entrou no canto do gol.

*The shot took a slight **deflection** off the defender into the corner of the net.*

diminuir o espaço ▷ *to compress the field*

A equipe conseguiu diminuir o espaço e não deu chance aos atacantes adversários de se movimentarem com liberdade.
*The team was able to **compress the field** and not give the opposing strikers any opportunity to move freely.*

diminuir (o placar) para o time ▷ *to pull one back (for the team)*

`VER TAMBEM` PLACAR

dirigente (do clube) ▷ *director (of a club)*

disputa ▷ *contention*

O time foi eliminado da disputa por uma vaga na Copa do Mundo.
*The team was knocked out of the **contention** for a spot in the World Cup.*
O time terminou em sétimo e ficou fora da disputa por uma vaga nas finais.
*The team finished seventh in the league and was out of **contention** for a playoff spot.*

disputa de cobrança de pênalti; cobranças de pênalti; penalidades (para desempatar um jogo, por exemplo) ▷ *penalty shootout*

O time converteu todas suas penalidades na disputa de pênalti e venceu o torneio.
*The team converted all their kicks in the **penalty shootout** and won the tournament.*

distintivo do time/do clube ▷ *club crest/badge/shield/logo*

O distintivo do time tem três estrelas para cada campeonato nacional conquistado.
*The club's **badge** has three stars for each national championship.*

dividida ▷ *50/50*

O jogador ficou caído depois de uma dividida.
*The player was down after a **50/50**.*

divisão (de um campeonato) ▷ *division (of a league)*

primeira divisão ▷ *first division*
segunda divisão ▷ *second division*

divisões/categorias de base ▷ *youth academy*

As divisões de base do clube têm revelado muitos bons jogadores "prata da casa".
*The club's **youth academy** has produced many fine homegrown talents.*

domínio de bola ▷ *ball control*

Ele tem bom domínio de bola.
*He has good **ball control**.*

doping ▷ *doping*

O jogador foi suspenso por *doping*.
*The player was suspended for **doping**.*

exame antidoping ▷ *the doping test*
O jogador não passou no exame antidoping.
*The player failed the **doping test**.*

driblar (um jogador) ▷ *to dribble (past a player); to juke a player [EUA]*

A meio-campista foi driblando até a linha de fundo e cruzou a bola para a área.

*The midfielder **dribbled** to the endline and crossed the ball into the area.*
O atacante driblou um zagueiro e soltou um chute bem colocado de pé esquerdo no canto inferior oposto.
*The striker **dribbled past** a defender and fired a well-placed shot with his left foot into the far bottom corner.*

drible ▷ *move; trick*

O atacante causou problema à defesa adversária com sua habilidade e seus dribles fantásticos.
*The striker caused problems to the opposing backline, with his skills and his dazzling **tricks.***

drible no meio das pernas; bola do meio das pernas; caneta ▷ *nutmeg; meg*

O atacante aplicou uma caneta no adversário.
*The forward did a **nutmeg** on the opposing player.*

dar um drible no meio das pernas do jogador; aplicar uma caneta ▷ *to nutmeg a player; to do a nutmeg on a player*

O atacante aplicou uma caneta no zagueiro e chutou para o fundo da rede do goleiro do Flamengo.
*The forward **nutmegged** the defender and fired a shot past Flamengo goalie and into the net.*

dúvida ▷ *doubtful*

O zagueiro central se contundiu na última partida e agora é dúvida para o próximo jogo.
*The center fullback injured during the last match and is now **doubtful** to play the next game.*

eliminar ▷ *to eliminate*

O Brasil eliminou Portugal e avançou para a próxima fase.
*Brazil **eliminated** Portugal and advanced to the next stage.*
A equipe foi eliminada na fase de grupo.
*The team was **eliminated** at the group stage.*

eliminatória [substantivo] ▷ *qualifier (for a tournament)*

A equipe venceu a partida e seguiu para as semifinais das eliminatórias da Copa do Mundo.
*The team won and moved to the semifinals of the World Cup **qualifiers**.*

eliminatório [adjetivo] ▷ *qualifying*

A equipe joga uma partida eliminatória na próxima semana.
*The team will play a **qualifying** match next week.*
O time participará do torneio eliminatório para a Copa do Mundo.
*The team will participate in the **qualifying** tournament for the World Cup.*

embaixadas ▷ *keepie-uppies*

Quantas embaixadas você consegue fazer?
*How many **keepie-uppies** can you do?*

em cima da linha ▷ *off the line*

VER TAMBÉM LINHA

empatar ▷ *to tie; to draw*

empatar (fazendo um gol) ▷ *to tie; to equalize*

O zagueiro cabeceou para o fundo da rede para empatar o placar em 1 a 1.
*The defender sent a header into the back of the net to **equalize** the score at 1-1.*
O meio-campista deu um belo chute de fora da área para empatar a partida em 2 a 2.

*The midfielder took a nice shot outside the box to **tie** the match at 2-2.*

empatar (resultado final) ▷ *to draw*

Portugal e Costa do Marfim empataram em 0 a 0.

*Portugal and the Ivory Coast **drew** 0-0.*

A equipe jogou 20 partidas do campeonato Brasileiro neste campo durante a temporada passada; ganhou sete, empatou três e não perdeu nenhuma.

*The team played 20 Brazilian League matches on this ground during last season, won 7, **drew** three and lost none.*

empatar depois de estar perdendo/em desvantagem ▷ *to come from behind to tie*

O time empatou com seu rival em 4 a 4 depois de estar perdendo.

*The team **came from behind to tie** their rival 4-4.*

empate ▷ *draw; tie [EUA]*

O goleiro fez uma grande defesa e manteve o empate em 1 a 1.

*The goalkeeper made a great save and kept the 1-1 **tie**.*

A partida terminou em empate sem gol.

*The match ended in a scoreless/goalless **draw**.*

empate depois de estar perdendo ▷ *come-from-behind draw*

O time conquistou/conseguiu um empate depois de estar perdendo de seu rival.

*The team earned/got a **come-from-behind draw** with their rival.*

empréstimo ▷ *loan*

`VER TAMBEM` SEM CONTRATO

por empréstimo ▷ *on loan*

O time contratou o meio-campista por empréstimo de seu rival.

*The team signed the midfielder from their rival **on loan**.*

O atacante voltou ao time por empréstimo.

*The striker returned to the team **on loan**.*

empurrar um jogador adversário ▷ *to push an opponent*

A atacante foi empurrada dentro da área e o juiz deu pênalti.
*The striker was **pushed** in the box and the ref called a penalty.*

enfiada de bola; bola enfiada ▷ *through ball*

Uma bola enfiada pelo meio-campista encontrou o centroavante na área, que chutou de direita, mas o goleiro fez boa defesa.
*A **through ball** from the midfielder found the striker in the area, who fired a right-footer, but the keeper made a good save.*

enganar o juiz ▷ *to con the referee*

O atacante se atirou dentro da área e conseguiu enganar o juiz.
*The attacker dived inside the box, managing **to con the ref**.*
O jogador recebeu cartão por tentar enganar o juiz.
*The player was booked for trying **to con the referee**.*

enroscar-se ▷ *to get tangled up*

O atacante se enroscou com dois zagueiros na área e pediu pênalti.
*The striker **got tangled up** with two defenders in the box and asked for a penalty.*

entrada (para roubar a bola) ▷ *challenge*

O zagueiro recebeu cartão por dar uma entrada agressiva no atacante.
*The defender was carded for making an aggressive **challenge** on the striker.*

> **entrada acessível (no estádio)** ▷ *accessible entrance*
> **entrada atrasada** ▷ *late challenge*
> **entrada boba** ▷ *stupid challenge*

ENTRAR (PARA ROUBAR A BOLA)

entrada desastrada ▷ *clumsy challenge*

entrada desleal ▷ *unfair challenge*

entrada desnecessária ▷ *needless challenge*

entrada dura ▷ *harsh challenge*

entrada feia ▷ *ugly challenge*

entrada fora de tempo ▷ *mistimed challenge*

entrada imprudente ▷ *reckless challenge*

entrada maldosa ▷ *malicious challenge; X-rated challenge [informal]*

entrada perigosa ▷ *dangerous challenge*

entrar (para roubar a bola) ▷ *to challenge; to go in*

O zagueiro entrou no atacante e tomou a bola.

*The defender **challenged** the striker and took the ball away*

O ala direito entrou num carrinho no atacante.

*The right wingback **went in** for a tackle on the striker.*

entrar (em campo) ▷ *to come on*

O jovem talento entrou no lugar do veterano meio-campista.

*The young talent **came on** for the veteran midfielder.*

O atacante entrou no segundo tempo para dar ao time mais equilíbrio ofensivo.

*The striker **came on** in the second half to give the team more offensive balance.*

entrar chorando [informal] ▷ *to trickle in*

O goleiro rebateu o chute e a bola entrou chorando pela linha do gol.

*The keeper spilled the shot and the ball **trickled in** over the goal line.*

entrar como substituto ▷ *to be substituted on; to be subbed on [informal]*

VER TAMBÉM SAIR PARA SER SUBSTITUÍDO

A jogadora foi expulsa dez minutos depois de entrar como substituta.

*The player was sent off ten minutes after being **subbed on**.*

EQUIPE

equipe ▷ *team; side; squad*

`VER TAMBÉM` TIME

equipe da casa ▷ *home team; home side; home squad*

A equipe da casa venceu o jogo por 1 a 0.

*The **home team** won the game 1-0.*

equipe de imprensa ▷ *media crew*

equipe médica ▷ *medical team*

equipe técnica ▷ *coaching staff; technical staff*

equipe visitante ▷ *away team; away side; away squad*

A equipe visitante perdeu o jogo por 1 a 0.

*The **away team** lost the game 1-0.*

errar o chute; perder o gol ▷ *to miss a shot*

O atacante errou um chute/perdeu o gol à queima-roupa.

*The striker **missed a shot** from point-blank range.*

errar o tempo da bola ▷ *to mistime the ball*

O meio-campista errou o tempo da bola e chutou o ar.

*The midfielder **mistimed the ball** and kicked air.*

escalação ▷ *lineup*

A escalação que foi ao campo no último jogo teve o retorno dos dois atacantes titulares.

*The **lineup** fielded for the last match had the return of the two first--choice strikers.*

escanteio ▷ *corner*

bandeira de escanteio ▷ *corner flag*

bola para escanteio ▷ *ball out for a corner*

ESPAÇO

O zagueiro cabeceou/chutou a bola para escanteio.

*The defender headed/kicked the **ball out for a corner**.*

cobrança de escanteio* ▷ *corner kick*

O atacante cabeceou a bola numa cobrança de escanteio, mas o goleiro fez uma boa defesa.

*The striker headed the ball off a **corner kick**, but the goalie made a good save.*
* Uma cobrança de escanteio é dada a um time quando a bola sai pela linha de fundo do lado defensivo do campo depois de tocar em um jogador adversário, inclusive o goleiro. Qualquer jogador de linha pode cobrar o escanteio, colocando a bola na marca de escanteio mais próxima de onde a bola saiu e, então, chutando a bola de volta ao jogo, sem tocar na bandeira de escanteio.

ganhar um escanteio (fazer com que a bola bata no adversário e saia pela linha de fundo) ▷ *to earn a corner*

O atacante ganhou o escanteio que levou ao primeiro gol.

*The striker **earned the corner** that led to the first goal.*

escudo/distintivo/brasão/emblema do clube ▷ *club crest/badge/shield/logo*

`VER TAMBEM` BRASÃO

espaço ▷ *space*

espaço aberto ▷ *open space*

O passe preciso do meio-campista encontrou o atacante no espaço aberto para marcar o primeiro gol da equipe.

*The midfielder's pass found the striker in the **open space** to score the team's first goal.*

espaço nas costas (de um jogador) ▷ *space behind (a player)*

O volante precisa dar cobertura para o espaço nas costas do lateral direito.

*The defensive midfielder must provide cover for the **space behind** the right fullback.*

explorar o espaço ▷ *to exploit the space*

Ele é um atacante muito rápido que sabe explorar o espaço atrás dos zagueiros.

*He's a very fast striker who knows how to **exploit the space** behind the defenders.*

O atacante conseguiu explorar o espaço deixado pelos meias avançados.

*The strikers were able to **exploit the space** left by the advanced midfielders.*

fechar os espaços ▷ *to close down space*

O zagueiro tem bom ritmo e sabe fechar os espaços.

*The defender has pace and knows how to **close down space**.*

não dar espaço ▷ *to deny space*

A equipe entrou sabendo que não podia dar espaço ao time adversário.

*The players came in knowing that they had to **deny space** to the opposing team.*

espalmar (a bola, um chute etc.) ▷ *to push a shot; to parry a ball*

O meia esquerda chutou forte de canhota fora de área, mas o goleiro espalmou a bola por cima do travessão.

*The left half took a powerful left footer outside the box, but the keeper **pushed the shot/parried the ball** over the bar.*

espanada; chute espanado; bola espanada ▷ *miscue*

VER TAMBEM CHUTE ESPANADO

espanar ▷ *to miscue*

O atacante espanou o chute e a bola foi para fora.

*The striker **miscued** his shot and the ball went out of play.*

Uma bola espanada pelo zagueiro foi parar nos pés do atacante adversário.

*A **miscued** ball from the back fell into the path of the opposing striker.*

ESTRELA

esquema; esquema tático; estratégia; tática* ▷ *game plan; strategy; scheme; tactics*

O time visitante começou a partida com uma tática defensiva, com cinco jogadoras atrás.

*The visitors started the game with a defensive **game plan/scheme**, with five players at the back.*

As duas equipes usaram uma tática ofensiva e o jogo acabou sendo bastante empolgante.

*Both teams used offensive **tactics** and the game turned out to be very exciting.*

A técnica mudará o esquema tático do time para a próxima partida.

*The coach will change the team's **scheme** for the next game.*

* Embora fora do âmbito esportivo possam ser observadas diferenças entre as palavras "estratégia", "tática" e "esquema", no futebol elas são muitas vezes usadas de maneira intercambiável, tanto em português quanto em inglês.

esquentar o banco de reservas ▷ *to warm the bench; to ride pine [informal]*

VER TAMBÉM BANCO DE RESERVAS

estacionamento ▷ *parking area*

estatísticas ▷ *statistics; stats*

estrela; astro; craque; o grande nome ▷ *star; star player*

O meia brasileiro é o grande nome do time.

*The Brazilian midfielder is the team's **star player**.*

Ela foi a estrela do time nos anos 1990.

*She was the team's **star player** in the 90s.*

estratégia ▷ *game plan; strategy; scheme; tactics*

VER TAMBÉM ESQUEMA

estufar a rede ▷ *to bulge the net*

O atacante estufou a rede três vezes e conseguiu um *hat-trick* espetacular.
*The striker **bulged the net** three times and pulled off a spectacular hat-trick.*
A rede foi estufada cinco vezes durante a partida.
*The **net was bulged** five times during the match.*

evitar (um gol; um passe etc.) ▷ *to deny (a goal; a pass etc.)*

A incrível defesa do goleiro evitou um gol certo da equipe adversária.
*The keeper's incredible save **denied** the opposing team a certain goal.*
O zagueiro avançou a marcação para evitar o passe do meio-campista adversário para o atacante.
*The defender stepped out to **deny the pass** from the opposing midfielder to the striker.*

exame antidoping ▷ *doping test*

O jogador não passou no exame antidoping.
*The player failed the **doping test**.*

explorar o espaço ▷ *to exploit the space*

VER TAMBÉM ESPAÇO

expulsão ▷ *sending off; ejection*

A falta resultou em expulsão.
*The foul resulted in a **sending off**.*

FALTA

expulsar (de campo) ▷ *to send off*

O jogador foi expulso de campo por um carrinho desleal.
*The player was **sent off** for an unfair tackle.*

faixa/braçadeira de capitão ▷ *captain's armband*

falha (do goleiro; da defesa; do ataque etc.) ▷ *howler; blunder*

O atacante aproveitou a falha da defesa adversária e marcou o primeiro gol.
*The forward took advantage of a **blunder** in the opposing defense and scored the first goal.*
O gol saiu de uma falha do goleiro que deixou a bola passar entre as pernas e ir para o fundo da rede.
*The goal came off a **howler** by the goalkeeper who let the ball slip between his legs and into the net.*

falta ▷ *foul*

O meio-campista recebeu cartão por uma falta no atacante.
*The midfielder was carded **foul** on the striker.*

falta dura ▷ *hard foul*

falta feia ▷ *nasty foul*

falta imprudente ▷ *reckless foul*

falta intencional ▷ *intentional foul*

chamar a falta ▷ *to draw a foul*

No último minuto da partida, o atacante chamou uma falta dentro da área e ganhou uma cobrança de pênalti.
*In the last minute of the match, the forward **drew a foul** in the box to win a penalty kick.*

FASE (DA COMPETIÇÃO)

cometer falta ▷ *to commit a foul*

O ala esquerdo cometeu falta e o juiz deu tiro livre direto.

*The left wingback **committed a foul** and the ref called a direct free.*

dar/apitar/marcar/assinalar falta ▷ *to call/whistle a foul/a handball/a dangerous play.*

O juiz deu falta do zagueiro.

*The referee **called a foul** on the defender.*

faltas cometidas; faltas sofridas ▷ *fouls committed; fouls suffered*

A tabela mostra a média de faltas cometidas e faltas sofridas por partida.

*The graph shows the average number of **fouls committed** and **fouls suffered** per match.*

fazer falta ▷ *to foul*

O zagueiro fez falta no atacante.

*The defender **fouled** the striker.*

sofrer/receber falta ▷ *to suffer a foul; to be fouled*

O zagueiro recebeu uma falta.

*The defender **was fouled**.*

O time empatou com uma cobrança de pênalti depois que o atacante sofreu falta dentro da área.

*The team tied the game with a penalty kick after the striker **suffered a foul** inside the penalty area.*

fase (da competição) ▷ *stage; phase*

avançar; passar (de fase) ▷ *to advance; to move on; to go through*

O time passou de fase depois da vitória por 2 a 0 sobre seu rival.

*The team **moved on** following a 2-0 victory over their rival.*

A equipe avançou para a próxima fase no saldo de gols.

*The team **advanced/went through/moved on** to the next stage on goal differential.*

O atacante marcou um belo gol e ajudou sua equipe a passar da fase de grupo.

*The striker scored a beautiful goal and helped the team **move on** from the group stage of the tournament.*

O empate em 1 a 1 bastou para que a equipe avançasse de fase como primeiro do grupo.

*The 1-1 draw was enough to see the team **go through** as group winners.*

fase de grupo ▷ *group stage; pool stage; pool play*

A equipe saiu com facilidade da fase de grupo para as quartas de final.

The team easily made it out of the group stage to the quarterfinals.

fase de mata-mata ▷ *knockout stage*

Os dois primeiros colocados de cada grupo avançam para a fase de mata-mata.

*The top two teams from each group advance to the **knockout stage**.*

fase todos-contra-todos ▷ *round robin stage; all-play-all stage*

A fase todos-contra-todos decidirá os seis melhores que disputarão o título.

*The **round robin stage** will decide the top six teams to compete for the title.*

fator campo [informal]; mando de jogo; vantagem de jogar em casa ▷ *home-field advantage; home advantage*

A equipe pode garantir o mando de jogo com uma vitória ou até mesmo um empate contra o Juventus.

*The team can secure **home-field advantage** with a win or even a tie against Juventus.*

A equipe quer aproveitar o fator campo para marcar o maior número possível de gols.

*The team is looking to use the **home advantage** to score as many goals as possible.*

fazer o giro (de corpo); girar ▷ *to turn; to swivel*

O atacante recebeu a bola de costas para o gol, fez o giro e mandou um chute no canto esquerdo.

*The forward received the ball with his back to the goal, **turned** and sent a shot into the right corner of the net*

O atacante matou a bola no peito, girou e mandou um voleio indefensável para o fundo da rede.

*The striker controlled the ball on his chest then **swiveled** and struck an unstoppable volley into the back of the net.*

fazer o corte ▷ *to cut out*

VER TAMBEM **INTERCEPTAR**

feio; truncado ▷ *scrappy*

O segundo tempo do jogo foi muito truncado.

*The second half of the match was very **scrappy**.*

fiasco ▷ *washout*

A temporada passada foi um fiasco.

*Last season was a **washout**.*

As contratrações internacionais que o time fez foram um fiasco.

*The team's international signings turned out to be a **washout**.*

ficar de fora ▷ *to sit out*

A jogadora foi contundida e ficou de fora da final.

*The player was injured and **sat out** the team's final.*

FINTA

filosofia (do treinador) ▷ *philosophy (of the coach)*

A equipe comprou a filosofia do treinador.
*The team bought into the coach's **philosophy**.*

final do jogo; final da partida; apito final ▷ *final whistle*

O time segurou a vantagem de 1 a 0 até o final do jogo.
*The team held the 1-0 lead until **the final whistle**.*
No final do jogo, as jogadoras celebraram a vitória.
*At **the final whistle**, the players celebrated the win.*
O jogador foi expulso dois minutos antes do final da partida.
The player was sent off two minutes before the final whistle.

> **final de jogo!; fim de jogo! (anúncio do narrador)** ▷ *full time!;*
> *there's the full-time whistle!; that's the final whistle! (call by the*
> *announcer)*

finalizar ▷ *to finish*

`VER TAMBÉM` CONCLUIR

finalizador ▷ *finisher*

`VER TAMBÉM` JOGADOR

finta ▷ *feint; jink*

Ele deixou o goleiro no chão com uma finta antes de rolar para o
fundo da rede.
*He brought the keeper to the ground with a **feint** before rolling it into*
the back of the net.
O atacante tirou/deixou pra trás o zagueiro com uma pequena finta.
*The striker beat/lost the defender with a little **jink**.*

fintar ▷ *to feint; to jink*

O ala fintou dois zagueiros antes de encontrar o atacante dentro da área.

*The wingback **jinked** two defenders before finding the striker in the goal area.*

firula ▷ *showboating [EUA - informal]*

O primeiro tempo do jogo foi perdido com firula desnecessária e salto alto.

*The first half of the game was wasted with unecessary **showboating** and overconfidence.*

fazer firula ▷ *to showboat*

Ele começou a fazer firula muito cedo na partida.

*He started **showboating** too early in the game.*

fisiologista ▷ *athletic trainer*

fisioterapeuta ▷ *physiotherapist; physio*

flâmula ▷ *pennant*

Os capitães das equipes se cumprimentaram e trocaram flâmulas antes do cara ou coroa.

*The teams' captains greeted each other and exchanged **pennants** before the coin toss.*

fogueira ▷ *hospital (ball/pass)*

VER TAMBÉM BOLA e PASSE

foguete ▷ *rocket*

O atacante mandou um foguete no ângulo esquerdo do gol.

*The striker fired a **rocket** into the top left corner of the net.*

fome ▷ hunger

Ele é um jogador veterano com uma fome de jogo verdadeira.

*He is a veteran player with a genuine **hunger** for the game.*

A equipe usou sua fome de gol e venceu por 5 a 0.

*The team used their **hunger** for goals and won 5-0.*

com fome ▷ hungry

Os jogadores estão com fome de fazer uma boa apresentação.

*The players are **hungry** to put in a good performance*

Os jogadores estão com fome de vitória.

*The players are **hungry** for victory.*

fominha [informal] ▷ ball hog [informal]

Ele é um fominha que tenta driblar o time inteiro todas as vezes que está com a bola.

*He's a **ball hog** who tries to dribble through the whole team every time he has the ball.*

fora de casa ▷ away

VER TAMBÉM CASA

forma ▷ form

O atacante parecia fora de forma durante boa parte do jogo.

*The striker looked out of **form** for much of the match.*

O meio-campista tem sofrido críticas por sua falta de forma no final da temporada.

*The midfielder has faced criticism over a lack of **form** at the end of the season.*

FORMAÇÃO

formação; sistema de jogo ▷ *system of play; formation*

A equipe é conhecida por seu sistema de jogo em 4-4-2.
*The team is known for its 4-4-2 **system of play**.*
O time voltou no segundo tempo com uma formação mais defensiva.
*The team came out in the second half with a more defensive **formation**.*

formato; sistema (de competição) ▷ *format; system*

formato/sistema de grupo ▷ *group stage system/format*
formato/sistema de grupo contra grupo ▷ *crossover format/system*
formato/sistema de mata-mata; formato/sistema de eliminação simples ▷ *knockout system/format; simple elimination system/format*
formato/sistema de todos contra todos; formato/sistema de pontos corridos ▷ *round robin system/format; all play all system/format*
formato/sistema de turno e retuno, com pontos corridos ▷ *double round robin system/format*

fotógrafo de campo ▷ *sideline photographer; field photographer; on-field photographer*

futebol ▷ *football [RU, África do Sul, Austrália]; soccer [EUA, Canadá, África do Sul, Austrália]*

futebol de areia ▷ *beach soccer*
futebol de salão; futsal ▷ *futsal*
o futebol é uma caixinha de surpresa* ▷ *football is a funny old game*
* Nota: acredita-se que o bordão em português, usado por comentaristas de futebol para descrever a inerente imprevisibilidade do jogo, tenha sido criado pelo radialista brasileiro Benjamin Wright. A frase equivalente em inglês foi criada pelo ex-jogador

da seleção da Inglaterra, Jimmy Greaves, e tem a mesma conotação. Muitos torcedores consideram a frase um clichê, tanto em português quanto em inglês.

galeria de troféus [figurativo] ▷ trophy case

O time pode acrescentar mais um título à sua galeria de troféus.
*The club can add another title to its **trophy case**.*

gandula ▷ ball boy/ball girl/ball kid

garantir ▷ to secure

O time brigou bastante e garantiu uma vitória fora de casa.
*The team fought hard and **secured** an away win.*

garra; raça ▷ spirit; hustle [EUA]

O jogador é admirado por sua garra.
*The player is admired for his **spirit**.*
Eles marcaram o gol de empate num lance de raça.
*They scored the equalizer on a **hustle** play.*

girar ▷ to turn; to swivel

O meio-campista girou e encontrou o companheiro livre na área.
*The midfielder **turned** and found his teammate open in the box.*
O atacante matou a bola no peito, girou e mandou a bola para o fundo da rede, no segundo pau, com um voleio de canhota.
*The forward controlled the ball with his chest, then **swiveled** and sent the ball inside the far post with a left-foot volley.*

giro (de corpo) ▷ turning

gol ▷ *goal*

chance de gol ▷ *goal-scoring opportunity; scoring opportunity*

O atacante perdeu uma chance clara de gol.

*The striker missed an obvious **goal-scoring opportunity**.*

faro de gol ▷ *nose for the goal*

Um centroavante precisa ter faro de gol.

*A center-forward must have a **nose for the goal**.*

Ele é um atacante com faro de gol.

*He is a striker with a **nose for the goal**.*

gol (físico) ▷ *target; goal; frame*

O chute passou longe do gol.

*The shot missed wide of the **target**.*

O atacante pegou um cruzamento na área e mandou uma bomba no canto do gol.

*The striker gathered a cross into the box and blasted a shot into the corner of the **frame**.*

gol (no placar) ▷ *goal (scored)*

gol aberto ▷ *open goal*

O meio-campista errou o chute com o gol aberto na frente dele.

*The midfielder missed his shot with an **open goal** in front of him.*

gol contra ▷ *goal against*

O artilheiro do time marcou dois gols contra o rival.

*The team's top scorer scored two **goals against** their rival.*

gol contra (marcado por jogador do próprio time) ▷ *own goal*

O zagueiro desviou a bola e marcou gol contra.

*The defender deflected the ball and scored an **own goal**.*

gol da vitória ▷ *game winner; winning goal; game-winning goal*

O artilheiro da equipe marcou o gol que acabou sendo o gol da vitória.

*The team's goal scorer scored what proved to be a **game winner**.*

gol decisivo ▷ *decider*

O meio-campista marcou o gol decisivo no tempo extra.

*The midfielder scored the **decider** in extra time.*

gol de desempate ▷ *go-ahead goal [EUA]*

O atacante marcou o gol de desempate a dez minutos do final do tempo regulamentar.

*The striker netted the **go-ahead goal** ten minutes of the end of regulation time.*

gol de empate ▷ *equalizer; game-tying goal*

O time marcou o gol de empate aos três minutos dos acréscimos.

*The team scored the **equalizer** in the third minute of stoppage time.*

gol de ouro ▷ *golden goal*

gol em casa ▷ *home goal*

O artilheiro do time marcou um gol em casa que não vale dois.

*The team's top scorer scored a **home goal** that doesn't count double.*

gol feito ▷ *sitter*

O atacante perdeu um gol feito e a oportunidade de colocar seu time na frente.

*The forward missed a **sitter** and the opportunity to put his team in the lead.*

gol fora de casa ▷ *away goal*

Os dois gols fora de casa que o time marcou lhes dão uma boa chance de avançar para a próxima fase da competição.

*The two **away goals** the team scored give them a good chance to move to the next stage of the tournament.*

gol legal/válido ▷ *valid goal*

A bola deve cruzar a linha do gol por completo para o gol ser válido.

*The ball must cross the goal line entirely to be a **valid goal**.*

gol levado/tomado/sofrido ▷ *goal allowed/conceded*

Foi o primeiro gol levado pelo goleiro em dez partidas.

*It was the first **goal allowed** by the goalkeeper in ten matches.*

O time tem o melhor rendimento defensivo em termos de gols sofridos.

*The team has the best defensive record in terms of **goals conceded**.*

gol marcado/feito ▷ *goal scored*

Os dois times estão empatados em saldo de gol e gols marcados.

*The two teams are tied in goal differential and **goals scored**.*

gol olímpico (cobrança de escanteio que entra direto no gol sem tocar em nenhum jogador) ▷ *Olympic goal*

gol pró ▷ *goal for*

O número de gols pró e contra determina o time que avança para a próxima fase.

*The number of **goals for** and against determines the team that advances to the next stage.*

golaço ▷ *beauty; wonder goal*

O atacante quase marcou um golaço, mas seu chute acertou a baliza.

*The striker almost scored a **wonder goal**, but his effort hit the woodwork.*

O ala direito marcou um golaço, mas o gol foi anulado.

*The right wingback scored a **beauty**, but it was disallowed.*

invalidar um gol; anular um gol ▷ *to disallow a goal; to nullify a goal; to chalk off a goal [informal]*

O árbitro anulou o gol marcando falta no goleiro.

*The referee **disallowed** the goal for a foul on the keeper*

O gol foi anulado por impedimento.

*The goal was **chalked off** for offside.*

levar gol ▷ *to allow/concede/suffer a goal*

O time levou apenas cinco gols em todo o campeonato.

*The team **allowed/suffered/conceded** only five **goals** throughout the tournament.*

GOL

marca de gols ▷ *goal tally*

Ele marcou um *hat-trick* no jogo, aumentando sua marca de gols na temporada.

*He scored a hat-trick in the game, adding to his **goal tally** this season.*

Dificilmente algum jogador irá superar a marca de gols do Pelé.

*It is very unlikely that any player will ever surpass Pelé's **goal tally**.*

marcar o primeiro gol; abrir o placar ▷ *to score the/an opening goal; to break on top; to get on the board first; to open the score/ scoring; to open the account*

VER TAMBÉM PLACAR

marcar/fazer (gol) de primeira ▷ *to one-time it; to one-time a shot; to score on a one-timer*

O ponta esquerda cobrou o escanteio para dentro da área e o atacante marcou de primeira.

*The left winger sent in a corner kick and the striker **one-timed it**.*

O meio-campista pegou um rebote da barreira e marcou de primeira.

*The midfielder got a rebound off the wall and **scored on a one-timer**.*

marcar/fazer gol ▷ *to score/boot/net a goal; to get on the board*

O centroavante fez dois gols e deu a vitória ao seu time.

*The striker **netted** a pair of goals to give his team the victory.*

O time marcou um segundo gol, selando a vitória.

*The team **scored** a second goal, sealing the victory.*

marcar/fazer um gol com um leve toque de cabeça ▷ *to nod in; to nod home*

O meio-campista marcou o gol de empate com um leve toque de cabeça.

*The midfielder **nodded in** the game-tying goal.*

marcar/fazer um gol de cabeça ▷ *to head in; to head home*

O meio-campista marcou de cabeça o gol de empate.

*The midfielder **headed home** the game-tying goal.*

129

média de gol ▷ goal average

para fora (do gol) ▷ off target

A lateral direito mandou um chute para fora.

*The right back sent a shot **off target**.*

saldo de gol ▷ goal differential; goal difference

Os dois times estão empatados em saldo de gol e gols marcados.

*The two teams are tied in **goal differential** and goals scored.*

saldo de gol negativo ▷ negative goal differential

saldo de gol positivo ▷ positive goal differential

sem tomar/levar gol ▷ clean sheet; shutout [EUA]

A defesa da equipe jogou muito bem e ficou sem tomar gol pela terceira vez.

*The team's defense did a great job and posted their third **clean sheet**.*

O time não fica sem tomar gol desde a temporada passada.

*The team hasn't kept a **shutout** since last season.*

O goleiro fez sua primeira partida sem tomar gol.

*The goalkeeper recorded his first **clean sheet**.*

O time conseguiu uma vitória sem levar gol sobre seu rival.

*The team earned a **shutout** victory over their rival.*

O objetivo da equipe é ir para o jogo e tentar não tomar gol.

*The team's goal is to go out there and try to keep **a clean sheet**.*

tentar marcar (gol) ▷ to go for goal

O atacante tentou marcar no minuto final, mas seu chute desviou na zaga.

*The striker **went for goal** in the final minute, but his strike deflected off the defense.*

tentativa de gol ▷ attempt on goal

O time visitante teve seis tentativas de gol durante todo o jogo.

*The visitors had six **attempts on goal** during the entire match.*

goleador; jogador artilheiro ▷ *goal scorer*

O time precisa de um goleador que consiga pressionar a defesa adversária.

*The team needs a **goal scorer** that is able to put pressure on the opposing backline.*

goleiro ▷ *goalkeeper; keeper; goalie [informal]*

goleiro que sai para fazer a defesa ▷ *oncoming/charging goalkeeper*

O atacante tocou por cima do goleiro que saiu para fazer a defesa.

*The forward chipped the ball over the **oncoming goalkeeper**.*

goleiro sem reação ▷ *stranded goalkeeper*

O atacante deu um toque por cima do goleiro, que ficou sem reação.

*The striker chipped the ball over the **stranded goalie**.*

grama ▷ *turf; grass*

grama artificial; grama sintética ▷ *artificial turf; synthetic turf; artificial surface*

A equipe viaja até Moscou para uma partida em grama sintética contra o CSKA.

*The team has a trip to Moscow for a game on **artificial turf** against CSKA.*

grama; grama natural ▷ *natural grass; grass*

Futebol de alto nível é jogado em grama natural.

*Soccer at its highest level is played on **natural grass**.*

A FIFA permite que algumas partidas classificatórias sejam jogadas em grama sintética em lugares como a Escandinávia, onde é difícil manter campos de grama natural.

*FIFA permits some qualifying matches to be played on artificial turf in places like Scandinavia, where it is hard to maintain **grass** fields.*

gramado ▷ *turf; ground*

grande área ▷ *penalty box*

grande nome da partida; homem do jogo ▷ *man of the match*

grito (da torcida) ▷ *chants (from the fans/crowd)*

Os torcedores apoiaram as jogadoras com gritos criativos durante toda a partida.

*The fans supported the players with original **chants** during the entire match.*

guardar (marcar gol) ▷ *to put away (to score)*

O atacante guardou dois gols na vitória do seu time por 4 a 0.

*The striker **put away** two goals in his team's 4-0 win.*

O ponta direita mandou um cruzamento para o atacante, que guardou no canto direito do gol.

*The right wing sent a cross to the forward who **put away** into the right corner of the net.*

guichê ▷ *ticket window*

habilidade ▷ *skill; ability*

O meio-campista colombiano é conhecido por sua habilidade no passe e na armação de jogadas.

*The Colombian midfielder is known for his passing and playmaking **skills**.*

A equipe precisa de um atacante com habilidade com a bola e para marcar gols.

The team needs a striker with ball **skills** *and scoring* **abilities**.

habilidoso ▷ skillful

O atacante é rápido, habilidoso e tem faro de gol.

The striker is quick, **skillful** *and has a nose for the goal.*

homem ▷ man

homem a homem ▷ man-to-man

O técnico abandonou a marcação homem a homem e optou por um sistema defensivo por zona.

The coach abandoned the **man-to-man** *marking and opted for a zonal defensive scheme.*

homem de armação; articulador ▷ playmaker; setup man

homem do jogo; grande nome da partida ▷ man of the match

impedimento; infraçao de impedimento* ▷ offside; offiside offence [RU]/offense [EUA]; offsides [EUA]

VER TAMBÉM LINHA DE IMPEDIMENTO e POSIÇÃO REGULAR

O juiz marcou impedimento.

The ref called an **offside offense**.

condição/posição de impedimento; condição/posição irregular ▷ offside position

O gol não foi válido porque a jogadora chutou de posição irregular.

The goal didn't stand as the player struck from an **offside position**.

deixar (o jogador adversário) em impedimento/posição irregular ▷ to catch (an opponent) offside; to play (an opponent) offside

A defesa fez a linha de impedimento e deixou o atacante em posição irregular.

*The defense played the offside trap and **caught the striker offside**.*

A bola enfiada pelo meio-campista deixou o atacante em impedimento.

*The midfielder's through ball **caught the forward offside**.*

A defesa deveria ter se adiantado para deixar o atacante em impedimento.

*The defense should have stepped up to **play the striker offside**.*

estar em impedimento; estar impedido ▷ *to be offside; to be caught offside*

O jogador estava impedido, mas não participou da jogada.

*The player **was in an offside position**, but was not involved in the play.*

O meio-campista enfiou uma bola, mas o atacante estava em impedimento.

*The midfielder played a through ball, but the striker **was caught offside**.*

O atacante estava impedido na jogada do gol.

*The striker **was offside** on the goal.*

ligeiramente impedido ▷ *a shade offside*

O atacante estava ligeiramente impedido quando o chute saiu.

*The striker was **a shade offside** when the ball was struck.*

* Se no exato momento em que um passe é feito o receptor do passe estiver entre o último jogador adversário (com exceção do goleiro) e a bola, diz-se, então, que ele está em posição de impedimento, posição que pode eventualmente ser considerada uma infração de impedimento. Um jogador não é considerado em posição de impedimento se, no exato momento do passe, ele estiver na mesma linha do último adversário. Mesmo que estiver em posição de impedimento, um jogador não estará cometendo uma infração se ele não participar diretamente da jogada, ou se ele estiver em seu próprio campo de jogo. Um gol marcado por alguém que tenha cometido uma infração de impedimento é automaticamente invalidado. Uma infração de impedimento não resulta em cartão. A regra de impedimento é causa de muita controvérsia no futebol, pois geralmente o juiz fica com a responsabilidade de interpretar se o jogador está de fato cometendo uma infração de impedimento. A variação "*offsides*" é amplamente usada nos Estados Unidos.

infração ▷ *infringement; offence [RU]/offense [EUA]*

O juiz apitou uma infração.

*The referee whistled an **infringement**.*

O atacante cometeu infração antes de marcar o gol.

*The striker committed an **offense** before scoring the goal.*

início do jogo; pontapé inicial ▷ *kickoff*

O time pressionou desde o início do jogo.

*The team pressed forward from the **kickoff**.*

dar o chute inicial; dar início; ter início ▷ *to kick off*

As finais do Campeonato Brasileiro tiveram início no estádio do Maracanã no último fim de semana.

*The Brazilian league playoffs **kicked off** at the Maracanã stadium last weekend.*

interceptar; fazer o corte ▷ *to cut out*

O zagueiro não conseguiu interceptar uma bola para o atacante adversário.

*The defender failed to **cut out** a ball to the opposing striker.*

intervalo ▷ *halftime; break*

A técnica e as jogadoras fizeram alguns ajustes no intervalo e o time jogou melhor no segundo tempo.

*The coach and her players made some adjustments at **halftime** and the team played better in the second half.*

Os jogadores voltaram do intervalo com nova disposição e logo marcaram o gol de empate.

*The players came out of the **break** with renewed energy and soon scored the equalizer.*

invalidar ▷ *to disallow*

O gol foi invalidado.
*The goal was **disallowed**.*

invencibildiade ▷ *unbeaten streak/run*

VER TAMBEM SÉRIE

inversão de jogada ▷ *switch of play*

Uma grande inversão de jogada do lado esquerdo do campo encontrou o atacante livre no lado direito da área.
*A great **switch of play** from the left wing found the striker open on the right side of the box.*

ir atrás da vitória ▷ *to go for a win*

É um jogo importante e nós vamos atrás da vitória.
*This is a key game and we're **going for a win**.*

janela de transferência ▷ *transfer window*

O clube espera fazer bons negócios antes de a janela de transferência se encerrar na Europa.
*The club hopes to close some good deals before the **transfer window** comes to an end in Europe.*

jogada ▷ *play; move*

jogada; lance (coletivo) ▷ *play*

Ele marcou seu primeiro gol numa jogada espetacular.
*He scored his first goal on a spectacular **play**.*

O impedimento não é marcado quando o jogador impedido não estiver envolvido no lance.

*An offside is not called whenever the player who is offside is not involved in the **play**.*

jogada; lance (individual, como drible) ▷ *move*

Numa jogada rápida, o meio-campista tabelou com o atacante, que tocou por cima do goleiro para o fundo do gol.

*In a quick **move**, the midfielder played a one-two with the striker, who chipped it over the goalkeeper and into the net.*

jogada do gol ▷ *setup*

O meio-campista também participou da jogada do segundo gol da equipe.

*The midfielder was also involved in the **setup** of the team's second goal.*

fazer a jogada do gol ▷ *to set up the goal*

O ala esquerdo fez a jogada do gol com um cruzamento na área que o atacante cabeceou para a rede.

*The left wingback **set up the goal** with a cross into the box which the striker headed into the net.*

jogada ensaiada; jogada de bola parada; lance de bola parada ▷ *set piece; set play; dead-ball situation*

O gol saiu de uma jogada ensaiada.

*The goal came from a **set piece**.*

jogada perigosa ▷ *dangerous play*

A jogadora deveria ter recebido cartão amarelo por aquela jogada perigosa.

*The player should have gotten a yellow card for that **dangerous play**.*

jogador ▷ *player*

jogador "banheirista"; banheirista [informal]* ▷ *goal-hanger; cherry picker*

JOGADOR

* "Banheirista" é o atacante que sempre fica perto da área do gol adversário à espera de gols fáceis de fazer. O comportamento desse tipo de jogador é reprovado por ser considerado preguiçoso: enquanto ele deixa que os outros jogadores se esforcem para trazer a bola até a área, ele leva o crédito por fazer o gol. Geralmente, o banheirista acaba ficando em impedimento.

jogador artilheiro; goleador ▷ *(goal) scorer*

O time precisa de um jogador artilheiro que consiga pressionar a defesa adversária.

*The team needs a **goal scorer** that is able to put pressure on the opposing backline.*

jogador cai-cai; jogador que simula falta ▷ *diver*

jogador com a bola ▷ *player on the ball; ball carrier*

Ele é importante mesmo quando não está com a bola.

*He's an important player even when he's not **on the ball**.*

jogador com fome de gol ▷ *goal-hungry player*

jogador de ataque ▷ *forward*

jogador de contenção ▷ *holding player*

jogador de defesa; zagueiro ▷ *defender*

jogador de firula ▷ *showboat [EUA - informal]*

VER TAMBEM FAZER FIRULA

jogador de ligação; homem de ligação (entre o meio-campo e o ataque) ▷ *link-up player/man (between midfield and attack)*

jogador de linha ▷ *outfield player; outfielder*

jogador de meio-campo ▷ *midfielder*

jogador de referência na frente ▷ *target man/player*

jogador finalizador ▷ *finisher*

O atacante é rápido, habilidoso e ótimo finalizador.

*The striker is quick, skilful and a great **finisher**.*

jogador para compor elenco; jogador para ser reserva ▷ *back-up player*

O time contratou dois jogadores para compor elenco, um meio-campista e um atacante.

*The team has signed two **back-up players**, a midfielder and a striker*

A equipe precisa de um jogador para ser reserva do veterano meio-
-campista.

*The team needs a **back-up player** for the veteran midfielder.*

jogador "prata da casa"; jogador formado nas divisões de base ▷ *homegrown talent/player*

As divisões de base do clube têm revelado muitos bons jogadores "prata da casa".

*The club's youth academy has produced many fine **homegrown talents**.*

O time é composto por uma maioria de jogadores formados na categorias de base do clube.

*The team is mostly made up of **homegrown players**.*

jogador que atua na Europa ▷ *Europe-based player*

O Brasil jogou sem nenhum jogador que atua na Europa.

*Brazil played without any of its **Europe-based players**.*

jogador que chega de trás (para chutar) ▷ *oncoming player*

Ele rolou a bola para o companheiro de equipe que chegava.

*He laid off the ball to the **oncoming teammate**.*

jogador que se movimenta bem ▷ *mobile player*

jogador reserva; reserva ▷ *reserve; substitute; sub [informal]; bench player*

O amistoso será uma ótima oportunidade para dar experiência internacional aos jogadores reservas.

*The friendly will be a great opportunity to give the **reserves** some international experience.*

O atacante está voltando de uma contusão grave e será incluído entre os reservas.

*The striker is coming back from a serious injury and will included among the **substitutes**.*

O zagueiro colombiano entrou como reserva no segundo tempo.

*The Colombian defender came on as a **sub** in the second half.*

jogador reserva; reserva (em oposição ao titular da posição) ▷ *second-choice player; second teamer*

O foco da equipe é a Copa Libertadores e, para a próxima partida, o técnico irá colocar em campo um time de reservas.

*The team's focus is the Libertadores Cup and for the next match the coach will field a team of **second-choice players**.*

O atacante argentino começou o coletivo entre os reservas, mas ficou com uma vaga entre os titulares no segundo tempo de treino.

*The Argentinean striker started the scrimmage with the **second-teamers** but took a spot with the starters in the second half of the practice.*

jogador titular; jogador principal (em alguns contextos) ▷ *first teamer; first-choice player*

A equipe jogou com poucos titulares.

*The team brought in few **first teamers**.*

O time estava sem alguns de seus titulares e cometeu alguns erros simples durante a partida.

*The team missed a few **first-choice players** and made some simple mistakes during the match.*

Ambas as equipes estavam com suas jogadoras principais.

*Both teams used **first-choice players**.*

jogador titular; jogador que inicia a partida; jogador que começa jogando (em oposição ao reserva) ▷ *starter; starting player*

O colombiano será o goleiro titular na próxima partida.

*The Colombian player will be the **starting goalkeeper** for the next match.*

O time apresentou uma mistura de titulares e jogadoras reservas.

*The team featured a blend between **starters** and reserve team players.*

Seu talento lhe rendeu uma posição de titular na zaga.

*His talent landed him a **starting** fullback position.*

jogador versátil; jogador coringa ▷ *all-round player; all-rounder*

Ele se tornou um jogador versátil, que faz gols mas também joga defensivamente no meio-campo.

*He has developed into an **all-round player**, who contributes goals but also play defensive midfield.*

Ele é um atacante coringa e sabe jogar em todas as posições de ataque.

*He is an attacking **all rounder**, and is able to play in all forward positions.*

jogar ▷ *to play*

jogar aberto; jogar pelos lados; fazer um jogo aberto ▷ *to play wide*

O time está jogando muito por dentro e não está dando certo. Eles deveriam jogar aberto e mandar bolas para a área para aproveitar seu homem de referência.

*The team is playing too narrow and it's not working. They should **play wide** and throw balls into the box to take advantage of their target man.*

Ela é uma jogadora bastante versátil: pode jogar tanto aberta como pelo meio.

*She is a very versatile player that can **play wide** or down the middle.*

jogar/estar com dez; jogar/estar com um homem a menos ▷ *to be/play a man short*

Eles jogaram com dez durante todo o segundo tempo.

*They **played a man short** during the entire second half.*

jogar em casa ▷ *to play at home*

A equipe jogará sua próxima partida em casa, quando recebe seu maior rival.

*The team will **play** their next match **at home**, when they host their biggest rivals.*

jogar fora de casa ▷ *to play away*

Quando um time joga fora de casa, a equipe da casa tende a atacar mais.

*When a team **plays away**, the home side is more likely to attack.*

jogar melhor; superar ▷ *to outclass; to outplay*

O time brasileiro jogou melhor do que a equipe argentina.

*The Brazilian side **outclassed** the Argentinean team.*

A equipe argentina foi superada pelo time brasileiro.

*The Argentinean team was **outplayed** by the Brazilian side.*

jogar na defesa ▷ *to play a defensive game*

O time visitante jogou na defesa, o que levou a um empate.

*The visitors **played a defensive game** that resulted in a tie.*

jogar no ataque ▷ *to play an offensive game*

A equipe precisa jogar no ataque para anular o fator campo do adversário.

*The team needs to **play an offensive game** and cancel out the opponent's home-field advantage.*

jogar pelo meio ▷ *to play down the middle*

Ela não tem habilidade para jogar pelo meio; seu jogo é mais à frente.

*She is not skillful enough to **play down the middle;** she can perform better up front.*

jogar por dentro (em vez de jogar aberto) ▷ *to play narrow*

Eles jogaram por dentro durante toda a partida, o que facilitou para que a equipe adversária cruzasse bolas na área.

*They **played narrow** throughout the match, which made it easier for their opponent to cross it into the box.*

jogo; partida ▷ *match [RU]; game [EUA]; fixture [RU]*

é um jogo de dois tempos* ▷ *it's a game of two halves*

* Considerada um clichê, essa frase aponta para o fato de que um jogo pode ter dois tempos bastante distintos. Isso significa que tudo pode mudar, de repente, de um tempo para o outro, para o bem ou para o mal.

jogo aéreo ▷ *over-the-top play*

Eles não tinham velociadade para fazer frente ao jogo aéreo de seus adversários.

*They had no speed to match the **over-the-top play** of their opponents.*

jogo beneficente; partida beneficente ▷ *charity match/game*

jogo de estreia ▷ *opener; opening match*

Jogo de estreia do Brasil na Copa do Mundo.

*Brazil's World Cup **opener**.*

jogo/partida de ida ▷ *first leg; away leg*

A equipe brasileira derrotou o time da casa na partida de ida das oitavas de final.

*The Brazilian team defeated the home team rivals in the **first leg** of their Round of 16.*

jogo/partida de volta ▷ *second leg; return leg; home leg*

jogo eliminatório; partida eliminatória ▷ *qualifying game/match*

A equipe joga uma partida eliminatória na próxima semana.

*The team will play a **qualifying** match next week.*

jogo em casa ▷ *home game*

Em torneios mata-mata, o essencial é não levar gols nos jogos em casa.

*In knockout competitions, the key thing is to keep a clean sheet in the **home games**.*

jogo feio/truncado ▷ *scrappy game*

O segundo tempo do jogo foi muito truncado.

*The second half of the match was very **scrappy**.*

jogo fora de casa ▷ *away game*

A equipe fará um jogo difícil fora de casa contra o Boca Juniors.

*The team will play a tough **away game** against Boca Juniors.*

jogo limpo ▷ *fair play*

JUIZ

Foi uma partida com jogo limpo.

*It was a game with **fair play**.*

jogo morno; jogo que dá sono ▷ *snoozer*

jogo pela seleção ▷ *cap; to be capped*

`VER TAMBEM` PARTIDA PELA SELEÇÃO

jogo perigoso ▷ *dangerous play*

jogo preparatório; jogo-treino ▷ *warm-up game/match/friendly*

O Brasil terá um jogo preparatório contra os Estados Unidos antes da próxima Copa do Mundo.

*Brazil will play a **warm-up game** against the US ahead of the upcoming World Cup.*

jogo que decide a sorte/o futuro ▷ *win-or-bust game/match*

`VER TAMBEM` TUDO OU NADA

Esse jogo decide a sorte da equipe.

*It's a **win-or-bust** game for the team*

O time irá jogar contra seu rival a partida que decide o seu futuro.

*The team will play the **win-or-bust** match against their rival.*

jogos de ida e volta ▷ *two-legged matches*

Os jogos de ida e volta das oitavas de final da Copa do Brasil.

*The **two legged-matches** for the Round of 16 of the Brazil Cup.*

juiz ▷ *referee*

`VER TAMBEM` ÁRBITRO

(com o) lado do pé; de lado de pé (borda interna do pé) ▷ *side-footed*

`VER TAMBEM` CHUTAR COM O LADO DO PÉ

chute com o lado do pé ▷ *side-footed shot*

gol com o lado do pé ▷ *side-footed goal*

passe com o lado do pé ▷ *side-footed pass*

LARGAR A BOLA

lado errado ▷ *wrong way*

O goleiro pulou para o lado errado.

*The goalie jumped **the wrong way**.*

ladrão! (para avisar que um jogador adversário se aproxima para roubar a bola) ▷ *man on!; man!*

ladrão/roubador de bolas; desarmador; batedor de carteira [informal] ▷ *ball winner; ball stealer*

lambreta; carretilha ▷ *rainbow kick*

`VER TAMBEM` CARRETILHA

lá na frente ▷ *up front*

O atacante está sozinho lá na frente.

*The striker is on his own **up front**.*

lance ▷ *play; move*

`VER TAMBEM` JOGADA

lance a lance ▷ *play-by-play*

Acompanhe o jogo ao vivo lance a lance.

*Follow live **play-by-play** of the game.*

Cobertura lance a lance do jogo.

***Play-by-play** coverage of the game.*

lanchonete; quiosque ▷ *concession stand/kiosk*

largar a bola ▷ *to fumble*

O goleiro largou a bola.

*The goalie **fumbled**.*

lateral; ala ▷ *wingback; fullback; back*

lateral (direito/esquerdo) avançado; ala (direito/esquerdo) ▷ *(right/left) wingback*

lateral (direito/esquerdo) recuado ▷ *(right/left) fullback [RU]; (right/left) back; (right/left) outside back [EUA]*

lateral; linha lateral ▷ *sideline; touchline*

lei da vantagem* ▷ *advantage rule*

O juiz aplicou/deu bem a lei da vantagem.

*The referee applied **the advantage rule** to great effect.*

* De acordo com as regras do jogo da FIFA, a lei da vantagem determina que o juiz **não** marque uma falta e permita que o time com a posse de bola continue a jogar em situações em que parar o jogo, na realidade, beneficiaria a equipe que cometeu a infração, prejudicando ainda mais o time que recebeu a falta.

lesão; contusão ▷ *injury*

O meio-campista sofreu uma lesão na coxa.

*The midfielder picked up a thigh **injury**.*

O atacante sofreu uma contusão no tendão e não joga a próxima partida.

*The striker suffered a hamstring **injury** and will miss the next game.*

O goleiro está voltando de uma lesão no joelho.

*The keeper is coming back from knee **injury**.*

lesão leve ▷ *mild injury*

lesão grave ▷ *serious injury*

letra* ▷ *rabona; crossed kick*

O atacante marcou de letra no ângulo.

*The striker scored with a **rabona** into the top corner of the goal.*

O meio-campista fez um cruzamento de letra para dentro da área.

*The midfielder delivered a **rabona** cross into the box.*

passe de letra ▷ *rabona pass*

gol de letra ▷ *rabona goal*

cruzamento de letra ▷ *rabona cross*

* Letra é um chute de pés trocados, em que se chuta a bola com a perna de chute cruzando por trás da perna de apoio.

levar um chocolate; levar uma surra ▷ *to be thrashed*

A equipe Argentina levou uma surra de 6 a 1 de seu rival.

*The team **was thrashed** 6-1 by their rival.*

dar um chocolate; dar uma surra ▷ *to thrash*

A Bolívia deu uma surra de 6 a 1 na Argentina.

*Bolivia **thrashed** Argentina 6-1.*

líbero ▷ *sweeper*

linha ▷ *line; trap*

em cima da linha ▷ *off the line*

O zagueiro tirou a bola em cima da linha.

*The defender cleared the ball **off the line.***

O chute foi salvo em cima da linha.

*The shot was saved **off the line**.*

linha burra* [informal] ▷ *botched/failed offside trap*

* Uma "linha burra" é uma linha de impedimento malfeita ou malsucedida. Veja mais informação em LINHA DE IMPEDIMENTO.

linha da grande área; linha da área penal ▷ *penalty area marking*

linha de fundo ▷ *by-line; bi-line; end line*

ir com a bola até a linha de fundo ▷ *to take it to the end line*

O lateral foi até a linha de fundo e cruzou para seu companheiro de equipe livre de marcação.

*The fullback **took it to the end line** and crossed to his unmarked teammate.*

linha de impedimento* ▷ *offside trap*

VER TAMBEM IMPEDIMENTO

escapar/fugir/sair da linha de impedimento ▷ *to avoid/dodge the offside trap*

O atacante escapou da linha de impedimento e calmamente mandou a bola no canto esquerdo.

*The striker **avoided the offside trap** and calmly slid the ball into the left corner.*

fazer/montar/armar uma linha de impedimento ▷ *to set/play/ spring an offside trap*

O zagueiro não saiu para fazer a linha de impedimento e permitiu que o adversário marcasse o gol de empate.

*The defender didn't step out to **play the offside trap** and allowed the opponent to score the equalizer.*

furar a linha de impedimento ▷ *to break/bust [informal] the offside trap*

O atacante furou a linha de impedimento do adversário e ficou cara a cara com o goleiro.

*The striker **busted the opponent's offside trap** and went on a one-on- -one with the keeper.*

linha de impedimento malfeita/falha; "linha burra" [informal] ▷ *botched/failed offside trap*

vencer/superar a linha de impedimento ▷ *to beat the offside trap*

O meio-campista venceu a linha de impedimento alemã com um passe e deixou o centroavante cara a cara com o goleiro.

*The midfielder **beat the German offside trap** on a pass and sent the striker on a one-on-one with the goalie.*

* A linha de impedimento é uma maneira de explorar a regra do impedimento a fim de criar uma estratégia de defesa. Ela é executada pelos zagueiros ao deslocarem-se para frente ao mesmo tempo no exato momento em que um passe é feito para um atacante adversário. Com isso, deixa-se em posição de impedimento o atacante adversário que recebeu a bola, fazendo com que ele cometa uma infração de impedimento. A linha de impedimento é uma estratégia de alto risco e não é considerada uma conduta antidesportiva.

linha de meio-campo ▷ *halfway line*

linha defensiva ▷ *defensive line*

Ele é a principal peça na linha de defensiva da equipe.

*He is the main piece on the team's **defensive line***

O atacante encontrou um buraco na linha defensiva e marcou seu primeiro gol.

*The striker found a hole in the **defensive line** and scored his first goal.*

linha do gol; linha de meta ▷ *goal line*

linha lateral; lateral ▷ *sideline; touchline*

mesma linha ▷ *level; even*

O jogador não estava impedido pois estava na mesma linha da bola no momento do passe.

*The striker was not offside as he **was level** with the ball at the moment of the pass.*

lista de convocados ▷ *roster*

VER TAMBEM CONVOCADOS

livrar-se (da marcação) ▷ to clear (a defender)

O atacante livrou-se de um zagueiro e chutou de fora da área para marcar um belo gol.

*The striker **cleared** a defender and fired a shot from outside the box, scoring a beautiful goal.*

livre; livre de marcação; sem marcação ▷ unmarked; open

`VER TAMBÉM` DESMARCADO

loja do clube ▷ club shop; team store [EUA]

longe (do gol, da trave etc.) ▷ wide (of the target, of the post etc.)

`VER TAMBÉM` PERTO e PASSAR PERTO

O lateral direito mandou um tiro que passou longe do gol.

*The right back sent a shot that went/missed **wide** of the goal.*

O atacante mandou um chute que fez uma curva e passou bem longe da trave direta.

*The forward fired a strike that went well **wide** of the right post.*

O meio-campista colocou a bola longe da trave esquerda.

*The midfielder placed a shot that missed **wide** left.*

luvas de goleiro ▷ goalkeeper gloves; goalie gloves

má conduta ▷ misconduct

O jogador foi transferido do time por má conduta.

*The player was transferred from the team for **misconduct**.*

maca ▷ *stretcher*

A equipe médica correu para o campo e colocou o jogador numa maca.
*The medical team ran onto the field and placed the payer on a **stretcher**.*

(estar/jogar com um homem) a mais ▷ *a man up*

VER TAMBÉM A MENOS

O time aproveitou a vantagem de estar com um homem a mais.
*The team took advantage of being **a man up**.*
Eles jogaram com um homem a mais contra seu rival nos últimos 30 minutos.
*They played **a man up** against their rival for the last 30 minutes.*

mando de jogo ▷ *home-field advantage; home advantage*

VER TAMBÉM FATOR CAMPO

(de) maneira inesperada ▷ *against the run of play*

Depois de se defender durante quase toda a partida, o time marcou um gol de maneira inesperada no minuto final do tempo regulamentar.
*After defending during almost the entire match, the team scored a goal **against the run of play** in the final minute of regulation.*

mano a mano ▷ *one-on-one situation; one-on-one opportunity; one-on-one*

VER TAMBÉM CARA A CARA

MÃO DE ALFACE

mão de alface [informal] ▷ *butterfingers [informal]*

Os torcedores chamaram o goleiro de mão de alface depois que ele soltou a bola para dentro do gol.

*The fans called the keeper a **butterfingers** after he fumbled a ball into the goal.*

mão na bola ▷ *hand to ball*
VER TAMBÉM BOLA

máquina lança-bolas (para treinamento de goleiro) ▷ *football/soccer machine (for goalkeeping training)*

marca do pênalti; marca penal; ponto penal ▷ *penalty spot; penalty kick mark*

marca de gols ▷ *goal tally*
VER TAMBÉM GOL

marcação ▷ *marking*

para marcação do juiz VER TAMBÉM DECISÃO

A marcação sobre o meio-campista argentino foi a melhor estratégia feita pelo técnico.

*The **marking** on the Argentinean midfielder was the best strategy that the coach made.*

fazer marcação cerrada ▷ *to play tight*

A equipe fez marcação cerrada atrás e contra-ataques rápidos.

*The team **played tight** at the back and made fast counterattacks.*

A defesa fez marcação cerrada no atacante.

*The defense **played tight** on the forward.*

fazer marcação dupla ▷ *to double team*

Eles fizeram marcação dupla no craque do time adversário o jogo inteiro.

*They **double teamed** the opponent's star player the entire game.*

O astro do time tinha marcação dupla em toda jogada.

*The team's star player was **double teamed** on every play.*

fugir da marcação ▷ *to escape the marker*

A centroavante fugiu da marcação dentro da área e cabeceou uma bola cruzada para o fundo do gol.

*The center-forward **escaped his marker** and headed a cross into the back of the net.*

furar a marcação ▷ *to break through the defense*

O time não consegue furar a marcação cerrada quando está com a posse de bola.

*The team can't **break through** the solid **defense** when in possession of the ball.*

marcação cerrada ▷ *tight marking*

Ele tocou na bola apenas algumas vezes, pois recebeu marcação cerrada dos zagueiros.

*He only touched the ball a few times as he received **tight marking** from the defenders.*

marcação dupla ▷ *double team*

O atacante estava quase sempre preso numa marcação dupla.

*The striker was often trapped by **a double team**.*

marcação homem a homem ▷ *man-to-man marking/system*

marcação por zona ▷ *zonal marking/system*

O novo técnico abandonou a antiga marcação por zona e adotou uma marcação homem a homem.

*The new coach scrapped the old **zonal marking** and adopted a man-to--man system.*

marcado ▷ marked

A meio-campista mandou um passe para a atacante que estava marcada por duas zagueiras.

*The midfielder sent a pass forward to the striker who was **marked** by two defenders.*

marcar/dar/assinalar/apitar uma falta; mão na bola; pênalti etc. ▷ to call a foul; a handball; a penalty etc.

O juiz deu muitas faltas no jogo.

*The referee **called** many fouls during the game.*

marcar tudo (árbitro) ▷ to call it tight; to call a game tight

VER TAMBÉM APITAR TUDO e DEIXAR O JOGO CORRER

marcar (defesa) ▷ to mark

O atacante tem muita velocidade e é difícil de marcar.

*The player has great speed and is very difficult to **mark**.*

Ela é uma jogadora perigosa e precisa ser marcada em cima.

*He is a dangerous player and has to be **marked** tightly.*

marcar gol ▷ to score

VER TAMBÉM GOL

massagista ▷ massage therapist

matador; artilheiro ▷ goal-scoring (striker, midfielder etc)

Uma centroavante matadora se encaixaria melhor com o time.

*A **goal-scoring** striker would be a better fit for the team.*

mata-mata ▷ knockout

torneio mata-mata ▷ knockout competition

fase mata-mata ▷ knockout phase

MÉDIA DE GOL

matar a bola ▷ *to trap the ball*

O meio-campista matou a bola com o pé direito e passou para o ala esquerdo, livre de marcação.

*The mid-fielder **trapped** the ball with his right foot and passed it to the unmarked left wingback.*

O atacante matou a bola no peito, de costas para o gol, girou e mandou uma bomba no alto do canto esquerdo.

*The striker **trapped** the ball with his chest with his back to the goal, turned and sent a screamer into the top corner of the net.*

O ponta direita matou a bola com a coxa antes de marcar com um lindo voleio de direita.

*The right winger **trapped** the ball with his thigh before hitting home a beautiful right-footed volley.*

matar a bola no peito ▷ *to chest trap the ball*

O atacante matou a bola no peito e mandou um chute para o fundo da rede.

*The striker **chest trapped the ball** and fired a shot into the back of the net.*

matar a bola no peito e pôr/colocar/botar no chão ▷ *to chest (the ball) down*

O gol saiu de um cruzamento que o ala direito matou no peito e botou no chão antes de mandar um chute no canto direito do gol.

*The goal came off a cross that the right wingback **chested down** before sending a shot into the right corner of the net.*

matar a jogada ▷ *to break up*

Ele é um desarmador bastante hábil em matar jogadas.

*He is a destroyer who is very skillful at **breaking up** plays.*

média de gol ▷ *goal average*

médico ▷ *(team) physician*

meio-campista; meia ▷ *midfielder*

    meia atacante; meia ofensivo ▷ *attacking midfielder; offensive midfielder*

    meia defensivo; cabeça de área; volante ▷ *defensive midfielder*

meio-campo; meio de campo ▷ *midfield*

O time têm bons meio-campistas que dominam o meio de campo e mantêm posse da bola por tempo suficiente para criar muitas chances boas de gol.
*The team has good midfielders who dominate the **midfield** and keep the ball long enough to create several good scoring opportunities.*

meio de temporada ▷ *mid-season*

Uma transferência de meio de temporada para um time de expressão é muita pressão para um talento tão jovem.
*A **mid-season** transfer to a top-tier team is a lot of pressure for such a young talent.*

meiões (do jogador) ▷ *socks*

melhores momentos (do jogo) ▷ *highlights (of the game)*

(estar/jogar com um homem) a menos ▷ *(to be/play a man) down*

VER TAMBÉM A MAIS

NARRAÇÃO (DE RÁDIO/TELEVISÃO)

Depois que o zagueiro recebeu o cartão vermelho, o time teve de jogar com um homem a menos o resto do jogo.

*After the defender received a red card, the team was forced to play with a **man down** for the remainder of the game.*

meter uma bola enfiada ▷ *to play a through ball*

VER TAMBEM BOLA

minutos ▷ *minutes*

aos x minutos ▷ *in the X minutes*
aos 15 minutos do primeiro tempo ▷ *in the 15th*
aos 15 minutos do segundo tempo ▷ *in the 60th*
aos 45 minutos do segundo tempo ▷ *in the 90th*
primeiros minutos ▷ *opening minutes*

O time resolveu a partida nos primeiros minutos.

*The team had the game wrapped up in **the opening minutes**.*

morte súbita ▷ *sudden death*

movimentação de bola ▷ *ball movement*

munhequeira ▷ *wristband*

narração* (de rádio/televisão) ▷ *commentary; play-by-play*

VER TAMBEM COMENTÁRIO

Ele é um narrador veterano e faz a narrração das principais partidas de futebol no Brasil.

*He is a veteran announcer and does the **play-by-play** for the most important soccer matches in Brazil.*

NARRADOR

Eu quase não ouvi o nome daquele jogador durante a narração ao vivo.

*I barely heard that player's name during the live **commentary**.*

* Em inglês, a palavra "commentary" denota tanto a narração quanto os comentários. Quando necessário, o contraste é feito por meio de expressões que antecedem a palavra "commentary": para narração, usa-se "play-by-play/main commentary"; para comentários, usa-se "colour commentary". Isso também vale para o sentido de narrador ("play-by-play/main commentator") e comentarista ("colour commentator"). Não há consenso sobre a origem do uso de "colour" nessas expressões. Uma explicação provável, mas não definitiva, está no fato de o comentarista, além de trazer análise e informações relevantes, também apresentar uma cobertura mais leve da partida, muitas vezes com anedotas e observações bem-humoradas. Em inglês, o adjetivo "colourful" denota, entre outras coisas, um comportamento interessante por ser inusitado. Além disso, as palavras "broadcaster" e "sportscaster" [EUA] são usadas para se referir tanto ao narrador quanto ao comentarista, sobretudo na indústria da mídia. No inglês americano, a grafia de "colour" é "color".

narrador ▷ *(play-by-play) commentator*; (main) commentator; (play-by-play) announcer [EUA]; the play-by-play [informal]*

VER TAMBEM COMENTARISTA

* Ver NARRAÇÃO acima.

obrigar o goleiro a fazer uma defesa ▷ *to force a save*

O chute da atacante obrigou a goleira a fazer uma grande defesa.

*The shot from the striker **forced a great save from the keeper**.*

observador tático ▷ *tactical scout*

observador técnico ▷ *technical scout*

obstrução* ▷ *obstruction*

O juiz deu tiro livre indireto por obstrução.

*The ref awarded an indirect free kick for **obstruction**.*

* Obstrução é a ação faltosa de, sem fazer uma jogada com a bola, deter ou bloquear um adversário que também tenta ganhar a bola.

obstruir ▷ *to obstruct*

O goleiro disse ao juiz que ele foi obstruído pelo atacante que marcou o gol.

*The goalie claimed to the ref that he was **obstructed** by the striker that scored.*

(de) ofício/origem ▷ *pure; outright*

Nossa equipe precisa de uma centroavante de ofício.

*Our squad needs an **outright** striker.*

O time jogou os últimos 30 minutos sem um zagueiro de origem.

*The team played the last 30 minutes without a **pure** full back.*

oitava de final; oitavas de final ▷ *Round of 16; the last 16*

A equipe conseguiu chegar às oitavas de final.

*The team made the **Round of 16**.*

Os jogos das oitavas de final estão definidos.

*The **last 16** matches are settled.*

As oitavas de final estão programadas para o próximo fim de semana.

*The **Round of 16** is scheduled the upcoming weekend.*

> **avançar para as oitavas de final** ▷ *to go through the Round of 16*
>
> **classificar-se para a oitava de final** ▷ *to advanced to the Round of 16*
>
> **ir para a oitava de final** ▷ *to qualified for the Round of 16*

ola ▷ *wave; Mexican wave; la Ola*

A torcida vibrava e fazia a ola.
*The crowd was cheering and doing **the wave**.*

olheiro ▷ *(talent) scout*

opção ▷ *option*

`VER TAMBEM` SEM OPÇÃO

organizar a defesa ▷ *to organize the defense*

A função do zagueiro como capitão é organizar a defesa.
*The defender's job as captain is to **organize the defense**.*

palpite ▷ *pick*

Qual seu palpite para o jogo?
*What's your **pick** for the game?*
Meu palpite é que o Brasil vai ganhar da Argentina de 2 a 0.
*My **pick** is that Brazil will beat Argentina, 2 to 0.*

pancada ▷ *knock*

O jogador levou uma pancada no joelho na última partida, mas já está totalmente recuperado para o próximo jogo.
*The player took a **knock** to the knee in the last match, but he is now fully recovered for the next game.*

papo (no papo) ▷ *in the bag*

O time tinha o jogo no papo ao final dos primeiros 30 minutos do primeiro tempo.
*The team had the game **in the bag** after the first 30 minutes of the first half.*

Uma vitória está no papo.

*A win is **in the bag**.*

parada (de tempo) ▷ *stoppage*

A parada do jogo beneficiou o time que fez a falta.

*The **stoppage** in play benefitted the team that committed the foul.*

participação ▷ *appearance*

Em sua primeira participação pela equipe, ele marcou um belo gol.

*On his first **appearance** for the team, he scored a beautiful goal.*

participação pela seleção ▷ *cap; to be capped*

VER TAMBÉM PARTIDA PELA SELEÇÃO

participar (de jogo, competição etc.) ▷ *to have an appearance*

O jogador participou de duas Copas do Mundo.

*The player had two World Cup **appearances**.*

partida ▷ *match [RU]; game [EUA]; fixture [RU]*

VER TAMBÉM JOGO

partida sem tomar gol ▷ *clean sheet; shutout [EUA]*

O time teve cinco partidas sem tomar gol durante a temporada.

*The team has recorded five **shutouts** during the season.*

O goleiro está a dez partidas sem tomar gol.

*The goalkeeper has kept ten **clean sheets**.*

partida/atuação/participação pela seleção ▷ *cap; to be capped*

O jovem atacante já tem 20 atuações com a seleção dos Estados Unidos.

*The young forward has already earned/won 20 **caps** with the U.S. national team.*

Qual jogador disputou mais partidas pela seleção brasileira?

*Which player has the most **caps** for the Brazilian national team?*

O meio-campista marcou 30 gols em 60 participações pela seleção.

*The midfielder has scored 30 goals in 60 **caps.***

Ele já jogou 50 vezes pela seleção irlandesa.

*He **has been capped** 50 times for Ireland.*

* No começo do século XX, era comum no Reino Unido conceder um quepe ("cap", em inglês) a cada jogador que representasse o país em partidas internacionais. O termo "cap" permaneceu na língua inglesa como referência às participações em jogos pela seleção nacional.

resolver a partida; decidir a partida ▷ *to have the game wrapped up; to wrap it up*

O atacante resolveu a partida no primeiro tempo.

*The striker **had the game wrapped up** in the first half.*

O lateral direito marcou um belo gol no final do jogo e decidiu a partida.

*The right back scored a beautiful goal late in the match to **wrap it up**.*

passar (pela marcação) ▷ *to get past (a defender)*

O centroavante passou pelo último defensor e chutou a bola por cima do goleiro que saía.

*The striker **got past** the last defender and chipped the ball over the oncoming goalkeeper.*

passar driblando por; entrar driblando ▷ *to weave (his) way through; to weave (his) way into*

O atacante passou driblando pela defesa antes de soltar um foguete para o gol.

*The striker **weaved his way through** the defense before firing a rocket into the net.*

O ala direito entrou driblando na área e mandou um chute que passou na frente do gol.

*The right wingback **weaved his way into** the box and sent a shot across the face of the goal.*

passar perto (do gol, da trave etc.) ▷ *to narrowly/barely miss (the net, the post etc.)*

A cabeçada do atacante passou perto do gol.

*The forward's header **narrowly missed** the goal.*

passe ▷ pass

belo passe ▷ *neat pass*

O meia esquerda aproveitou um belo passe do ponta esquerda, cortou para dentro da área e deu um chute para dentro do gol.

*The left half took a **neat pass** from the left winger, cut into the area and fired a shot into the back of the net.*

fazer uma troca de passe ▷ *to combine*

O meio-campista e o ala direito fizeram uma bela troca de passe pela direita.

*The midfielder and the right wingback **combined** neatly down the right.*

passe aéreo ▷ *over-the-top pass*

O atacante recebeu um passe aéreo do volante.

*The striker received an **over-the-top pass** from the defensive midfielder.*

passe enfiado ▷ *through-ball pass*

O meio-campista deu um passe enfiado para o atacante.

*The midfielder played a **through-ball pass** to the striker.*

passe errado ▷ *misplaced pass*

passe lateral ▷ *lateral pass*

passe longo ▷ *long pass*

passe na fogueira (passe, bola etc.) ▷ *hospital (ball/pass)*

O zagueiro deu um passe na fogueira para o meio-campista e deu de graça a posse de bola para o adversário no seu campo.

PASSEIO (JOGO FÁCIL)

*The defender played a **hospital pass** to the midfielder and gifted the opponent possession in their half.*

O meio-campista recebeu uma bola na fogueira.

*The midfielder was given a **hospital ball**.*

passe na medida ▷ *well-timed pass; well-placed pass*

passe perfeito ▷ *perfectly-placed pass*

passe por cima ▷ *lob pass*

passe preciso/milimétrico ▷ *clincal pass; pinpoint pass*

O meio-campista deu um passe preciso para o atacante.

*The midfielder made a **pinpoint pass** to the striker.*

troca de passe ▷ *combination*

O primeiro gol saiu de uma troca de passe entre Pelé e Rivelino.

*The first goal came after a **combination** between Pelé and Rivelino.*

trocar passe ▷ *to trade passes*

O meia trocou passe com o atacante dentro da área.

*The midfielder **traded passes** with the striker in the box.*

passeio (jogo fácil) ▷ *walk in the park*

Falaram que o jogo seria um passeio para o Brasil, mas não foi.

*They said the game would be a **walk in the park** for Brazil, but it wasn't.*

pé alto ▷ *high kick; high foot*

O time teve tiro livre indireto marcado a seu favor depois que o atacante adversário entrou com pé alto sobre seu zagueiro.

*The team was awarded an indirect free kick after the opposing striker went in with a **high kick** on its defender.*

pebolim; totó; fla-flu; futebol de mesa ▷ *foosball; table football/soccer*

PENALIDADES

pedalada ▷ *stepover; stepover move*

Ele livrou-se do zagueiro com uma pedalada esperta.
He cleared the defender with a clever stepover.

pé-frio ▷ *jinx*

VER TAMBÉM SECAR

Não vou assistir o jogo com ele. Ele é pé-frio!
I'm not watching the game with him. He's a jinx!

peito do pé ▷ *instep*

VER TAMBÉM DE CHAPA

O jogador tocou a bola com o peito do pé por cima do seu marcador.
The player flicked the ball with his instep over his marker.

peixinho ▷ *diving header*

O meio-campista marcou um gol de peixinho.
The midfielder scored on a diving header.

pelada ▷ *kick-about [RU]; pick-up soccer [EUA]*

Ele se machucou numa pelada com seus amigos.
He got injured in a pick-up soccer game with his friends.
Havia gente suficiente para jogar uma pelada.
There were enough people to have a kick-about.

penalidades ▷ *penalty shootout*

VER TAMBÉM PÊNALTI

165

pênalti ▷ *penalty*

cobrança de pênalti; tiro penal ▷ *penalty kick; spot kick*

cobranças de pênalti; disputas de cobrança de pênalti; penalidades ▷ *penalty shootout*

O time converteu todas as suas penalidades nas cobranças de pênalti e venceu o torneio.

*The team converted all their kicks in the **penalty shootout** and won the tournament.*

cobrar um pênalti ▷ *to take a penalty; to take a penalty kick*

O time ficou em vantagem depois que o atacante cobrou um pênalti com calma.

*The team took the lead after the striker calmly **took a penalty kick**.*

desempate por penalidades ▷ *penalty kick tiebreaker*

Depois que o tempo regulamentar e a prorrogação terminaram em empate, o clube ganhou o torneio no desempate por penalidades.

*After the regulation and extra time finished tied, the team won the tournament on a **penalty kick tiebreaker**.*

marca do pênalti; marca penal; ponto penal ▷ *penalty spot; penalty kick mark*

marcar/assinalar/apitar/dar um pênalti (juiz) ▷ *to call/whistle a penalty; to call/whistle a penalty kick/spot*

pênalti bem cobrado ▷ *well-taken penalty; well-taken penalty kick*

O atacante marcou num pênalti bem cobrado.

*The striker scored with a **well-taken penalty kick**.*

pênalti claro ▷ *blatant penalty; obvious penalty; stonewall penalty [informal]*

pênalti com cavadinha; cavadinha ▷ *Panenka penalty**

* Pênalti com cavadinha é uma maneira propositalmente arriscada de cobrar pênalti, em que o batedor dá um leve toque e levanta a bola para o meio do gol.

A expressão em inglês "Panenka penalty" homenageia o jogador tcheco Antonín Panenka, que recorreu à técnica nas cobranças de pênalti da final do Campeonato Europeu de Futebol da UEFA de 1976 contra a Alemanha Ocidental, ajudando a Tchecoslováquia a levantar a taça e consagrando seu nome na história do futebol.

pendurado [informal]; já ter recebido o cartão amarelo ▷ *on a yellow card*

O atacante estava pendurado, mas continuou a reclamar com o juiz.

*The striker was **on a yellow card**, but kept complaining to the ref.*

O zagueiro central já estava pendurado antes de levar outro cartão no jogo, ficando fora da próxima partida.

*The centre back was **on a yellow** card before being carded in this game and is now out of the next match.*

penetração (na defesa) ▷ *penetration (into defense)*

A equipe teve melhor penetração no primeiro tempo, mas mostrou menos movimentação de bola no segundo tempo.

*The team had better **penetration** in the first half, but showed less ball movement in the second half.*

em penetração/progressão ▷ *penetrating run*

O atacante entrou em penetração na área e passou para o meia, que não teve problemas para finalizar.

*The striker made a **penetrating run** into the box and passed the ball to the midfielder who had no problem finishing it off.*

pentacampeão ▷ *five-time champion*

VER TAMBEM BICAMPEÃO

perder a bola ▷ *to lose (ball) possession*

VER TAMBEM BOLA

perto (do gol, da trave etc.) ▷ *just wide (of the target, of the post etc.)*

A bola/o chute passou perto da trave.

*The ball/the shot went **just wide** of the goal.*

A cabeçada do atacante passou perto da trave.

*The forward's header missed **just wide** of the post.*

pista de atletismo ▷ *athletics track*

pivô; centroavante de referência ▷ *target player; target man*

placa de propaganda ▷ *advertising hoarding [RU]; advertising board [EUA]*

placar ▷ *score; scoreboard*

    abrir o placar ▷ *to score the/an opening goal; to break on top; to get on the board first; to open the score/scoring; to open the account*

O time argentino abriu o placar com cinco minutos de jogo.

*The Argentinean team **broke on top** five minutes into the game.*

O time abriu o placar logo no começo do primeiro tempo.

*The team **opened the account** early in the first half.*

    aumentar o placar ▷ *to add one more*

O time aumentou o placar antes do intervalo.

*The team **added one more** before halftime.*

    diminuir (o placar) para o time ▷ *to pull one back (for the team)*

O atacante diminuiu para os Estados Unidos com um chute de direita de dentro da área.

*The striker **pulled one back for** the US with a right-footer from inside the area.*

PLACAR (NÚMERO DE GOLS MARCADOS)

estar atrás no placar; estar em desvantagem ▷ *to trail*

O time estava um gol atrás no placar.

*The team was **trailing** by one goal.*

fechar o placar ▷ *to finish the score/scoring*

manter o placar ▷ *to hold/keep the score*

O goleiro fez várias defesas incríveis, mantendo o placar em 0 a 0.

*The goalie made several great saves, **keeping the score** at 0-0.*

placar (físico) ▷ scoreboard

placar eletrônico ▷ *electronic scoreboard*

placar (número de gols marcados) ▷ score

Qual o placar?/Quanto está o jogo?

*What's the **score**?*

O placar está 1 a 0 para o time da casa.

*The **score** is 1-0 to the home team*

O placar está empatado em 0 a 0.

*The **score** is tied at 0.*

placar/resultado agregado*; soma dos placares ▷ *aggregate (score/goals)*

Com a primeira partida jogada em seu campo, a equipe brasileira tem uma ótima oportunidade para sair na frente no placar agregado.

*With the first leg played on its turf, the Brazilian team has a great opportunity to take a lead in the **aggregate**.*

A equipe perdeu por 4 a 2 na soma dos placares.

*The team lost 4-2 on **aggregate**.*

* O placar agregado é a soma dos gols que cada equipe marcou num jogo de ida e volta. O placar somado é então usado como critério de desempate, geralmente em torneios de mata-mata. Se o placar agregado também empatar, vence o time que fez mais gols no campo do adversário.

placar final ▷ *final score; scoreline [RU; jornalismo]*

O placar final foi Brasil 2 × 0 Argentina.

*The **scoreline** was Brazil 2 × 0 Argentina.*

pontaria ▷ *shooting accuracy*

As poucas chances de gol da equipe foram desperdiçadas com passe ruim e pontaria ainda pior.

*The team's few scoring opportunities were wasted with bad passing and even worse **shooting accuracy**.*

Se eles querem vencer esse jogo, eles terão que melhorar a pontaria.

*If they want to win that game they will have to improve their **shooting accuracy**.*

ponto penal ▷ *penalty spot; penalty kick mark*

`VER TAMBÉM` MARCA DO PÊNALTI

por dentro ▷ *inside*

A jogadora foi por dentro e deu um chute.

*The player **went inside** and took a shot.*

pôr/colocar a mão na bola ▷ *ver BOLA*

posição ▷ *position*

`VER TAMBÉM` CONDIÇÃO

posição de impedimento; posição irregular ▷ *offside position*

posição do time na tabela ▷ *the team's rankings*

posição regular ▷ *onside position*

O jogador estava em posição regular.

*The player was **onside.***

O atacante colocou-se em posição regular antes de o meio-campista tocar a bola para ele.

*The striker placed himself in an **onside position** before the midfielder played the ball to him.*

posicionar-se ▷ *to position oneself*

O goleiro posicionou-se muito bem para defender o chute.

*The goalie **positioned himself** perfectly to save the shot.*

O meio-campista posicionou-se para a cobrança de escanteio.

*The midfielder **positioned himself** for a corner kick.*

posicionamento ▷ *positioning*

Eles aproveitaram o posicionamento ruim da equipe adversária.

*They took advantage of the opposing team's weak **positioning**.*

posse (de bola) ▷ *(ball) possession*

VER TAMBEM BOLA

preencher os espaços ▷ *to fill space*

preparador físico ▷ *strength and conditioning coach; fitness coach*

preparador de goleiros; treinador de goleiros ▷ *goalkeeper coach; goalkeeping coach*

preparador de gramado ▷ *groundsman/groundswoman [RU]; groundskeeper [EUA]*

presidente (do clube) ▷ *chairman/woman (of a club)*

pré-temporada ▷ *preseason*
O jogador foi cortado durante a pré-temporada.
*The player was cut during the **preseason**.*
O treinamento de pré-temporada vai até fevereiro.
***Preseason** training runs until February.*

primeiro pau ▷ *near post*
VER TAMBÉM TRAVE

primeiro tempo ▷ *first half*
VER TAMBÉM TEMPO

professor [informal]; técnico ▷ *gaffer [informal]; manager [principalmente RU]; coach*

proteger a bola ▷ *to shield/screen the ball*
A atacante protegeu a bola de duas zagueiras, girou e mandou uma bomba para o fundo da rede.
*The striker **screened** the ball from two defenders, turned and sent a screamer into the back of the net.*

prorrogação; tempo extra ▷ *extra time; overtime [EUA]*
O atacante marcou o gol de empate e levou o jogo à prorrogação.
*The striker scored an equalizer and sent the game into **extra time**.*

quartas de final ▷ *quarterfinals; Round of 8*

Eles venceram e avançaram para as quartas de final.
*They won and advanced to the **quarterfinals**.*
Não acho que eles tenham um time bom o bastante para chegar às quartas de final.
*I don't think they have a good enough team to make/reach the **Round of 8**.*

quarto árbitro ▷ *fourth official*

VER TAMBÉM ÁRBITRO

que final de jogo! (grito do narrador) ▷ *what a finish!*

quebrar um tabu ▷ *to end/break an unbeaten run*

VER TAMBÉM TABU

(à) queima-roupa ▷ *point-blank*

O goleiro fez uma defesa à queima-roupa no chute do centroavante.
*The keeper made a **point-blank** save on a shot from the center-forward.*
O atacante perdeu um gol à queima-roupa.
*The striker missed a **point-blank** goal.*

   cabeçada à queima-roupa ▷ *point-blank header*
   chute à queima-roupa ▷ *point-blank shot*

quicar ▷ *to skip off (the ground, the turf, the grass etc.)*

A bola quicou e passou por entre as pernas do goleiro.
*The ball **skipped off the ground** and went through the keeper's legs.*

raça; garra ▷ *spirit; hustle [EUA]*

VER TAMBÉM GARRA

RASPAR A TRAVE/O TRAVESSÃO

raspar a trave/o travessão; resvalar na trave/no travessão ▷ *to brush/shave the post; to brush/shave the bar*

O chute do centroavante raspou a trave direita e por pouco não entrou.

*The center forward's shot **brushed the right post** and narrowly missed going into the net.*

A bola cabeceada pela zagueira resvalou no travessão e saiu pela linha de fundo.

*The defender's header **brushed the bar** and went out of bounds.*

O meio-campista deu um chute de longa distância que raspou a trave.

*The midfielder fired a long-range shot that **shaved the post**.*

rebaixamento ▷ *relegation*

Os jogadores culpam o rebaixamento da equipe à pré-temporada.

*The players blamed the club's **relegation** to the preseason.*

rebaixar ▷ *to relegate*

Um gol no último minuto rebaixou o time da primeira divisão.

*A goal in the last minute **relegated** the team from the first division.*

ser rebaixado ▷ *to be relegated*

Embora o centroavante da equipe seja o artilheiro da competição, o time foi rebaixado para a segunda divisão.

*Although their center-forward is the top scorer of the tournament, the team **was relegated** to the second division.*

rebater (a bola) ▷ *to rebound*

O atacante cabeceou para o fundo do gol uma bola que rebateu no zagueiro.

*The striker headed into the net a ball that **rebounded** off the defender.*

A bola rebateu na trave e caiu nos pés do lateral direito, que chutou para o fundo da rede.

*The shot **rebounded** off the post and into the path of the right back, who shot into the back of net.*

rebater/soltar (a bola) ▷ to spill; to fumble

O goleiro soltou a bola.

*The goalie **fumbled**.*

O goleiro rebateu a bola nos pés do atacante, que empurrou para o fundo da rede.

*The keeper **spilled** the ball into the path of the striker who drilled it to the back of the net.*

rebote ▷ rebound

O atacante marcou num rebote do goleiro.

*The striker scored on a **rebound** from the keeper.*

O lateral esquerdo mandou o rebote para o fundo da rede.

*The left back put the **rebound** into the back of the net.*

dar rebote (goleiro) ▷ to spill the ball

O goleiro deu rebote no pé do atacante.

*The goalkeeper **spilled the ball** into the path of the forward.*

receber ▷ to host

A equipe recebe seu rival para a partida final no próximo domingo.

*The team **hosts** their rivals for the final game on Sunday.*

reclamação (contra o juiz) ▷ dissent

O jogador recebeu dois cartões, um por reclamação e outro por uma entrada maldosa.

RECLAMAR

*The player received two cards, the first for **dissent** and the second for a malicious challenge.*

reclamar ▷ to protest

A equipe reclamou da marcação do juiz.
*The team **protested** the referee's call.*

recuar; voltar para o campo de defesa ▷ to retreat

A equipe perdeu a bola e o time adversário armou um contra-ataque, mas os jogadores recuaram com rapidez e mataram a jogada.
*The team lost the ball and the opposing team set up a counterattack, but the players **retreated** quickly and broke the play up.*

recuperação ▷ rehabilitation

O atacante continua em recuperação após uma lesão na coxa.
*The striker continues his **rehabilitation** following a thigh injury.*

recuperar(-se) ▷ to rehab

O técnico colocará o atacante em campo para a próxima partida, agora que ele está totalmente recuperado de uma lesão no joelho.
*The coach will field the striker for the next match, now that he is fully **rehabbed** from a knee injury.*

O zagueiro ainda está se recuperando de uma lesão que o deixou fora da temporada.
*The defender is still **rehabbing** from a season-ending injury.*

rede ▷ net

alto da rede ▷ *roof of the net*

O atacante mandou uma bomba no alto da rede para marcar o primeiro gol da equipe visitante.

*The forward blasted a shot into the **roof of the net** to score the away team's first goal.*

fundo da rede ▷ *back of the net*

O meio-campista chutou de primeira para o fundo da rede.

*The midfielder one-timed a shot into the **back of the net**.*

rede pelo lado de fora ▷ *side netting*

O lateral esquerdo cabeceou a bola e mandou na rede pelo lado de fora.

*The left back hit the ball with his head and sent it to the **side netting**.*

regra do gol fora de casa* ▷ *away-goals rule*

O time foi desclassificado pela regra do gol fora de casa.

*The team was knocked out on the **away-goals rule**.*

* A regra do gol fora de casa é um método de desempate geralmente usado em torneios de mata-mata em que cada fase é decidida em duas partidas (uma partida em casa e outra fora). De acordo com a regra, se ambos os times marcarem o mesmo número de gols na soma do placar das duas partidas (VER PLACAR AGREGADO), vence a equipe que fez mais gols fora de casa (VER GOLS FORA DE CASA).

repescagem ▷ *play-off; wild card [EUA]*

O quarto colocado do América do Norte e Central e do Caribe avança para a repescagem intercontinental contra o vencedor da Oceania.

*The fourth-placed team of North and Central America and the Caribbean advances to the intercontinental **play-offs** against the winner of Oceania.*

A equipe fará um jogo de repescagem contra seu rival.

*The team will play a **wild-card** game against their rival.*

repórter de campo ▷ *sideline reporter; field reporter; on-field reporter*

reprisar um jogo ▷ *to encore a match*

reserva [adjetivo] ▷ *substitute; reserve*

VER TAMBÉM JOGADOR

O grande nome do jogo foi o goleiro reserva.
*The star of the game was the **substitute** goalkeeper.*
A equipe reserva do time irá jogar contra um adversário já rebaixado.
*The team's **reserve** squad will play against an already relegated opponent.*

resolver a partida ▷ *to have the game wrapped up; to wrap it up*

VER TAMBÉM PARTIDA

responsável pelo gramado ▷ *head groundskeeper; head groundsman*

resultados ▷ *results*

  conseguir um resultado ▷ *to get a result*

  O técnico vai colocar quatro atacantes em campo para tentar conseguir um resultado.
  *The coach will field four strikers to try and **get a result**.*

  resultado agregado ▷ *aggregate result*

  VER TAMBÉM AGREGADO

retranca ▷ *bunker defense*

A equipe ficou contente em marcar um gol e começou a fazer retranca.
*The team was content to score one goal and started to play a **bunker defense**.*

retrospecto ▷ *record*

O time conta com seu excelente retrospecto em casa para vencer o próximo jogo.
*The team is counting on their amazing home **record** to win the next match.*
O time tenta manter seu excelente retrospecto fora de casa.
*The team is looking to keep its excellent away **record**.*

reverter a decisão/marcação ▷ *to reverse the call*

Sob pressão dos jogadores, o árbitro conversou com seu assistente antes de reverter a marcação e validar o gol.
*Under pressure from the players, the referee spoke to his assistant before **reversing the call** and allowing the goal.*

revezar ▷ *to switch*

O atacante é um jogador versátil e sempre reveza com o meia para jogar pelo meio.
*The striker often **switches** with the midfielder to play down the middle.*

ritmo ▷ *pace*

A falta de ritmo e o mal posicionamento do zagueiro custaram um gol à equipe.
*The center back's lack of **pace** and poor positioning cost the team a goal.*

rolar a bola ▷ *to lay the ball off; to lay it off*

VER TAMBÉM BOLA

roubador/ladrão de bolas; desarmador; batedor de carteira [informal] ▷ *ball winner; ball stealer*

A meio-campista é uma excelente roubadora de bolas, mas precisa trabalhar seu passe.
*The midfielder is a great **ball winner** but needs to work on her passing.*

VER TAMBÉM BOLA

roubar a bola ▷ *to steal the ball*

VER TAMBÉM BOLA

roupeiro ▷ *kit man/woman; kit manager; equipment manager*

saguão/corredor ▷ *concourse*

sai! (comando do goleiro ou do zagueiro para a defesa avançar) ▷ *step up!; step out!; move up; move out!*

sair (para ser substituído) ▷ *to be substituted out/off; to be subbed out/off; to leave*

VER TAMBÉM ENTRAR COMO SUBSTITUTO

O jovem atacante saiu para ser substituído e evitar um segundo cartão amarelo que o deixaria de fora da final.
*The young striker was **subbed out**, avoiding a second yellow card that would have kept him out of the final.*
O artilheiro recebeu muitos aplausos quando saiu de campo.
*The goal scorer got a huge round of applause as he **left** the field.*

SEGUNDA BOLA

sair de maca ▷ *to be stretchered off*

sair na frente ▷ *to take the lead*

A equipe saiu na frente com uma falta bem cobrada.

*The team **took the lead** on a well-taken free kick.*

saldo de gol ▷ *goal differential; goal difference*

VER TAMBÉM GOL

sala de entrevista coletiva ▷ *media conference room*

secar; azarar ▷ *to jinx; to put a jinx*

VER TAMBÉM PÉ-FRIO

Eu não queria cantar vitória cedo demais porque não queria azarar o time.

*I didn't talk about victory too soon because I didn't want to **jinx** the team.*

Meus amigos estão fazendo de tudo para secar meu time.

*My friends are doing all they can to **put a jinx** on my team.*

seguir o jogo ▷ *play on*

O juiz mandou o jogo seguir

*The referee waved/signaled **play on**.*

sede ▷ *host*

país-sede da Copa do Mundo ▷ *World Cup host country.*

cidade-sede dos Jogos Olímpicos ▷ *host city of the Olympic Games.*

segunda bola ▷ *second ball*

VER TAMBÉM BOLA

segundo pau ▷ *far post*

VER TAMBÉM **TRAVE**

segundo tempo ▷ *second half*

VER TAMBÉM **TEMPO**

segurar o empate ▷ *to hold on for a draw*

Com dez jogadores, o Brasil conseguiu segurar o empate.
*Brazil's ten men managed to **hold on for a draw**.*

selar a vitória ▷ *to seal the win/victory*

Um segundo gol no último minuto da partida selou a vitória da equipe.
*A second goal in the last minute of the match **sealed the team's victory**.*

sem ângulo ▷ *no angle*

VER TAMBÉM **ÂNGULO**

sem contrato ▷ *unattached*

VER TAMBÉM **CONTRATO**

semifinais ▷ *semi-finals*

sem marcação; livre de marcação; desmarcado ▷ *unmarked; open*

VER TAMBÉM **DESMARCADO**

sem opção ▷ *no option*

As três atacantes estavam marcadas e a meio-campista ficou sem opção de passe.

*The three forwards were marked and the midfielder was left with **no option** for a pass.*

série ▷ streak; run

acabar/encerrar/terminar com a invencibilidade ▷ to end an unbeaten streak/run

O Fluminense acabou com a invencibilidade de 36 partidas do Boca Juniors.

*Fluminese **ended** Boca Juniors' 36-match **unbeaten run**.*

quebrar/interromper série de derrotas ▷ to end/snap a losing streak

série de derrotas ▷ losing run/streak

A derrota por um gol aumentou a série de derrotas da equipe.

*The one-goal defeat extended the team's **losing streak**.*

série de derrotas em casa ▷ home losing streak

A equipe quer quebrar sua série de derrotas em casa.

*The team is looking to snap its **home losing streak**.*

série de derrotas fora de casa ▷ away losing streak

série de vitórias; 100% de aproveitamento ▷ winning run/streak

O gol do Zico deu a vitória ao Flamengo e manteve o 100% de aproveitamento da equipe em casa.

*Zico's goal gave Flamengo a win to extend his team's **winning run** at home.*

O time iniciou uma série de vitórias contra seu rival.

*The team began a **winning streak** over their rival.*

série sem derrota; série invicta; invencibilidade; tabu ▷ unbeaten streak/run

O empate deu continuidade à invencibilidade do time nesta temporada.

*The draw continues the club's **unbeaten run** this season.*

série sem derrota em casa; série invicta em casa; invencibilidade em casa ▷ home unbeaten streak/run

SÉRIE SEM VITÓRIA

O time aumentou sua invencibilidade em casa para 23 jogos, recorde no Campeonato Brasileiro.

*The team has extended its **home unbeaten run** to a Brazilian League record of 23 matches.*

série sem derrota fora de casa; série invicta fora de casa; invencibilidade fora de casa ▷ *an away unbeaten streak/run*

A invencibilidade da equipe fora de casa chega a oito jogos com o empate de 2 a 2 no Rio de Janeiro.

*The team's **away unbeaten streak** reaches eight with the 2-2 draw in Rio de Janeiro.*

série sem vitória ▷ *winless run/streak*

série sem vitória em casa ▷ *home winless run/streak*

série sem vitória fora de casa ▷ *away winless run/streak*

simulação ▷ *simulation; flop [informal]*

O jogador recebeu cartão por simulação.

*The player got a card for **simulation**.*

simular ▷ *to simulate*

O jogador recebeu cartão por simular uma falta.

*The player got a card for **simulating** a foul.*

sistema ▷ *system*

sistema de drenagem (do campo) ▷ *drainage system*

sistema de irrigação (do campo) ▷ *irrigation system*

sistema de jogo ▷ *system of play; formation*
VER TAMBEM FORMAÇÃO

SUSPENSO

serviço de som ▷ *PA system*

situação de gol ▷ *goal scoring situation*

soma dos placares; placar/resultado agregado ▷ *aggregate score*

`VER TAMBEM` PLACAR

spray demarcatório ▷ *vanishing spray; vanishing spray paint*

subir ▷ *to be promoted*

O time subiu à primeira divisão depois de vencer sua última partida.
*The team **was promoted** to the first division after winning its last match.*

substituição ▷ *substitution*

A terceira e última substituição do técnico teve efeito imediato.
*The coach's third and final **substitution** had an immediate impact.*

substituir ▷ *to replace; to substitute; to sub [informal]*

O terceiro goleiro da equipe substituiu o goleiro reserva, que não estava completamente recuperado de uma contusão.
*The team's third-choice goalkeeper **was subbed on** for the first-choice keeper, who was not fully recovered from an injury.*
O veterano foi substituído pelo jovem atacante no segundo tempo.
*The veteran was **replaced** by the young striker in the second half.*

suspenso ▷ *suspended*

O jogador foi suspenso por doping.
The player was suspended for doping.

TABELA

tabela ▷ *give-and-go (pass); one-two (pass); wall pass*

O gol saiu numa tabela.

*The goal came off a **one-two.***

O time marcou com sete minutos de jogo depois de uma tabela entre o meio-campista e o ala.

*The team scored seven minutes in after a **give-and-go** between the midfielder and the wingback.*

tabela de classificação; a tabela; classificação ▷ *standings*

Este jogo é o encontro dos dois times na parte de cima da tabela.

*This game is a matchup of the two teams at the top of the **standings.***

Os quatro times na parte de baixo da tabela são rebaixados para a segunda divisão.

*The four teams at the bottom of the **standings** are relegated to the second division.*

O time subiu na classificação com uma vitória de 2 a 0.

*The team moved up in the **standings** with a 2-0 win.*

O time lidera a tabela no saldo de gols.

*The team leads the **standings** on goal difference.*

tabela de jogos ▷ *(match) fixtures [RU]; (game) schedules [EUA]*
tabela de resultado ▷ *results*

tabelar; fazer tabela ▷ *to play/do/work a give-and-go; to play/do/work a one-two; to play/do/work a wall pass*

O meio-campista entrou driblando na área, tabelou com o atacante antes de chutar para o fundo da rede.

*The midfielder jinked into the box and **played a give-and-go** with the striker before slotting into the net.*

TELÃO

tabu ▷ *unbeaten streak/run*

O time quebrou um tabu de dez jogos contra o Brasil.
*The team ended a ten-game **unbeaten run** against Brazil.*

taça (física) ▷ *cup*

`VER TAMBÉM` COPA

A equipe empatou a partida final, mas ergueu a taça na soma
dos placares.
*The team tied the final match but lifted the **cup** on aggregate.*

estar com a mão na taça; estar com as duas mãos na taça ▷ *a
team's name is on the cup [RU]*

A equipe brasileira jogará a última partida em casa e os torcedores já
sentem que seu time está com a mão na taça.
*The Brazilian team will play the last match at home and the fans feel that
their **team's name is on the cup**.*

talento ▷ *gift; flair*

O jogador tem talento para marcar gols.
*The player has a **flair** for scoring.*

tática ▷ *game plan; strategy; scheme; tactics*

`VER TAMBÉM` ESQUEMA

técnico; treinador ▷ *coach; head coach; manager [RU]*

técnico interim ▷ *interim coach*

telão ▷ *video screen*

tempo ▷ *time; half*

fazer o tempo passar; gastar o tempo ▷ *to run/wind down the clock; to run out the clock*

Agora que o time está com uma boa vantagem, eles fazem apenas o tempo passar, mantendo a posse de bola no campo do adversário.

*Now that the team has a good lead, they are just **running down the clock** by keeping possession in the opponent's half.*

tempo de acréscimo; o acréscimo; acréscimos ▷ *added time; injury time; stoppage time; time added on*

O gol veio aos cinco minutos dos acréscimos.

*The goal came in the fifth minute of **injury time**.*

Haverá três minutos de acréscimo.

*Three minutes will be **added on**.*

O time marcou nos acréscimos no final do primeiro tempo.

*The team scored in **time added on** at the end of the first half.*

tempo de jogo ▷ *playing time*

O jogador espera ter mais tempo de jogo na próxima partida.

*The player hopes to get more **playing time** in the next game.*

Os jogadores precisam de mais tempo de jogo juntos.

*The players need more **playing time** together.*

tempo regulamentar ▷ *regulation time*

O final do jogo foi particularmente emocionante, com quatro gols nos últimos dez minutos de tempo regulamentar.

The end of game was especially exciting with four goals in the last ten minutes of regulation time.

um tempo ▷ *half*

Foi um jogo de dois tempos diferentes.

*It was a game of two different **halves.***

TIME

primeiro tempo ▷ *first half*
segundo tempo ▷ *second half*

temporada ▷ *season*

tentar marcar ▷ *to go for goal*
`VER TAMBÉM` GOL

tetracampeão ▷ *four-time champion*
`VER TAMBÉM` BICAMPEÃO

time; equipe ▷ *club; team; squad; side; lineup (em alguns contextos)*

time adversário; equipe adversária ▷ *opposing team/side/squad*
A esperança dos torcedores terminou quando o time adversário marcou um gol.
*The fans' hope ended when the **opposing team** scored a goal.*

time de casa; equipe da casa ▷ *home team/side/squad*
O meio-campista marcou numa cobrança de falta para dar o empate à equipe da casa.
*The midfielder scored on a free kick to give the **home squad** the equalizer.*

time principal; equipe principal ▷ *first team*
O jovem zagueiro é o craque da equipe sub-17, mas seu objetivo é jogar no time principal.
*The young back is the start of the U17 team, but his goal is to play for the **first team**.*

time/equipe que começa jogando; time/equipe que começa a partida; time/equipe que começa o jogo; equipe/time titular (em alguns contextos) ▷ *starting lineup*
`VER TAMBÉM` ESCALAÇÃO

O técnico ainda não anunciou a equipe que começa a próxima partida contra a Argentina.

*The coach hasn't announced the **starting lineup** for the match against Argentina.*

O craque brasileiro está de volta à equipe titular.

*The Brazilian star is back to the **starting lineup.***

time/equipe reserva; time/equipe B ▷ reserve team; B team

O foco da equipe é a Copa Libertadores; para o Campeonato Brasileiro, o técnico colocará em campo o time reserva.

*The team's focus is the Libertadores Cup; for the Brazilian league the coach will field the **reserve team**.*

time/equipe titular ▷ first-choice team

O técnico brasileiro espera pôr em capo a equipe titular contra a Argentina.

*The Brazilian coach expects to field his **first-choice team** against Argentina.*

time/equipe visitante ▷ away team/side/squad

A regra do gol fora de casa acaba beneficiando a equipe visitante com postura ofensiva.

*The away goals rule ends up benefitting the **away side** with an offensive attitude.*

tira! (para avisar um companheiro que chute a bola o mais longe possível para tirá-la de perigo) ▷ clear!

tiro; chute ▷ shot; strike; kick

tiro de meta* ▷ goal kick

O goleiro teve sorte de não receber cartão por atrasar o jogo cada vez que cobrava o tiro de meta.

The goalie was lucky not to be booked for time wasting each time he took a **goal kick***.*

* Nota: Quando um jogador do time que ataca toca na bola antes de ela sair ao cruzar a linha de fundo, esteja a bola em contato com o campo ou não, marca-se um tiro de meta, geralmente cobrado pelo goleiro da equipe que defende, como uma forma de recomeçar a partida.

tiro livre direto; cobrança livre direta* ▷ *direct free kick*

O zagueiro colocou a mão na bola e o juiz imediatamente sinalizou tiro livre direto.

The defender handled the ball and the ref immediately signaled a **direct free kick***.*

* Nota: Um tiro livre direto é uma maneira de recomeçar o jogo quando ocorre uma infração da regra. Um tiro livre direto é marcado para o time adversário quando um jogador comete algumas faltas específicas, como chutar, calçar ou empurrar (ou tentar chutar, calçar ou empurrar) um adversário. Se a falta for cometida pelo time que defende dentro de sua própria área penal, o tiro livre direto vira, então, uma cobrança de pênalti. A qualquer jogador é permitido marcar um gol diretamente de um tiro livre direto.

tiro livre indireto; cobrança livre indireta* ▷ *indirect free kick*

O juiz deu tiro livre indireto depois que o zagueiro recuou a bola para o goleiro e ele pegou.

The referee called **an indirect free kick** *after the defender passed the ball back to the keeper and he picked it up.*

* Nota: Um tiro livre indireto é uma maneira de recomeçar o jogo quando ocorre uma infração da regra. Um tiro livre indireto é marcado para o time adversário quando um jogador comete algumas faltas específicas, como uma infração de impedimento, tocar a bola mais de uma vez durante sua reposição, ou quando o goleiro toca a bola com as mãos depois de um recuo de seu próprio jogador. Diferentemente do tiro livre direto, se uma infração de tiro livre indireto ocorrer dentro da área não há cobrança de pênalti. A nenhum jogador é permitido marcar um gol diretamente de um tiro livre indireto.

tiro livre; cobrança de falta ▷ *free kick*

Um tiro livre foi dado para o time da casa.

A **free kick** *was awarded to the home team.*

TITULAR

titular ▷ *first teamer; first-choice player; starter; starting player*

titular; jogador principal (em alguns contextos) ▷ *first teamer; first-choice player*

A equipe jogou com poucos titulares.

*The team brought in few **first teamers.***

O time estava sem alguns de seus titulares e cometeu alguns erros simples durante a partida.

*The team missed a few **first-choice players** and made some simples mistakes during the match.*

Ambas as equipes estavam com seus jogadores principais.

*Both teams used **first-choice players**.*

titular; jogador que inicia a partida (em oposição ao reserva) ▷ *starter; starting player (as opposed to a reserve)*

O colombiano será o goleiro titular na próxima partida.

*The Colombian player will be the **starting goalkeeper** for the next match.*

O time apresentou uma mistura de titulares e jogadores reservas.

*The team featured a blend between **starters** and reserve team players.*

Seu talento lhe rendeu uma posição de titular na zaga.

*His talent landed him a **starting** fullback position.*

tocar para trás (armando jogada de gol próximo à área) ▷ *to cut it back*

O jogador tocou pra trás e encontrou seu companheiro em ótima posição para colocar para dentro.

*The player **cut it back** and found his teammate in the right spot to put it in.*

tocar por cima; tocar de cavadinha ▷ *to chip/lob/flick/scoop the ball*

VER TAMBEM CAVADINHA

tomar conta do meio-campo ▷ *to boss the midfield*

O volante tomou conta do meio-campo e deu mais proteção aos defensores.

*The defensive midfielder **bossed the midfield** and provided more protection to the backs.*

toque ▷ *touch*

O atacante recebeu um passe e depois de três toques chutou a gol.

*The striker received a pass and after three **touches** fired at goal.*

dar um toque na bola ▷ *to take a touch*

Ele deu um toque antes de chutar.

*He **took a touch** before shooting.*

toque de mão ▷ *handball*

VER TAMBÉM MÃO NA BOLA

Talvez o juiz deveria ter dado toque de mão do atacante, mas ele não marcou. Então o gol foi válido.

*Maybe the ref should've called a **handball** on the striker, but he didn't. So the goal was valid.*

toque para trás (armando jogada de gol próximo à área) ▷ *cut--back pass*

O braço da zagueira interceptou o toque para trás da lateral direita e a juíza apontou para a marca de pênalti.

*The defender's arm interfered with the right back's **cut-back pass** and the referee pointed to the spot.*

toque por cima (do goleiro) ▷ *chip over (the keeper)*

torcer ▷ *to support; to cheer for; to root for*

torcer (esperar que um time vença) ▷ *to support; to root/pull for [EUA]*

TORCIDA

Agora que seu time foi eliminado da competição, para qual time você está torcendo?

*Now that your team was kicked out of the tournament, which team are you **rooting for**?*

torcer (manifestar-se) ▷ *to cheer for; to root for [EUA]; to barrack for [AUS]*

Os torcedores cantavam e torciam durante todo o jogo.

*The fans chanted and **cheered** for their team throughout the game.*

torcer (por um time) ▷ *to support*

Para qual time você torce?

*What club do you **support**?*

torcida ▷ *fans; supporters*

torcida organizada; torcida uniformizada ▷ *supporters group; supporters club*

totó; pebolim; fla-flu; futebol de mesa ▷ *foosball; table football/soccer*

tranco/carga com o ombro ▷ *shoulder charge*

`VER TAMBEM` CARGA COM O OMBRO

transmissão (de uma partida para o público) ▷ *broadcast*

transmissão pela internet; transmissão *on-line* ▷ *webcast*

transmissão por rádio ▷ *radiocast*

transmissão por TV ▷ *telecast*

transmitir ▷ to broadcast

O jogo será transmitido ao vivo.

*The game will be **broadcast** live.*

transmitir pela internet; transmitir *on-line* ▷ to webcast

transmitir por rádio ▷ to radiocast

transmitir por TV; televisionar ▷ to telecast; to televise

O jogo será televisionado ao vivo.

*The game will be **telecast** live.*

trave ▷ goalpost; post

bater na trave e entrar/sair ▷ to hit the post and go in/out

O meia esquerda soltou um chute na bola sobre o goleiro, que bateu na trave e entrou.

*The left half fired a shot over the goalkeeper, which **hit the post and went in**.*

bater na trave; acertar a trave ▷ to rattle the frame (of the goal); to hit the goal post

O time teve várias chances no primeiro tempo, mas todas passaram perto do gol ou bateram na trave.

*The team had several opportunities in the first half, but they all went just wide of the goal or **rattled the frame**.*

Seu chute de bicicleta acertou a trave.

*His bicycle kick **hit the post**.*

na trave ▷ off the post

O atacante mandou um chute na trave.

*The forward fired a shot **off the post**.*

Na trave! (narrador)

Off the post!

parte de fora da trave ▷ *outside of the post*

O chute bateu na parte de fora da trave.

*The shot hit **the outside of the post**.*

primeira trave; primeiro pau [informal] ▷ *near post; near stick [informal]*

O meio-campista fez um ótimo cruzamento para o primeiro pau, onde o centroavante esperava para marcar de cabeça.

*The midfielder sent a great cross to the **near post** where the center-forward was waiting to nod home.*

segunda trave; segundo pau [informal] ▷ *far post; far stick [informal]*

trave direita ▷ *right-hand post*

trave esquerda ▷ *left-hand post*

travessão ▷ *crossbar; bar*

— Por cima do travessão!

— *Over the **bar**!*

bater no travessão e entrar/sair ▷ *to hit the crossbar and go in/out*

O meia esquerda soltou um chute sobre o goleiro, que bateu no travessão e entrou.

*The left half fired a shot over the goalkeeper, which **hit the bar and went in**.*

bater no travessão; acertar o travessão ▷ *to rattle the frame (of the goal); to hit the crossbar*

O time teve várias chances no primeiro tempo, mas todas passaram perto do gol ou bateram no travessão.

*The team had several opportunities in the first half, but they all went just wide of the goal or **rattled the frame**.*

Seu chute de bicicleta acertou o travessão.

*His bicycle kick **hit the bar**.*

técnico; treinador ▷ *coach; head coach; manager [RU]*

treinador de goleiros; preparador de goleiros ▷ *goalkeeper coach; goalkeeping coach*

treinar ▷ *to train; to practice*

Os jogadores estão treinando para a Copa do Mundo.
*The players are **training** for the World Cup.*
Os jogadores treinaram bola parada durante o treino.
*The players **practiced** set pieces during the training.*

treino; treinamento; sessão de treinamento ▷ *practice; training; training session*

O treino deu resultado quando o meio-campista cruzou a bola na cabeça do atacante dentro da pequena área.
*The **practice** paid off when the midfielder crossed a pass to the forward's head in the goal box.*
O técnico organizou uma sessão de treinamento.
*The coach set up a **training session**.*

treino fechado ▷ *closed practice; training session behind closed doors*
A equipe fez um treino fechado hoje como parte da preparação para a grande final.
*The team held a **closed practice** today as the team prepares for the grand finale.*

tribuna de honra ▷ *directors' box*

tricampeão ▷ *three-time champion*

VER TAMBÉM BICAMPEÃO

trio de arbitragem ▷ *officiating/refereeing trio*

VER TAMBÉM ÁRBITRO

Tríplice Coroa/tríplice coroa* ▷ *treble*

Ele ajudou seu time a conquistar uma tríplice coroa inédita.

*He helped his team win an unprecedented **treble**.*

Foi o primeiro time a conquistar a Tríplice Coroa espanhola.

*It was the first team to win the Spanish **treble**.*

* A tríplice coroa é uma conquista alcançada por um time que ganha três troféus numa única temporada. Isso varia de país para país, mas uma tríplice coroa geralmente envolve a conquista das principais competições nacionais e pelo menos um troféu continental.

troca de passe ▷ *combination*

O primeiro gol saiu de uma troca de passe entre Pelé e Rivelino.

*The first goal came after a **combination** between Pelé and Rivelino.*

fazer uma troca de passe ▷ *to combine*

O meio-campista e o ala direito fizeram uma bela troca de passe pela direita.

*The midfielder and the right wingback **combined** neatly down the right.*

troca de camisa ▷ *jersey swap/exchange*

trocar camisas ▷ *to swap/exchange jerseys*

Os jogadores trocaram camisas no final da partida.

*The players **swapped jerseys** at the end of the game.*

trocar passe ▷ *to trade passes*

O meia trocou passe com o atacante dentro da área.

*The midfielder **traded passes** with the striker in the box.*

troféu ▷ trophy

`VER TAMBÉM` GALERIA DE TROFEÚS

trombada ▷ barge

O meia levou cartão amarelo por uma trombada por trás.

*The midfielder got a yellow card for a **barge** from behind.*

dar trombada ▷ to barge

O zagueiro deu uma trombada no atacante que foi ao chão na área e o juiz deu pênalti.

*The defender **barged** the forward to the ground in the box and the ref called a penalty.*

truncado ▷ scrappy

`VER TAMBÉM` FEIO

tudo ou nada! ▷ win or bust!

Hoje é tudo ou nada para o Brasil!

*It's **win or bust** for Brazil today!*

túnel de acesso às arquibancadas ▷ stand access tunnel

último homem ▷ last man

Depois de fazer falta no atacante adversário, o zagueiro recebeu um cartão vermelho direto por ser o último homem antes do gol.

*After fouling the opposing striker, the defender was given a straight red card for being **the last man** to the goal.*

ultrapassagem; jogada de ultrapassagem ▷ *overlapping run*

O meio-campista observa uma ultrapassagem do ponta direita e passa a bola para ele.

*The midfielder picked out an **overlapping run** by the right winger and passes the ball to him.*

O ponta direita recebe a bola numa ultrapassagem.

*The right winger got the ball on an **overlapping run**.*

ultrapassagem para atrair a marcação* ▷ *dummy run*

O atacante desorganizou a defesa adversária com uma ultrapassagem.

*The striker pulled the opposing defense out of position with a **dummy run**.*

O meio-campista fez uma ultrapassagem e abriu espaço para o atacante marcar para o time.

*The midfielder made a **dummy run**, allowing the striker space to hit it home.*

* Entre os exemplos clássicos de ultrapassagem para atrair a marcação está a de Toninho Cerezo para o gol de Falcão, no jogo entre Brasil e Itália na Copa do Mundo de 1982.

uniforme ▷ *kit; strip; uniform [EUA]*

O jovem jogador estava honrado por ter usado o uniforme amarelo, verde e azul do Brasil.

*The young player was honored to have worn the yellow, green and blue **kit** of Brazil.*

primeiro uniforme ▷ *home strip/kit*

A equipe usará o primeiro uniforme no jogo fora de casa.

*The team will be wearing their **home strip** in the away game.*

segundo uniforme ▷ *away strip/kit*

terceiro uniforme ▷ *third strip/kit*

uniforme do goleiro ▷ *goalkeeper strip*

vaga no time/na escalação ▷ spot/slot on the roster

Seu desempenho na última partida deu a ele uma vaga no time.
*His performance in the last match earned him a **spot on the roster.***
Vinte e um jogadores foram convocados para a seleção, restando apenas duas vagas.
*Twenty-one players have been called up for the national team, and only two **slots** are left.*

vaiar ▷ to boo

Os torcedores vaiaram o time.
*The fans **booed** the team.*
O jogador saiu de campo vaiado.
*The player was **booed** off the field.*

valer; ser validado ▷ to stand

Apesar dos protestos dos jogadores, o gol foi validado.
*Despite the protests from the players, the goal **stood**.*

vantagem ▷ lead

O gol deu ao time uma vantagem de 3 a 1.
*The goal gave the team a 3-1 **lead**.*

aumentar a vantagem ▷ to increase the lead

O time continuou a pressionar, mas não conseguiu aumentar a vantagem.
*The team continued to pressure, but was not able to **increase the lead**.*

dar vantagem ▷ to play advantage

Foi falta clara no atacante, mas o juiz deu vantagem e o jogador marcou um belo gol.
*It was a clear foul on the striker, but the ref **played advantage** and the striker scored a beautiful goal.*

vantagem apertada/magra ▷ *narrow/thin lead*

O time conseguiu assegurar a vantagem apertada durante todo o segundo tempo.

*The team managed to hold on to their **narrow lead** throughout the second half.*

vantagem de jogar em casa ▷ *home-field advantage; home advantage*

VER TAMBÉM FATOR CAMPO

vencer; derrotar ▷ *to defeat; to beat; to take down [informal]*

O Brasil derrotou a Itália nas cobranças de pênalti e avançou na competição.

*Brazil **defeated** Italy in a shootout and advanced in the tournament.*

O Brasil venceu o México por 2 a 0 no último amistoso antes da Copa do Mundo.

*Brazil **took down** Mexico 2-0 in the last friendly before the World Cup.*

não ter vencido nenhuma partida ▷ *to be winless*

O time não venceu nenhuma partida nesta Copa do Mundo.

*The team is **winless** at this World Cup.*

não vencer; sem vencer; sem vitória ▷ *winless*

VER TAMBÉM VITÓRIA

vencer (o goleiro) ▷ *past*

O meio-campista chutou uma bola de fora da área que venceu o goleiro.

*The midfielder hit a shot from outside the area **past** the goalkeeper.*

vencer o jogo ▷ *to win the game*

vestiário ▷ *dressing room; changing room; locker room [EUA]*

vestir a camisa ▷ *to pull on the jersey/the shirt*

VER TAMBÉM CAMISA

vibrar (com); aplaudir ▷ *to cheer*

`VER TAMBÉM` TORCER

A torcida aplaudiu quando o nome do craque foi anunciado.
*The crowd **cheered** when the name of the star player was announced.*
A torcida vibrou com a jogada espetacular da equipe.
*The fans **cheered** the team's spectacular play.*

vice-campeão ▷ *runner-up*

`VER TAMBÉM` CAMPEÃO

vir ▷ *to come off*

O jogador vem de uma temporada de contusão.
*The player **comes off** an injury-plagued season.*

(de) virada ▷ *come-from-behind*

A equipe classificou-se para a próxima fase graças a uma vitória de
virada e nos acréscimos contra seu rival.
*The team qualified for the next stage thanks to their **come-from-behind**
overtime win against their rivals.*

ganhar/vencer/derrotar de virada ▷ *to come from behind to win/beat/defeat*

O time ganhou de virada por 2 a 1.
*The team **came from behind to win** 2-1.*
O time derrotou seu rival de virada por 3 a 2.
*The team **came from behind to beat** their rival 2-3.*

virar o jogo; fazer a inversão de jogada (de um lado para o outro) ▷ *to switch play*

`VER TAMBÉM` INVERSÃO DE JOGADA

O meio-campista é ambidestro e demonstra excelente habilidade com ambos os pés, podendo facilmente virar o jogo de um lado para o outro.

*The midfielder is a two-footed player, showing excellent skills with both feet, being easily able **to switch play** from one side to another.*

vitória ▷ win; victory

O atacante marcou dois gols na vitória da equipe sobre seu rival.

*The striker scored two goals in the team's **win** over their rival.*

garantir a vitória ▷ to secure a win

ir atrás da vitória ▷ to go for a win

"É um jogo importante e eles vão atrás da vitória contra a equipe espanhola."

*"It's a key game and they're **going for a win** against the Spanish team."*

sem vitória; não vencer; sem vencer ▷ winless

Depois do empate em 1 a 1, o time continua sem vencer nesta temporada.

*After the 1-1 draw, the team remains **winless** in this season.*

Esta é a quinta derrota da equipe em seis partidas sem vitória.

*This is the team's fifth defeat in six **winless** games.*

vitória apertada/magra ▷ narrow/thin win

O time segurou uma vitória apertada de 1 a 0.

*The team held on to a **thin 1-0 win**.*

vitória de virada ▷ come-from-behind win/victory

O time conquistou uma vitória de virada.

*The team got a **come-from-behind win.***

Dois gols no segundo tempo deram à equipe uma vitória de virada sobre seu rival.

*Two second-half goals gave the team a **come-from-behind victory** over their rival.*

conseguir uma vitória de virada ▷ *to get/make a come-from-behind victory/win*

conquistar uma vitória de virada ▷ *to earn a come-from-behind victory/win*

vitória moral ▷ *moral victory/win*

vitória suada ▷ *hard-fought victory/win*

volante; meia defensivo; cabeça de área ▷ *defensive midfielder*

volante destruidor; destruidor de jogadas ▷ *midfield anchor; anchorman; anchor player; destroyer*

Ela é uma volante destruidora bastante hábil em matar jogadas.

*She is a **destroyer** who is very skillful at breaking up plays.*

voleio ▷ *volley*

O meio-campista matou o rebote do goleiro no peito e acertou um voleio no ângulo.

*The midfielder settled a rebound from the keeper on his chest and hit a **volley** into the upper corner.*

voltar para marcar ▷ *to track back*

O time precisa de um meia atacante que saiba voltar para marcar.

*The team needs an attacking mid who can **track back**.*

zagueiro central ▷ *centre fullback [RU]; center fullback [EUA]; centre-back [RU]; center-back [EUA]; central defender; stopper*

zebra ▷ upset

Eles não são um time grande, mas contam jogadores veteranos suficiente para conseguirem uma zebra no próximo jogo.

*They are not a top-tier team, but they have enough veterans to pull off an **upset** in their next match.*

zero ▷ nil; zero; nothing [EUA]

Eles perderam de 3 a zero.
*They were beat 3-**nil**.*
Eles tinham uma vantagem de 2 a zero.
*They had a 2-**zero** lead.*
O placar está 2 a zero.
*The score is 2 to **nothing**.*

zona ▷ zone

zona de acesso ▷ promotion zone

zona de classificação ▷ play-off zone

Os dois times irão lutar por um lugar na zona de classificação.
*The two teams strive for a place in the **play-off zone**.*

zona do rebaixamento ▷ relegation zone

zona mista (estádio) ▷ mixed zone

5
TERMOS DO FUTEBOL USADOS ESPECIFICAMENTE EM PORTUGUÊS E EM INGLÊS

TERMOS DO FUTEBOL USADOS ESPECIFICAMENTE EM PORTUGUÊS

"balão" ▷ bola chutada com força, em geral para o alto, mas sem objetivo.

"banheira" ▷ os atacantes que ficam na banheira são aqueles que sempre estão na área adversária, esperando a bola perfeita, mas que, com frequência, acabam em posição de impedimento.

"chapéu" ▷ drible em que o jogador toca a bola por cima do adversário e a recupera do outro lado. Não há em inglês uma palavra específica que se refira a esse drible. Vários meios de comunicação em língua inglesa recorrem à palavra em espanhol "sombrero", que também significa chapéu e é usada em muitos países de língua espanhola para se referir ao mesmo tipo de lance. Em inglês, pode-se usar o verbo "to flick" para descrever o drible, como na seguinte frase: *The striker flicked the ball twice over the defenders in the box and scored a gol* [O atacante deu dois chapéus dentro da área e fez o gol].

"chuveiro ou chuveirinho" ▷ bola alçada na área adversária.

"drible da vaca" ▷ drible em que o jogador toca a bola por um lado de seu adversário e corre pelo outro lado para apanhar a bola, deixando o marcador no meio. Também conhecido como "meia-lua".

"frango" ▷ quando uma bola que deveria ser fácil de defender entra no gol, diz-se, no Brasil, que o goleiro levou um "frango". Tente imaginar alguém correndo atrás de um frango para pegá-lo. Essa é a ideia. Um goleiro ruim é chamado de "frangueiro". Em inglês, uma expressão aproximada é "goalkeeping blunder", por exemplo na seguinte frase: *The keeper made a blunder and let the ball in* [O goleiro cometeu uma

TERMOS DO FUTEBOL USADOS ESPECIFICAMENTE EM PORTUGUÊS E EM INGLÊS

falha e deixou a bola entrar]. Mas "blunder" pode se referir à falha de qualquer outro jogador e, mesmo que um goleiro cometa uma "blunder", isso não significa necessariamente que ele tenha levado um gol. Outra expressão aproximada é "soft goal", um gol fácil, como na seguinte frase: *The goalkeeper let in a soft goal* [O goleiro deixou passar um gol fácil]. Um "soft goal", contudo, não necessariamente implica constrangimento para o goleiro, como é o caso de um frango.

"freguês" ▷ um clube que perde com frequência para outro clube é chamado de freguês, como deboche, pelos torcedores do time que ganha.

"futebol de botão" ▷ jogo simulado de futebol bastante popular no Brasil. Ele é jogado sobre um tabuleiro no qual são utilizados discos côncavos como jogadores de linha e um bloco retangular como goleiro. Inicialmente, eram utilizados botões de roupa como jogadores de linha, daí o nome da prática. Os praticantes são conhecidos como botonistas. O jogo possui regras específicas. Um outro disco circular é usado para pressionar os botões e fazer os jogadores movimentarem--se e acertarem a bola.

"gol de placa" ▷ um gol excepcionalmente bonito. Essa expressão foi cunhada após o jogo entre o Santos, de Pelé, e o Fluminense, no estádio do Maracanã, no Rio de Janeiro, no dia 5 de março de 1961, em que Pelé marcou um gol tão bonito que o jornalista esportivo Joelmir Beting sugeriu que se colocasse uma placa no estádio como memória do feito de Pelé. A sugestão de Beting foi cumprida. Infelizmente, não há imagens de vídeo dessa partida, mas a expressão tornou-se, no Brasil, sinônimo de um gol muito bonito. Até hoje, o estádio do Maracanã traz o símbolo de reconhecimento do lance de genial habilidade de Pelé.

"lanterna" ▷ a equipe em último lugar durante qualquer fase de uma competição. A expressão foi popularizada no Brasil a partir da prova de ciclismo Tour de France, em que o corredor que termina em último é chamado de *Lanterne Rouge* (lanterna vermelha, em francês). O nome é uma referência à lanterna vermelha pendurada no carro breque de um trem (o último vagão, para os operários do trem), e na realidade trata-se de uma distinção dada desde 1903 ao último colocado da prova.

"na gaveta" ▷ bola chutada bem no canto superior direito ou esquerdo do gol, entre a trave e o travessão.

"sair catando borboleta" ▷ quando um goleiro sai para agarrar ou socar uma bola que vai em direção a sua área, como num cruzamento, mas falha e se atrapalha com a bola ou nem mesmo toca nela, diz-se que o goleiro "saiu catando borboleta".

TERMOS DO FUTEBOL USADOS ESPECIFICAMENTE EM INGLÊS

"box-to-box midfielder" ▷ expressão usada esporadicamente pela imprensa brasileira para designar um volante moderno, comum no futebol inglês, que joga entre as duas áreas, defendendo e atacando, marcando sem a bola e subindo quando o time tem a posse. Literalmente, "de área a área".

"a fox in the box" ▷ tipo de atacante que sabe fazer gol e dificulta a marcação do zagueiro. Literalmente, "uma raposa na área". Em português, chamamos esse tipo de atacante de "matador".

"giant-killer" ▷ um time de menor expressão que derrota outro time muito mais forte ou importante.

TERMOS DO FUTEBOL USADOS ESPECIFICAMENTE EM PORTUGUÊS E EM INGLÊS

"hat-trick" ▷ façanha do jogador que marca três gols ou mais numa só partida. Diferentes origens têm sido atribuídas ao termo. Os comentaristas brasileiros por vezes usam a expressão original em inglês para se referirem a esse feito. Quando isso acontece em uma partida, costuma-se dizer, em português, que o jogador "marcou um *hat-trick*".

"to hit the woodwork" ▷ na linguagem do futebol, "woodwork" refere-se ao conjunto formado pelo travessão e pelas traves. A frase é frequentemente usada por comentaristas para dizer que o jogador chegou perto de marcar, mas que o chute bateu na trave ou no travessão. Embora "woodwork" contenha a palavra madeira em inglês (*wood*), o termo se aplica mesmo quando se trata de um arco de metal. Duas expressões equivalentes no português são "arco do gol" e "baliza", essa última, um termo corrente em Portugal.

"the onion bag" ▷ a rede do gol, especificamente quando se fala de um gol marcado. Quando um jogador marca um gol, diz-se que ele encontrou "the onion bag". Literalmente, "o saco de cebola".

"to slot" ▷ marcar um gol mandando uma bola rasteira exatamente entre o goleiro e a trave. Um verbo bastante comum na linguagem do futebol em inglês.

"a soft goal" ▷ uma possível tradução seria "um gol fácil" ou "um gol sem esforço". E, realmente, trata-se de um gol em que teria sido fácil para o goleiro defender a bola. Uma palavra semelhante em português é "frango", com a diferença de que um "soft goal" não necessariamente envolve uma falha grave do goleiro ou erro que necessariamente cause grande constrangimento, como é o caso do frango. Em inglês, diz-se que o goleiro levou um "soft goal" e que o jogador marcou um "soft goal".

GLOSSARY OF FOOTBALL TERMS

ENGLISH – PORTUGUESE

1
INTRODUCTION

SOCCER VS. FOOTBALL

Football has gained increasing prominence in the United States and already ranks among the most popular collective sports in the country, especially in schools and among the Latino population. In the United Kingdom, however, football is the number one sport and mobilizes millions of fans in the many regional and continental tournaments.

The British football culture exerts its influence on a global scale and it wouldn't be different with the English language. Many of the football media members working in the United States come from Britain and this has an even more direct impact on the language that the American fans and the press alike use to talk about the game. Whenever necessary, this book will refer to the different uses between the countries.

But one difference is readily noticeable between the football language of the United Kingdom and that of the United States (in addition to other English-speaking countries): the very word to refer to the sport. The American fans (as well as fans in Canada, Australia and South Africa) chiefly use soccer, while the British fans say football. The exception in the United Kingdom is the Irish fans, who use both terms.

Various ball games emerged in different parts of the British Isles during the Middle Ages, all of which under the generic name of "mob football" or "folk football". They were popular collective activities which used the feet, as opposed to the sports that the British aristocracy practiced on horse.

Despite the name, those predecessor games bore little resemblance to the game that we know today. For example, there was no limit of time or number of players. There was no specific area where the games

INTRODUCTION

were played, nor were there rules or referees. Actually, they were rather violent games and often threatened public order.

Later, those games became a pastime at the schools for the English elite. It was there where the first rules were introduced, in the mid 1800. Two main versions of the sport developed: one chiefly using the hands, and the other chiefly using the feet. Both soon spread among the masses. Not too long later, the rules were standardized and two games emerged: "rugby football", practiced with the hands, and "association football", practiced with the feet.

The name "association football" is a reference to The Football Association founded in 1863 at the Freemasons' Tavern in London, and which outlined the first 13 rules of the game and organized the first tournaments. Football was then referred to as "association" to distinguish it from other varieties, such as rugby.

It turns out that it is a longstanding tradition among students in England to nickname things. At the end of the 19th century, one of the trends was to create nicknames by adding the suffix "-er" to the root of the words. Therefore, the game known as "rugby football" was nicknamed "rugger", whereas "association football" was nicknamed "soccer" (using the second syllable of the word "as[soc]iation"). That name caught on and was exported to the United States, where it remains even to this day.

To the American audience, the word "football" commonly refers to the sport that has come to be called "American football" in Brazil. The Australian call "football" what the Brazilians refer to as "Australian football". English fans, in their turn, make a point of using the word "football", rather than soccer, with the pride of those who were born in the country that organized and spread throughout the world the sport as we know it today.

GLOSSARY OF FOOTBALL TERMS

The English media, maybe in an attempt to reach a broader audience, will at times use the word soccer, as is the case of the very name of the prestigious British magazine World Soccer. Use of the word soccer might be found even in the speech of English commentators on talk shows. Among British fans, however, "football" is definitely the name of their passion.

As destiny would have it, a term created in England is now considered a typically American word!

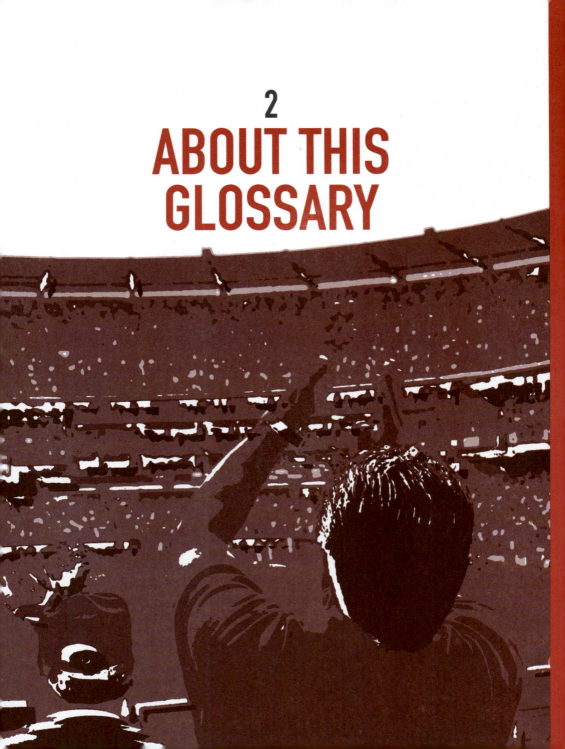

2
ABOUT THIS GLOSSARY

ABOUT THIS GLOSSARY

The sources of my research were several different media outlets, as I strived to find various registers and styles of phrases in current use. I analyzed texts containing comments about teams and match reports, podcasts of talk shows, and videos of matches.

In addition to the static elements, from words such as *post*, *corner* and *penalty spot*, to nomenclature for player positions and terms related to the rules and tactics of football, my research included a number of conventional phrases used to describe the complex action that develops during a match.

Accordingly, instead of only providing the translation for isolated words such as *midfielder*, *kick* and *goal*, I found the equivalent in English for more complete descriptions, such as "the midfielder laid it off to the forward who struck it first-time into the back of the net" – a phraseology that is readily recognizable both by spectators and the professionals who share the football culture.

It is possible to identify in the Portuguese language a pattern of phrases used during and after a match by commentators and spectators alike to talk about the action that took place during the 90 minutes of play. That same phrase pattern is also clearly observable in English, both American and British, to describe or talk about the same action. A large portion of my research focused on this linguistic scope. In other words, I collected more complex equivalents in Portuguese and in English that describe the plays and improvisations of football.

This glossary is the first of its kind in Brazil. I hope it speaks to the interest of so many Brazilians both in football and in the English language. Likewise, I hope that many speakers of English will also enjoy

ABOUT THIS GLOSSARY

this glossary, people working in football and lovers of the sport alike, who share a specific interest in the football tradition of Brazil, in its culture as well as its linguistic expressions.

USING THIS GLOSSARY

The first section of this glossary presents the static elements of the game, such as the equipment, the field of play and the names of positions.

It is important to note that player positions and functions (and consequently the terms used to refer to them) change from time to time, following the changes in tactical formation. This book presents the terms for the main positions as used in modern football.

Additionally, football can be perceived differently according the culture in which it is played. Therefore, player position nomenclature may not be equivalent in Portuguese and in English. A player defined as, say, a striker in Brazil may be referred to as a midfielder in England. Or take a term like fullback, which can describe quite distinct tactical functions in two different cultures.

Some of the entries in this book do not have a literal version in English, but an equivalent carrying the same meaning. A case in point is the phrase "football is a funny old game", whose equivalent in Portuguese is "futebol é uma caixinha de surpresa" (football is a little box of surprises).

This glossary also presents a section of football terms used specifically in Portuguese and in English, with no equivalents.

The entries in this glossary are in alphabetical order. All verbs are presented in the infinitive form and indicated by the use of "to". Each entry is organized as follows:

GLOSSARY OF FOOTBALL TERMS

❶ Entry in English and in bold type. In some cases, equivalent expressions are included and separated by a semicolon; in other cases, synonymous words are included and separated by a slash (/).

❷ Equivalent term in Portuguese and in italic type. In some cases, equivalent expressions are included and separated by a semicolon; in other cases, synonymous words are included and separated by a slash (/).

❸ In some cases, a cross-reference to other entries that will help the reader better understand the meaning of the word or phrase in Question, indicated as follows: [SEE ALSO].

❹ Example sentence illustrating the entry in English.

❺ Translation of the example sentence illustrating the equivalent in Portuguese.

❻ In some cases, phrases containing the entry.

Some expressions were organized around their head word. This is the case of **in the bag, to end an unbeaten run** and **to swap jerseys**. In the first example, the reader should search for the entry *bag*; in the second case, for the entry *run*; in the third case, for the entry *jersey*.

Additionally, entries may also bring information explaining something about the expressions.

For example, in the entry **gaffer [informal]** and in the entry **scoreline [journalism]** the words "informal" and "journalism", between brackets, indicate the register in which the entry is used.

In the entry **to play advantage [of the referee]** the phrase between brackets helps explain that the entry is used in reference to the referee, rather than the players.

That information can also be displayed between parentheses, as is the case with the entries: **to nullify (a player; a play etc)** and **(to be/ play a man) up**.

ABOUT THIS GLOSSARY

In such cases, the phrase, besides helping explain the usage of the entry, is also its complement.

In the entry **offside trap*** the asterisk indicates that an explanatory note is displayed after the entry. The explanatory note brings information that helps the reader understand aspects related to the sport or to the usage of the expression within the football culture.

Abbreviations used:

BrE – British English
AmE – American English
AUS – Australian English

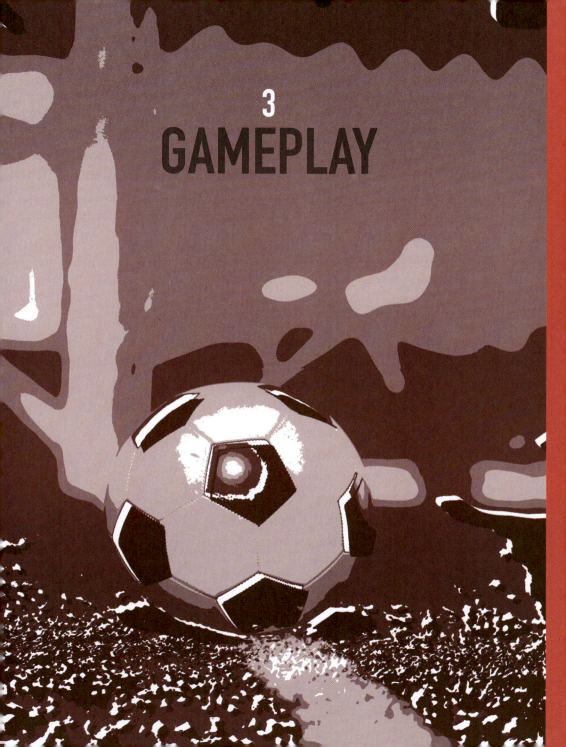

FOOTBALL/SOCCER STADIUM

STADIUM FEATURES

(TV/radio) broadcast booth ▷ *cabine de transmissão (de TV/rádio)*

advertising hoarding [BrE]; advertising board [AmE] ▷ *placa de propaganda*

athletics track ▷ *pista de atletismo*

capacity (of spectators) ▷ *capacidade (de público)*

directors' box ▷ *tribuna de honra*

drainage system ▷ *sistema de drenagem*

electronic scoreboard ▷ *placar eletrônico*

floodlight ▷ *refletor*

grandstand; stand ▷ *arquibancada*

irrigation system ▷ *sistema de irrigação*

media center ▷ *centro de mídia*

media crew ▷ *equipe de imprensa*

medical team ▷ *equipe médica*

numbered seat ▷ *cadeira numerada*

PA system ▷ *serviço de som*

pitch access tunnel ▷ *túnel de acesso ao campo*

players' tunnel ▷ *túnel de acesso dos jogadores*

press box ▷ *cabine de imprensa*

private suite; VIP box ▷ *camarote*

roof ▷ *cobertura*

seat ▷ *cadeira; assento; lugar*

sideline cameraman/camerawoman/camera operator; field cameraman; on-field cameraman ▷ *câmera de campo*

GAMEPLAY

sideline photographer/field photographer ▷ *fotógrafo de campo*

sideline reporter ▷ *repórter de campo*

speaker ▷ *alto-falante*

stand access tunnel ▷ *túnel de acesso às arquibancadas*

stretcher ▷ *maca*

substitutes bench; team bench; dugout ▷ *banco de reservas*

technical area ▷ *área técnica*

training field ▷ *campo de treinamento*

upper/lower tier ▷ *anel superior/inferior*

video screen ▷ *telão*

INSIDE THE STADIUM

club shop; team store [AmE] ▷ *loja do clube*

concession area ▷ *área de alimentação; praça de alimentação*

concession stand/kiosk ▷ *lanchonete; quiosque*

concourse ▷ *saguão; corredor*

dressing room; changing room; locker room [AmE] ▷ *vestiário*

flash interview area ▷ *área para entrevista ao vivo*

media conference room ▷ *sala de entrevista coletiva*

mixed zone ▷ *zona mista*

warm-up area ▷ *área de aquecimento*

OUTSIDE THE STADIUM

accessible entrance ▷ *entrada acessível*

parking area ▷ *estacionamento*

ticket office ▷ *bilheteria*

GLOSSARY OF FOOTBALL TERMS

ticket window ▷ *guichê*
turnstiles ▷ *catracas*

FIELD OF PLAY

❶ **by-line; end line** ▷ *linha de fundo*
❷ **centre circle[BrE]; center circle [AmE]** ▷ *círculo central*
❸ **centre mark [BrE]; center mark [AmE]** ▷ *marca central*
❹ **corner arc** ▷ *arco de canto; marca de escanteio*
❺ **goal area/box; six-yard area/box [AmE]** ▷ *área de meta; pequena área*
❻ **goal line** ▷ *linha do gol; linha de meta*
❼ **halfway line** ▷ *linha do meio-campo*
❽ **penalty arc** ▷ *arco penal; meia-lua [informal]*
❾ **penalty area/box; 18-yard area/box [AmE]** ▷ *área penal; grande área*
❿ **penalty area marking** ▷ *linha da grande área; linha da área penal*
⓫ **penalty spot/mark** ▷ *marca do pênalti; marca penal*
⓬ **pitch; field [AmE]** ▷ *campo*
⓭ **sideline; touchline** ▷ *linha lateral*

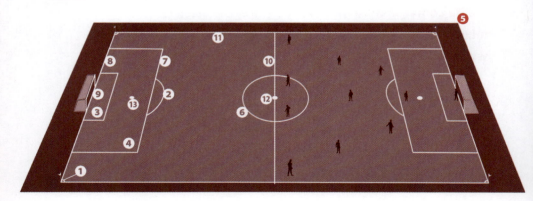

GAMEPLAY

THE GOAL AND THE FLAG

corner flag ▷ *bandeira de escanteio*

crossbar; bar ▷ *travessão*

flag post ▷ *pau da bandeira*

goalpost; post ▷ *trave*

net ▷ *rede*

PLAYERS AND POSITIONS

BASIC POSITIONS

forward/striker ▷ *atacante*

zagueiro ▷ *defender*

goleiro ▷ *goalkeeper*

meio-campista ▷ *midfielder*

THE DEFENSE

center back; center fullback; stopper ▷ *zagueiro*

left back; left fullback [BrE]; left outside back [AmE] ▷ *lateral esquerdo recuado*

left wingback ▷ *lateral esquerdo avançado; ala esquerdo*

right back; right fullback [BrE]; right outside back [AmE] ▷ *lateral direito recuado*

right wingback ▷ *lateral direito avançado; ala direito*

sweeper; libero ▷ *líbero*

GLOSSARY OF FOOTBALL TERMS

THE MIDFIELD

attacking midfielder; offensive midfielder ▷ *meia atacante*

central midfielder ▷ *meia central*

defensive midfielder ▷ *meio-campo defensivo; volante; cabeça de área*

holding midfielder ▷ *meia de contenção*

left midfielder; left half ▷ *meia esquerda*

left winger; left wing ▷ *meia esquerda avançado; ponta esquerda*

right midfielder; right half ▷ *meia direita*

right winger; right wing ▷ *meia direita avançado; ponta direita*

THE ATTACK

centre-forward [BrE]; center-forward [AmE] ▷ *centroavante*

first striker ▷ *primeiro atacante*

left forward ▷ *atacante esquerdo*

right forward ▷ *atacante direito*

second striker; secondary striker; supporting striker ▷ *segundo atacante*

ABOUT THE PLAYERS

ball winner/stealer ▷ *roubador/ladrão de bolas; desarmador; batedor de carteira [informal]*

deep-lying striker; deep-lying playmaker; deep-lying midfielder ▷ *atacante recuado; armador recuado; meio-campista que vem de trás*

destroyer; midfield anchor; anchorman; anchor player ▷ *destruidor de jogadas; volante destruidor*

GAMEPLAY

distributor ▷ *distribuidor*

diver ▷ *jogador cai-cai [informal]; jogador que simula falta*

finisher ▷ *finalizador*

first teamer; first-choice player ▷ *jogador titular; jogador principal*

goal scorer ▷ *artilheiro; goleador*

goal-hanger; cherry picker ▷ *banheirista [informal]*

goal-hungry player ▷ *jogador com fome de gol*

goal-scoring striker ▷ *atacante matador; atacante goleador*

holding player ▷ *jogador de contenção*

homegrown talent/player ▷ *jogador formado nas divisões de base; jogador prata da casa [informal]*

last man ▷ *último homem*

link-up player/man (between midfield and attack) ▷ *jogador de ligação; homem de ligação (entre o meio-campo e o ataque)*

outfield player; outfielder ▷ *jogador de linha*

playmaker ▷ *articulador; armador*

reserve; substitute ▷ *jogador reserva; reserva*

starting player; starter ▷ *jogador titular; jogador que inicia a partida; jogador que começa jogando*

target man/player ▷ *jogador de referência; homem de referência; pivô*

target striker ▷ *centroavante de referência*

top scorer; leading scorer ▷ *artilheiro (de uma competição)*

GLOSSARY OF FOOTBALL TERMS

THE EQUIPMENT

(footbal) boots [BrE]; (soccer) shoes [AmE]; cleats [AmE] ▷ *chuteiras*

(training) bib/vest/pinny ▷ *colete (de treinamento)*

base layer ▷ *camisa térmica*

captain's armband ▷ *braçadeira/faixa de capitão*

goalkeeper gloves; goalie gloves ▷ *luvas de goleiro*

long-sleeved shirt/jersey ▷ *camisa de manga longa*

metal/rubber/plastic/screw-in studs ▷ *travas de alumínio/borracha/ plástico/rosca*

outsole (of boots) ▷ *solado (das chuteiras)*

shin pads [BrE] ; shin guards [AmE] ▷ *caneleiras*

shirt; jersey ▷ *camisa*

shorts ▷ *shorts*

short-sleeved shirt/jersey ▷ *camisa de manga curta*

socks ▷ *meiões*

strip; kit; uniform [AmE] ▷ *uniforme*

studs; cleats ▷ *travas; cravos*

thermal shorts ▷ *bermuda térmica*

GAMEPLAY

PLAYS AND MOVES

50/50 ▷ *dividida*

bicycle kick ▷ *bicicleta*

to be fouled ▷ *receber falta*

to chest trap the ball ▷ *matar a bola no peito*

to chip/flick/lob the ball ▷ *tocar por cima; tocar de cavadinha*

to cross the ball ▷ *cruzar a bola*

cross ▷ *cruzamento*

cut (a fake) ▷ *corte*

to dribble past a player; to juke a player [AmE] ▷ *driblar um jogador*

dummy ▷ *corta-luz*

to feint; to fake ▷ *fintar*

feint; fake ▷ *finta*

to finish ▷ *finalizar*

to foul ▷ *fazer falta*

header ▷ *cabeçada*

to head the ball ▷ *cabecear a bola*

to kick an out swerve ▷ *chutar de trivela*

move; trick ▷ *drible*

to pass ▷ *passar; dar um passe*

pass ▷ *passe*

play ▷ *lance; jogada*

to save ▷ *defender (bola ao gol)*

save ▷ *defesa (no gol)*

to score ▷ *marcar um gol*

to shoot; to kick ▷ *chutar*

233

GLOSSARY OF FOOTBALL TERMS

shot ▷ *chute*

to strike it first-time ▷ *chutar de primeira*

to tackle ▷ *dar carrinho*

tackle ▷ *carrinho*

to toe the ball ▷ *chutar de bico*

to trap the ball ▷ *matar a bola*

to turn; to swivel ▷ *fazer o giro*

TACTIC AND STATISTICS

TABELA DE CLASSIFICAÇÃO ▷ *STANDINGS*

PLACE	TEAM	PTS	GP	W	D	L	GF	GA	GA
1	Blue	24	11	7	3	1	26	11	+15
2	Green	22	11	6	4	1	23	10	+13
3	Yellow	20	11	6	4	1	17	14	+3
4	Red	17	11	6	2	3	17	12	+5
5	White	17	11	5	2	4	19	17	+2

LEGEND:

PLACE ▷ *POSIÇÃO*

TEAM ▷ *EQUIPE*

PTS (points) ▷ *PTS (pontos)*

GP (games played) ▷ *J (jogos)*

W (wins) ▷ *V (vitórias)*

D (draws) ▷ *E (empates)*

L (losses) ▷ *D (derrotas)*

GF (goals for) ▷ *GP (gols pró)*

GA (goals against) ▷ *GC (gols contra)*

GD (goal difference) ▷ *SG (saldo de gols)*

GAMEPLAY

OTHER STATS TERMS

assists ▷ *assistências*

balls lost ▷ *bolas perdidas*

corner kicks ▷ *escanteios*

crosses ▷ *cruzamentos*

dispossessions ▷ *desarmes*

finishes ▷ *finalizações*

fixtures [BrE]; (match) schedules [AmE] ▷ *tabela de jogos*

fouls committed ▷ *faltas cometidas*

fouls suffered ▷ *faltas recebidas*

goals allowed ▷ *gols sofridos*

goals scored ▷ *gols marcados*

misplaced passes ▷ *passes errados*

offsides ▷ *impedimentos*

own goals ▷ *gols contra*

penalty kicks ▷ *pênaltis*

possession ▷ *posse de bola*

red cards ▷ *cartões vermelhos*

shots on goal ▷ *chutes a gol*

tackles ▷ *carrinhos*

top scorer; leading scorer ▷ *artilheiro*

yellow cards ▷ *cartões amarelos*

OTHER TACTICS TERMS

ball movement ▷ *movimentação de bola*

to break a play up ▷ *matar uma jogada*

to break through the defense ▷ *furar a marcação*

GLOSSARY OF FOOTBALL TERMS

to catch an opponent offside/offsides [AmE] ▷ *deixar um adversário em impedimento*

to close down space ▷ *fechar os espaços*

to come in hard ▷ *chegar duro*

to counter-attack ▷ *contra-atacar*

to cover; to back up (the defense) ▷ *cobrir (a defesa)*

to create space ▷ *criar espaço*

dead-ball situation; set piece ▷ *jogada de bola parada*

to deny a goal ▷ *evitar um gol*

to double team; to double marking ▷ *fazer marcação dupla*

to escape the marker ▷ *fugir da marcação*

formation; system of play ▷ *formação; sistema de jogo*

game plan; tactics; scheme ▷ *esquema tático; estratégia*

hole in the defense ▷ *buraco na defesa*

hoofed ball ▷ *bola rifada*

to nullify (a player; a play etc.) ▷ *anular (um jogador; uma jogada etc.)*

open space ▷ *espaço aberto*

overlapping run ▷ *ultrapassagem*

penetration (into defense) ▷ *penetração (na defesa)*

to play a defensive game ▷ *jogar na defesa*

to play narrow ▷ *jogar por dentro*

to play on the deck/floor [figurative] ▷ *colocar/pôr a bola no chão*

to play over the top ▷ *fazer jogo aéreo*

to play tight ▷ *fazer marcação cerrada*

to play wide ▷ *jogar aberto; jogar pelos lados; fazer um jogo aberto*

practice; training ▷ *treino; treinamento*

scrimmage ▷ *coletivo*

GAMEPLAY

setup; buildup; buildup play ▷ *armação/construção de jogada*

space behind a player ▷ *espaço nas costas de um jogador*

to steal the ball ▷ *roubar a bola*

to train; to practice ▷ *treinar*

COACHING STAFF AND MANAGEMENT

assistant coach ▷ *auxiliar técnico*

athletic trainer ▷ *fisiologista*

ballboy/ballgirl; ballkid [informal] ▷ *gandula*

chairman/chairwoman ▷ *presidente*

coach; manager [BrE]; gaffer [informal] ▷ *técnico; treinador; professor [informal]*

director ▷ *dirigente*

fitness coach; strength and conditioning coach ▷ *preparador físico*

football/soccer (operations) manager ▷ *gerente de futebol*

goalkeeper coach; goalkeeping coach ▷ *treinador de goleiros; preparador de goleiros*

groundskeeper; groundsman/groundswoman ▷ *preparador de gramado*

head groundskeeper; head groundsman/groundswoman ▷ *responsável pelo gramado*

kit man/kit woman; kit manager; equipment manager ▷ *roupeiro*

massage therapist ▷ *massagista*

medical team ▷ *equipe médica*

nutritionist ▷ *nutricionista*

opposition scout ▷ *observador de adversários*

physician ▷ *médico*

GLOSSARY OF FOOTBALL TERMS

physiotherapist; physio ▷ *fisioterapeuta*

press officer ▷ *assessor de imprensa*

(talent) scout ▷ *olheiro*

tactical scout ▷ *observador tático*

technical scout ▷ *observador técnico*

youth team coach; youth team manager [BrE] ▷ *técnico do time de base; treinador do time de base*

REFEREES

assistant referee; AR ▷ *árbitro assistente; assistente; árbitro auxiliar; auxiliar*

assistant referee's flag ▷ *bandeira do assistente*

center referee ▷ *árbitro principal*

finger grip whistle ▷ *apito com dedal*

fourth official ▷ *quarto árbitro*

goal-line referee/official; fifth official; additional assistant referee ▷ *juiz/árbitro de gol; juiz/árbitro de linha de fundo; quinto árbitro; árbitro assistente adicional*

linesman/lineswoman; lino [informal] ▷ *juiz de linha; bandeirinha [informal]; bandeira[informal]*

official ▷ *árbitro*

to officiate/to referee/to call/to ref [informal] a game ▷ *apitar/ arbitrar um jogo*

officiating/refereeing crew ▷ *equipe de arbitragem*

officiating/refereeing trio ▷ *trio de arbitragem*

red card ▷ *cartão vermelho*

referee; ref [informal] ▷ *juiz*

refereeing; officiating; reffing [informal] ▷ *arbitragem*

GAMEPLAY

timer ▷ *cronômetro*

vanishing spray (paint) ▷ *spray demarcatório*

whistle ▷ *apito*

whistle with lanyard ▷ *apito com cordão*

wristband ▷ *munhequeira*

yellow card ▷ *cartão amarelo*

RULES AND OFFENCES

away goals rule ▷ *regra do gol fora de casa*

ball to hand ▷ *bola na mão*

charge ▷ *uma carga*

corner kick ▷ *cobrança de escanteio*

extra time; overtime [AmE] ▷ *prorrogação; tempo extra*

foul ▷ *falta*

goal kick ▷ *tiro de meta*

hand to ball ▷ *mão na bola*

handball ▷ *toque de mão*

high kick; high foot ▷ *pé alto*

injury time; stoppage time; added time ▷ *tempo de acréscimo; acréscimo; acréscimos*

misconduct ▷ *má conduta*

offside; offsides [AmE] ▷ *impedimento*

penalty kick ▷ *cobrança de pênalti*

throw-in ▷ *cobrança lateral; arremesso lateral*

unsporting behavior/conduct ▷ *conduta/atitude antidesportiva*

wall ▷ *barreira*

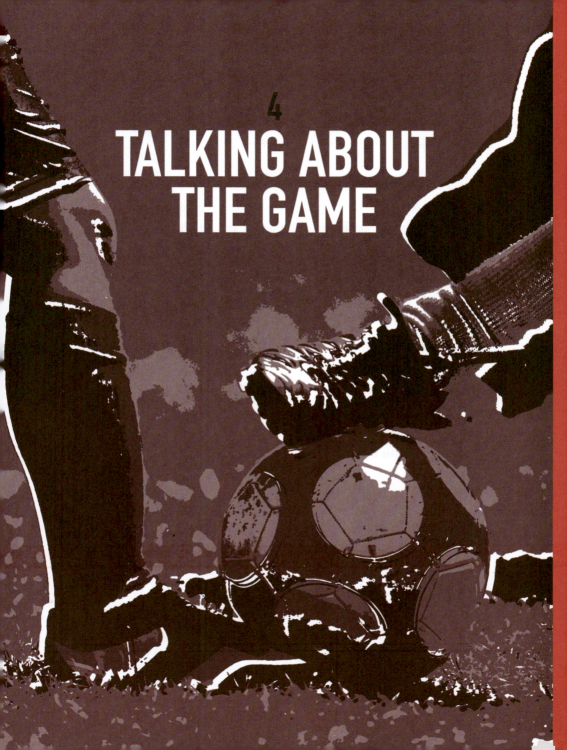

50/50 ▷ dividida

The player was down after a 50/50.

*O jogador ficou caído depois de uma **dividida**.*

ability; skill ▷ habilidade

The Colombian midfielder is known for his passing and playmaking skills.

*O meio-campista colombiano é conhecido por sua **habilidade** no passe e em armar jogadas.*

The team needs a striker with ball skills and scoring abilities.

*A equipe precisa de um atacante com **habilidade** com a bola e para marcar gols.*

accessible entrance (at a stadium) ▷ entrada acessível

(to) add one more ▷ aumentar o placar

`SEE ALSO` TO SCORE

The team added one more before halftime.

*O time **aumentou o placar** antes do intervalo.*

added time ▷ tempo de acréscimo; acréscimo; acréscimos

`SEE ALSO` TIME

(to) advance; to move on; to go through ▷ passar; avançar

The team moved on following a 2-0 victory over their rival.

*O time **passou** de fase depois da vitória por 2 a 0 sobre seu rival.*

The team advanced to the next stage on goal differential.

*A equipe **avançou** para a próxima fase no saldo de gols.*

The striker scored a beautiful goal and helped the team move on from the group stage of the tournament.

*O atacante marcou um belo gol e ajudou sua equipe a **passar** da fase de grupo.*

The 1-1 draw was enough to see the team go through as group winners.

*O empate em 1 a 1 bastou para que a equipe **avançasse** de fase como primeiro do grupo.*

advantage rule* ▷ lei da vantagem

The referee applied the advantage rule to great effect.

*O juiz aplicou/deu bem a **lei da vantagem**.*

* According to the FIFA Laws of the Game, the advantage rule directs the referee **not** to call a foul and instead to allow the attacking team to continue playing, in a situation where a stoppage would actually benefit the side that committed the violation, thus causing even greater harm to the team that was fouled.

advertising hoarding [BrE]; advertising board [AmE] ▷ placa de propaganda

against the run of play ▷ de maneira inesperada

After defending for almost the entire match, the team scored a goal against the run of play in the final minute of regulation.

*Depois de se defender por quase toda a partida, o time marcou um gol **de maneira inesperada** no minuto final do tempo regulamentar.*

aggregate (score/goals)* ▷ (placar/resultado) agregado; soma dos placares

With the first leg played on its turf, the Brazilian team has a great opportunity to take a lead in the aggregate.

*Com a primeira partida disputada em casa, a equipe brasileira tem uma ótima oportunidade para sair na frente no **placar agregado**.*

The team lost 4-2 on aggregate.

*A equipe perdeu por 4 a 2 na **soma dos placares**.*

* The aggregate score is the sum of the goals that each team scored in a two-legged game. The combined scoreline is then used as a tiebreaker, mostly in knock-out competitions. If the aggregate score is also tied, the team that scored more goals on its opponent's field is the winner.

alive ▷ *viva*

The ball stayed alive in the box and the striker was able to poke it home.

*A bola ficou **viva** na grande área e o atacante conseguiu marcar para seu time.*

all-rounder ▷ *jogador versátil*

(color) analyst* [AmE]; (colour) commentator; colour announcer [AmE] ▷ *comentarista*

`SEE ALSO` COMMENTATOR

* Where necessary, a distinction is made between "play-by-play/main commentary", which describes the action as it is taking place, and "colour commentary", which comments on what did take place. The same applies to "play-by-play/main commentator" and "colour commentator". Conversely, Portuguese has two separate words to make that disctinciton. So far no consensus has been reached on the origin of the use of the word colour in those expressions. A possible, but not definitive, explanation is that the colour commentator provides not only analysis and relevant information, but also a colourful cover of the game, often times with anecdotes and light humor. Additionally, the words broadcaster and sportscaster [AmE] are used, especially in the media industry, as general terms to refer to either a play-by-play or colour commentator. In American English, "colour" is spelled "color".

anchorman; anchor player; midfield anchor; destroyer ▷

destruidor de jogadas; volante destruidor

ANNOUNCER

angle ▷ ângulo

angled shot ▷ *chute cruzado*

The right wing cut into the area and beat the goalie with an angled shot.

*O ponta direita cortou para dentro da área e venceu o goleiro com um **chute cruzado**.*

to cut down the angle; to narrow the angle (of goalkeeper) ▷ *fechar o ângulo*

The keeper rushed out to narrow the angle on the striker.

*A goleira saiu em velocidade para **fechar o ângulo** da atacante.*

Before the goalie cut down the angle, the striker fired a shot from inside the area.

*Antes de o goleiro **fechar o ângulo**, o atacante deu um chute de dentro da área.*

no angle ▷ *sem ângulo*

The striker hit a left-footed shot with almost no angle.

*O atacante acertou um chute de canhota quase **sem ângulo**.*

The left back had almost no angle but hit a screamer that went into the net.

*O lateral esquerdo estava **sem ângulo**, mas acertou uma bomba que foi para o fundo da rede.*

tight angle ▷ *ângulo fechado*

tight angle shot ▷ *chute de um ângulo fechado.*

to score the goal on/from/at a tight angle ▷ *marcar o gol de/com um ângulo fechado.*

(play-by-play) announcer* [AmE]; (play-by-play) commentator; (main) commentator; the play-by-play [informal] ▷ *narrador*

ANTICIPATION

* Where necessary, a distinction is made between "play-by-play/main commentary", which describes the action as it is taking place, and "colour commentary", which comments on what did take place. The same applies to "play-by-play/main commentator" and "colour commentator". Conversely, Portuguese has two separate words to make that disctinciton. So far no consensus has been reached on the origin of the use of the word colour in those expressions. A possible, but not definitive, explanation is that the colour commentator provides not only analysis and relevant information, but also a colourful cover of the game, often times with anecdotes and light humor. Additionally, the words broadcaster and sportscaster [AmE] are used, especially in the media industry, as general terms to refer to either a play-by-play or colour commentator. In American English, "colour" is spelled "color".

anticipation ▷ antecipação

Defenders need to have good anticipation to cut out dangerous passes.
*Os zagueiros precisam ter boa **antecipação** para cortar os passes de perigo.*

appearance ▷ participação

On his first appearance for the team he scored a beautiful goal.
*Em sua primeira **participação** pela equipe, ele marcou um belo gol.*

to have an appearance ▷ participar

The player had two World Cup appearances.
*O jogador **participou** de duas Copas do Mundo.*

area ▷ área

from inside the box/area ▷ de dentro da área

The striker opened the scoring with a chip from inside the area over the oncoming goalkeeper.
*A atacante abriu o placar com um toquinho **de dentro da área** por cima da goleira, que saía para defender.*

from outside the box/area ▷ *de fora da área*

The player sprinted past two defenders and unleashed an unstoppable shot from outside the area.

*A jogadora passou em velocidade por duas zagueiras e soltou um chute indefensável **de fora da área**.*

goal area/box ▷ *área de meta; pequena área [informal]*

inside the box/area ▷ *dentro da área*

The player was fouled inside the box.

*A jogadora recebeu a falta **dentro da área**.*

outside the box/area ▷ *fora da área*

The player was fouled outside the box.

*O jogador recebeu a falta **fora da área**.*

penalty area; penalty box; the box; 18-yard box [AmE] ▷ *área penal; grande área [informal]*

(captain's) armband ▷ *braçadeira/faixa (de capitão)*

(to) arrive late ▷ *chegar atrasado*

The defender arrived late on the forward and was sent off.

*O zagueiro **chegou atrasado** no atacante e foi expulso.*

assist ▷ *assistência*

The midfielder provided three assists during the match.

*A meio-campista deu três **assistências** durante o jogo.*

assistant coach ▷ *auxiliar técnico*

assistant referee; A.R. ▷ *(árbitro) assistente; (árbitro) auxiliar*

athletics track ▷ *pista de atletismo*

athletic trainer ▷ *fisiologista*

attack ▷ *ataque*

attacking half; attacking third ▷ *campo de ataque*

(to) award a free kick/a corner kick/a penalty kick/a direct free kick etc. ▷ *dar cobrança de falta/cobrança de escanteio/cobrança de pênalti/tiro livre direto etc.*

The referee awarded a free kick.
A juíza **deu cobrança de falta**.

away; away from home ▷ *fora de casa*

SEE ALSO HOME

The team is looking into keeping its excellent away record.
O time tenta manter seu excelente retrospecto **fora de casa**.
The team will play a tough away game against Boca Juniors.
A equipe fará um jogo difícil **fora de casa** *contra o Boca Juniors*.
All of their next five games will be played away from home.
Todas as próximas cinco partidas serão disputadas **fora de casa**.
The team secured an away point in the opening Libertadores Cup match.

*A equipe garantiu um ponto **fora de casa** em sua partida de estreia pela Copa Libertadores.*

away-goals rule* ▷ regra do gol fora de casa

The team was knocked out on the away-goals rule.

*O time foi desclassificado pela **regra do gol fora de casa**.*

* The away-goals rule is a method of breaking ties and is usually applied in tournaments with a knockout system in which each phase is decided over two matches (a home leg and an away leg). According to this rule, if both teams have scored the same number of goals when the scores of the two matches are added together (🔳 THE AGGREGATE SCORE), then the team that has scored more "away goals" (🔳 GOALS SCORED ON THE OPPOSITION'S TURF) will win.

(at the) back ▷ lá atrás

The team has three men at the back.

*O time está com três homens **lá atrás**.*

back heel ▷ toque de calcanhar

The striker scored the first goal with a back heel.

*O atacante marcou o primeiro gol com um **toque de calcanhar**.*

back-heeled ▷ de calcanhar

The midfielder sent a back-heeled pass to the oncoming left back to score the goal.

*O meio-campista deu um passe **de calcanhar** para o lateral esquerdo que vinha chegando para marcar o gol.*

The striker scored a **back-heeled** goal.

*O atacante marcou um gol **de calcanhar**.*

to back heel ▷ tocar de calcanhar

The player back-heeled a perfect ball to the striker who netted home the goal.

*O jogador **tocou de calcanhar** uma bola perfeita para o atacante, que marcou para o seu time.*

backline ▷ *defesa*

SEE ALSO DEFENSIVE LINE

The inexperienced backline stepped up and helped the team win the game.

*A **defesa** inexperiente deu conta do recado e ajudou o time a vencer a partida.*

opposing backline ▷ *defesa adversária*

The team struggle to put pressure on the opposing backline when they have the ball.

*O time tem dificuldade de pressionar a **defesa adversária** quando está com a bola.*

backup; cover ▷ *cobertura*

The right back provided cover for the center back marking the opposing striker.

*O lateral direito deu **cobertura** para o zagueiro central que marcava o atacante adversário.*

to back up; to cover ▷ *cobrir*

The right back backed up the center back marking the opposing striker.

*O lateral direito **cobriu** o zagueiro central que marcava o atacante adversário.*

(club) badge/shield/crest/logo ▷ *escudo/distintivo/ brasão/emblema (do clube)*

The team's badge has three stars for each national championship.

*O **distintivo** do clube tem três estrelas para cada campeonato nacional conquistado.*

(in the) bag ▷ no papo

The team had the game in the bag after the first 30 minutes of the first half.

*O time tinha o jogo **no papo** ao final dos primeiros 30 minutos do primeiro tempo.*

A victory is in the bag.

*Uma vitória está **no papo**.*

ball ▷ bola

ball boy/ball girl/ball kid ▷ gandula

ball control ▷ domínio de bola

He has good ball control.

*Ele tem bom **domínio de bola**.*

She is a technically skilled midfielder with great ball control.

*Ela é uma meio-campista técnica com ótimo **domínio de bola**.*

ball hog [informal] ▷ fominha [informal]

He's a ball hog who tries to dribble through the whole team every time he has the ball.

*Ele é um **fominha** que tenta driblar o time inteiro todas as vezes em que está com a bola.*

ball movement ▷ movimentação de bola

The team had better penetration in the first half, but showed less ball movement in the second half.

*A equipe teve melhor penetração no primeiro tempo, mas mostrou menos **movimentação de bola** no segundo tempo.*

BALL

ball possession ▷ *posse de bola*

ball to hand ▷ *bola na mão*

SEE ALSO HAND TO BALL

ball winner/stealer ▷ *roubador/ladrão de bolas; desarmador; batedor de carteira [informal]*

The midfielder is a great ball winner but needs to work on her passing.

*A meio-campista é uma excelente **roubadora de bolas**, mas precisa trabalhar seu passe.*

to be out of play/bounds ▷ *estar fora de jogo*

The replay shows the ball was out of play before it was crossed.

*O **replay** mostra que a bola estava **fora de jogo** antes de ser cruzada.*

to chip/scoop/lob/flick the ball ▷ *tocar de cavadinha; tocar por cima*

SEE ALSO TO CHIP

to clear the ball ▷ *tirar a bola*

The back made some tackles to clear the ball from danger as the opponent pushed forward.

*O zagueiro deu alguns carrinhos para **tirar a bola** de perigo, pois o adversário pressionava.*

dropped ball; drop-ball* ▷ *bola ao chão*

The referee opted for a dropped ball.

*O juiz deu **bola ao chão**.*

* What is a drop-ball? When stoppage is caused by an unpredictable situation that is out of reach of the players on either side (such as when the ball is kicked out of bounds by two opponents at the same time, when play is temporarily suspended due to an injury, or when the ball becomes deflated), the official can restart play by dropping the ball to the ground at the same place where the stoppage occurred and have only two players compete for it. Once the ball hits the ground, it is said to be "alive" and can then be played by either player. This method is designed to offer no advantage to either team.

BALL

to get a hand on the ball (of the keeper) ▷ *tocar na bola*

The goalie got a hand on the ball but couldn't make the save.

*O goleiro **tocou na bola**, mas não conseguiu fazer a defesa.*

to go out; to go out of play/bounds ▷ *sair*

It was hard to determined who touched the ball last before it went out of bounds.

*Foi difícil determinar quem tocou na bola por último antes de ela **sair**.*

good ball ▷ *boa bola*

The midfielder gave a good ball to the forward.

*O meio-campista deu uma **boa bola** ao atacante.*

high ball (a ball intentionally sent arcing up into the area, not necessarily to a specific teammate) ▷ *bola alçada na área*

The midfielder drifted a high ball to the far post where the striker sent a harmless header wide.

*O meio-campista desviou para o segundo pau a **bola alçada na área**, onde o atacante cabeceou para fora, sem perigo.*

to hold up the ball ▷ *prender a bola*

The player can hold the ball up well and lay it off nicely to other players.

*O jogador sabe **prender** bem a bola e rolar bem para outros jogadores.*

to hoof the ball ▷ *dar chutão*

The players should try to pass the ball to a teammate rather than hoof it downfield.

*Os jogadores deveriam tentar passar a bola para um companheiro em vez de **dar chutão** para frente.*

The entire match the defenders hoofed the ball forward for the target man.

*Durante toda a partida, os zagueiros **deram chutões** para o homem de referência na frente.*

hoofed ball ▷ chutão; bola rifada

The hoofed balls to the center-forward are a waste of time.

Os **chutões** para o centroavante são uma perda de tempo.

The defender hoofed the ball clear.

O zagueiro tirou a bola com um **chutão**.

hospital ball ▷ bola na fogueira

The midfielder was given a hospital ball.

O meio-campista recebeu uma **bola na fogueira**.

long ball ▷ bola longa

The defender sent a long ball deep into the opposing team's half.

O zagueiro mandou uma **bola longa** em profundidade para o campo adversário.

to lose the ball ▷ perder a bola

to make no attempt to play the ball ▷ deixar de ir na bola

The defender made no attempt to play the ball and instead tried to hit the forward's legs.

O zagueiro **deixou de ir na bola** e, no lugar, visou as pernas do atacante.

to mistime the ball ▷ errar o tempo da bola

The midfielder mistimed the ball and kicked air.

O meio-campista **errou o tempo da bola** e chutou o ar.

off the ball ▷ sem a bola; quando não está com a bola

The forwards don't have good movement off the ball.

Os atacantes não têm boa movimentação **sem a bola.**

The player shows tenacity when off the ball.

A jogadora demonstra aplicação **quando não está com a bola**.

over-the-top ball ▷ uma bola aérea

The right wingback played an over-the-top ball to the striker.

O ala direito lançou uma **bola aérea** para o atacante.

BALL

to play a through ball ▷ *meter uma bola enfiada*

The midfielder set up the goal by playing a through ball ahead for the striker.

O meio-campista armou a jogada do gol metendo uma bola enfiada na frente para o atacante.

to play (the ball) wide ▷ *abrir (a jogada)*

Instead of trying a shot on goal the midfielder played the ball wide to the right winger coming into the box.

Em vez de tentar o chute, o meio-campista abriu (a jogada) para o ponta direita que entrava na área.

player on the ball; ball carrier ▷ *jogador com a bola*

`SEE ALSO` PLAYER

to scrape the ball ▷ *triscar a bola*

The defender scraped the ball away.

O zagueiro triscou a bola para afastá-la.

to screen/shield the ball ▷ *proteger a bola*

The striker screened the ball from two defenders, turned and sent a screamer into the back of the net.

A atacante protegeu a bola de duas zagueiras, girou e mandou uma bomba para o fundo da rede.

second ball ▷ *segunda bola*

The midfielders fought hard for the second ball.

Os meias brigaram muito pela segunda bola.

The opposing attackers won all the second balls in the first half.

As atacantes adversárias ganharam todas as segundas bolas no primeiro tempo.

to set the ball up; to set it up ▷ *ajeitar a bola*

Instead of striking it first-time, you can set it up with a first touch to strike it with a second touch.

*Em vez de chutar de primeira, você pode **ajeitar a bola** com um toque e depois chutar com um segundo toque.*

She set the ball up to her teammate.

*Ela **ajeitou a bola** para sua companheira.*

to steal the ball ▷ roubar a bola

The forward stole the ball from the defender at the top of the box and beat the goalkeeper, scoring the first goal.

*O atacante **roubou a bola** do zagueiro na entrada da área e venceu o goleiro, marcando o primeiro gol.*

to toe the ball ▷ chutar de bico

through ball ▷ bola "enfiada"

A through ball from the midfielder found the striker in the area, who fired a right-footer, but the keeper made a good save.

*Uma **bola enfiada** pelo meio-campista encontrou o centroavante na área, que chutou de direita, mas o goleiro fez boa defesa.*

to trap the ball ▷ matar a bola

The mid-fielder trapped the ball with his right foot and passed it to the unmarked left wingback.

*O meio-campista **matou a bola** com o pé direito e passou para o ala esquerdo, livre de marcação*

The striker trapped the ball with his chest with his back to the goal, turned and sent a screamer into the top corner of the net.

*O atacante **matou a bola** no peito de costas para o gol, girou e mandou uma bomba no ângulo.*

The right winger trapped the ball with his thigh before hitting home a beautiful right-footed volley.

*O ponta direita **matou a bola** com a coxa antes de marcar com um lindo voleio de direita.*

to volley the ball ▷ chutar de voleio

The midfielder's cross found the striker, who volleyed the ball into the back of the net.

*O cruzamento do meio-campista encontrou o atacante, que **chutou de voleio** para o fundo da rede.*

to win the ball ▷ *ganhar a bola*

bar; crossbar ▷ *travessão*

`SEE ALSO` THE POST

Over the bar!

*Por cima do **travessão**!*

to hit the bar and go in/out ▷ *bater no travessão e entrar/sair*

The left half fired a shot over the goalkeeper, which hit the post and went in.

*O meia esquerda soltou um chute sobre o goleiro, que **bateu no travessão e entrou**.*

to hit the bar; to rattle the frame (of the goal) ▷ *bater no travessão; acertar o travessão*

The team had several opportunities in the first half, but they all went just wide of the goal or rattled the frame.

*O time teve várias chances no primeiro tempo, mas todas passaram perto do gol ou **bateram no travessão**.*

His bicycle kick hit the bar.

*Seu chute de bicicleta **acertou o travessão**.*

(to) barge ▷ *dar trombada*

The defender barged the forward to the ground in the box and the ref called a penalty.

*O zagueiro **deu uma trombada** no atacante que foi ao chão na área e o juiz deu pênalti.*

(TO) BARRACK FOR

(to) barrack for [AUS] ▷ *torcer*

`SEE ALSO` TO SUPPORT

base layer (of player's garment) ▷ *camisa térmica*

beach soccer ▷ *futebol de areia*

(to) beat; to defeat; to take down [informal] ▷ *derrotar; vencer*

Brazil beat Italy in a shootout and advanced in the tournament.

*O Brasil **venceu** a Itália nas cobranças de pênalti e avançou na competição.*

Brazil took down Mexico 2-0 in the last friendly before the World Cup.

*O Brasil **derrotou** o México por 2 a 0 no último amistoso antes da Copa do Mundo.*

beauty ▷ *golaço*

The right wingback scored a beauty, but it was disallowed.

*O ala direito marcou um **golaço**, mas foi anulado.*

(substitutes/team) bench; dugout ▷ *banco de reservas*

bench player ▷ *jogador reserva; reserva*

`SEE ALSO` PLAYER

to warm the bench; to ride pine ▷ *esquentar o banco*

The center back is warming the bench, having played only six games in the season.

*O zagueiro central está **esquentando o banco**, tendo jogado apenas seis partidas na temporada.*

(training, scrimmage, practice) bib/vest/pinny ▷ colete (de treinamento)

(to) block; to close down ▷ bloquear

The defender failed to close down the striker.
*O zagueiro não conseguiu **bloquear** o atacante.*

blunder; howler ▷ falha

The forward took advantage of a blunder in the opposing defense and scored the first goal.
*O atacante aproveitou a **falha** da defesa adversária e marcou o primeiro gol.*
The goal came off a howler by the goalkeeper who let the ball slip between his legs and into the net.
*O gol saiu de uma **falha** do goleiro que deixou a bola passar entre as pernas e ir para o fundo do gol.*

(to) boo ▷ vaiar

The fans booed the team.
*Os torcedores **vaiaram** o time.*
The player was booed off the field.
*O jogador saiu de campo **vaiado**.*

(to) be booked ▷ receber cartão; levar cartão

SEE ALSO CARD

(to) boot a goal ▷ marcar/fazer um gol

SEE ALSO GOAL

(to) boss the midfield ▷ *tomar conta do meio-campo*

The defensive midfielder bossed the midfield and provided more protection to the backs.

*O volante **tomou conta do meio-campo** e deu mais proteção aos defensores.*

bottom corner of the goal; lower 90 [AmE] ▷ *canto inferior do gol*

SEE ALSO GOAL

box; area ▷ *área*

from inside the box/area ▷ *de dentro da área*

The striker opened the scoring with a chip from inside the area over the oncoming goalkeeper.

*A atacante abriu o placar com um toquinho **de dentro da área** por cima da goleira, que saía para defender.*

from outside the box/area ▷ *de fora da área*

The player sprinted past two defenders and unleashed an unstoppable shot from outside the area.

*O jogador passou em velocidade por dois zagueiros e soltou um chute indefensável **de fora da área**.*

goal box/area ▷ *pequena área; área de meta*

inside the box/area ▷ *dentro da área*

The player was fouled inside the box.

*O jogador recebeu a falta **dentro da área**.*

outside the box/the area ▷ *fora da área*

The player was fouled outside the box.

*O jogador recebeu a falta **fora da área**.*

penalty box; penalty area; box; 18-yard box (AmE) ▷ *área penal; grande área*

break ▷ *intervalo*

`SEE ALSO` HALFTIME

breakaway* ▷ *arrancada*

The player scored in a breakaway.

*O jogador marcou um gol numa **arrancada**.*

* A breakaway is a sudden attack, usually from a defensive position and by one player with the ball. It generally ends up in a one-on-one confrontation between the goalkeeper and the attacker.

(to) break on top ▷ *abrir o placar*

The Argentinian team broke on top five minutes into the game.

*O time argentino **abriu o placar** com cinco minutos de jogo.*

to break through the defense ▷ *furar a marcação*

The team can't break through the solid defense when in possession of the ball.

*O time não consegue **furar a marcação** cerrada quando está com a posse de bola.*

(to) break up ▷ *matar*

He is a destroyer who is very skillful at breaking up plays.

*Ele é um desarmador bastante hábil em **matar** jogadas.*

(to) bring in; to play ▷ *colocar*

The coach will bring in striker João to play on the right.

*O técnico irá **colocar** o centroavante João para jogar pelo lado direito.*

BROADCAST

The coach took advantage of the midfielder attacking skills and played him up front.
*O técnico aproveitou o poder de ataque do meio-campista e o **colocou** na frente.*

broadcast ▷ *transmissão*

SEE ALSO RADIOCAST, TELECAST and WEBCAST

to broadcast ▷ *transmitir*
The game will be broadcast live.
*O jogo será **transmitido** ao vivo.*

(to) brush/shave the post/bar ▷ *raspar a trave/o travessão; resvalar na trave/no travessão*

The center forward's shot brushed the right post and narrowly missed going into the net.
*O chute do centroavante **raspou** a trave direita e por pouco não entrou.*
The defender's header shaved the bar and went out of bounds.
*A bola cabeceada pelo zagueiro **resvalou no travessão** e saiu pela linha de fundo.*

buildup; buildup play; setup ▷ *armação/construção de jogada; jogada*

The goal was a good setup by Messi.
*O gol saiu de uma bela **armação** de Messi*
Daniel Alves drilled it from outside the box into the upper 90 off a setup from Ronaldinho.

Daniel Alves acertou um chute de fora da área no ângulo depois de uma **jogada** *do Ronaldinho.*

(to) bulge the net ▷ estufar a rede

The striker bulged the net three times and pulled off a spectacular hat-trick.

O atacante **estufou a rede** *três vezes e conseguiu um* hat-trick *espetacular.*

The net was bulged five times during the match.

A **rede foi estufada** *cinco vezes durante a partida.*

bunker defense ▷ retranca

The team was content to score one goal and started to play a bunker defense.

A equipe ficou contente em marcar um gol e começou a fazer **retranca**.

butterfingers [informal] ▷ mão de alface [informal]

The fans called the keeper a butterfingers after he fumbled a ball into the goal.

Os torcedores chamaram o goleiro de **mão de alface** *depois que ele soltou a bola para dentro do gol.*

call (of refereeing) ▷ decisão; marcação

Some of the calls by the referee were questionable.

Algumas das **marcações** *do juiz foram duvidosas.*

CALL (OF REFEREEING)

to call it loose*; to call a game loose ▷ *deixar o jogo correr*

Referees usually call it tight for official matches and call it loose for exhibition games.

*Os juízes geralmente marcam tudo em jogos oficiais e **deixam o jogo correr** em partidas de exibição.*

European refs are known for calling it loose.

*Os árbitros europeus são conhecidos por **deixarem o jogo correr**.*

* When referees "call it loose", they let the game play on after what they consider to be minor fouls. Usually this style of refereeing makes for a game that flows better.

to call it tight*; to call a game tight ▷ *apitar/marcar tudo*

Referees usually call it tight for official matches and call it loose for exhibition games.

*Os juízes geralmente **apitam tudo** em jogos oficiais e deixam o jogo correr em partidas de exibição.*

The ref said he'd start calling it tight until the fouling stopped.

*O juiz disse que iria começar a **marcar tudo** até que as faltas parassem.*

* When referees "call it tight", they don't let any fouls go, even those considered to be minor fouls.

to call/to whistle (a foul, a penalty, a handball etc.) ▷ *dar/apitar/ assinalar/marcar (uma falta etc.)*

The goal was disallowed after the referee called a foul against Barcelona.

*O gol foi anulado depois de o juiz **dar uma falta** contra o Barcelona*

The referee called a foul on the defender.

*O juiz **assinalou uma falta** do zagueiro*

The ref called a penalty kick against our team.

*O juiz **apitou um pênalti** contra nosso time.*

to make a bad call ▷ *cometer erro / falha*

The ref made some bad calls.

*A juíza **cometeu algumas falhas**.*

to reverse the call ▷ *reverter a decisão/marcação*

Under pressure from the players, the referee spoke to his assistant before reversing the call and allowing the goal.

*Sob pressão dos jogadores, o árbitro conversou com seu assistente antes de **reverter a marcação** e validar o gol.*

(to) call up for the national team ▷ *convocar para a seleção*

Cruzeiro's midfielder was called up for the U.S. game.

*O meio-campista do Cruzeiro **foi convocado** para o jogo contra os Estados Unidos.*

The head coach says that if the defender is healthy he will call him up for the next international friendly.

*O técnico disse que se o zagueiro estiver em condições, ele irá **convocá--lo** para o próximo amistoso.*

call-up ▷ *convocação*

The player is looking forward to a call-up.

*A jogadora espera ansiosa por sua **convocação.***

The striker got his second call-up to the national team after scoring a winning goal for his club.

*O atacante recebeu sua segunda **convocação** depois de marcar o gol da vitória para seu time.*

The young goalkeeper has received his first call-up to the Brazilian squad.

*O jovem goleiro recebeu sua primeira **convocação** para a seleção brasileira.*

The midfielder's stellar performance earned him a call-up for the World Cup.

*O desempenho brilhante do meio-campista rendeu a ele uma **convocação** para a Copa do Mundo.*

cameraman/camerawoman/camera operator ▷ *câmera [nome do profissional]*

cap* ▷ *partida/atuação/participação por seleção*

The young forward has already earned/won 20 caps with the U.S. national team.

*O jovem atacante já tem 20 **atuações** com a seleção dos Estados Unidos.*

Which player has the most caps for the Brazilian national team?

*Qual jogador disputou mais **partidas** pela seleção brasileira?*

The midfielder has scored 30 goals in 60 caps.

*O meio-campista marcou 30 gols em 60 **participações** pela seleção.*

to be capped ▷ *jogar/atuar pela seleção*

He has been capped 50 times for Ireland.

*Ele já **jogou 50 vezes** pela seleção irlandesa.*

* In the early 1900s, it was a common practice in the United Kingdom to award a cap to a football player representing his country in an international match. The term has remained to refer to an international appearance for a national team in soccer.

capacity (of spectators) ▷ *capacidade (de público)*

The stadium has a capacity of 70,000 spectators.

*O estádio tem **capacidade** para 70.000 espectadores.*

The new stadium will have a 100,000-spectator capacity.

*O novo estádio terá **capacidade** para 100.000 espectadores.*

The stadium was filled to capacity.

*O estádio estava com **capacidade** máxima.*

captain; skipper [informal] ▷ *capitão*

captain's armband ▷ *faixa de capitão*

CARD

card ▷ *cartão*

to isssue a caution ▷ *dar cartão amarelo*

The referee issued a caution to the defender for a late challenge.

*O juiz **deu cartão amarelo** ao zagueiro por uma entrada atrasada.*

to receive a card; to be carded; to be booked ▷ *receber cartão; levar cartão*

The player was carded for fouling the opponent.

*A jogadora **recebeu cartão** por fazer falta na adversária.*

The player was booked for taking off his shirt after scoring.

*O jogador **levou cartão** por ter tirado a camisa depois de marcar.*

red card* ▷ *cartão vermelho*

to receive a red card; to be red carded; to be shown a red card ▷ *receber/levar cartão vermelho*

The player was shown a red card for denying a goal scoring opportunity outside the 18-yard box.

*O jogador **recebeu cartão vermelho** por impedir uma chance de gol fora da grande área.*

straight red card ▷ *cartão vermelho direto*

* The referee shows a red card to signal that one player (or more) has committed a serious foul play or engaged in violent conduct and that the player must leave the field of play immediately. The player cannot be replaced, meaning that the team will play the remainder of the match with one man down. In some tournaments, a red card is carried over to the next match or even the next season, meaning that the player is automatically suspended from the upcoming match(es).

to show/give/issue a card; to book ▷ *mostrar/dar cartão*

The center referee stopped play and gave a yellow card to the defender.

*O juiz parou a jogada e **mostrou cartão** amarelo ao zagueiro.*

The ref whistled the striker for a high kick and issued a yellow card.

*O juiz apitou um pé alto do atacante e **deu cartão** amarelo.*

267

CARD

The ref stopped the game and booked the player for entering the field of play without permission.

A juíza parou o jogo e **deu cartão** *à jogadora por entrar no campo sem permissão.*

yellow card* ▷ *cartão amarelo*

    on a yellow card ▷ *pendurado [informal]; já ter recebido o cartão amarelo*

The striker was on a yellow card, but kept complaining to the ref.

O atacante estava **pendurado**, *mas continuou a reclamar com o juiz.*

The centre back was on a yellow card before being carded in this game and is now out of the next match.

O zagueiro central já estava **pendurado** *antes de levar outro cartão neste jogo e está fora da próxima partida.*

    to receive a yellow card; to be shown a yellow card; to receive a caution ▷ *receber/levar cartão amarelo*

A player who receives three yellow cards during the regular season will sit out the next game.

Um jogador que **receber três cartões amarelos** *durante o campeonato fica fora da próxima partida.*

The player was cautioned for tripping up his opponent.

O jogador **levou cartão amarelo** *por calçar o adversário.*

    second yellow card ▷ *segundo cartão amarelo*

* The referee shows a yellow card to indicate that one player (or more) has made a foul, engaged in unsporting behavior or committed any offense the referee deems cardable. The referee records the player's details on the back of the yellow card or in a small notebook; hence the player is said to have been "booked". The player may continue playing, but will be sent off the game if they are issued a second yellow card. In most professional tournaments, a yellow card is carried over to the next match or even the next season: upon receiving the second yellow card, the player is then out of the next game.

CHALLENGE

centre circle [BrE]; center circle [AmE] ▷ *círculo central*

The player sent a shot from the center circle that flew over the head of the goalkeeper and went in.

*O jogador deu um chute do **círculo central** que passou por cima do goleiro e entrou.*

centre forward [BrE]; center forward [AmE] ▷ *centroavante*

centre fullback [BrE]; center fullback [AmE]; centre-back [BrE]; center-back [AmE]; central defender; stopper ▷ *zagueiro central*

chairman/woman (of a club) ▷ *presidente (do clube)*

challenge ▷ *entrada*

The defender was carded for making a challenge on the striker.

*O zagueiro recebeu cartão por dar uma **entrada** no atacante.*

aggressive challenge ▷ *entrada agressiva*
clumsy challenge ▷ *entrada desastrada*
dangerous challenge ▷ *entrada perigosa*
harsh challenge ▷ *entrada dura*
late challenge ▷ *entrada atrasada*
malicious challenge ▷ *entrada maldosa*
mistimed challenge ▷ *entrada fora de tempo*
needless challenge ▷ *entrada desnecessária*
reckless challenge ▷ *entrada imprudente*

CHAMPION

stupid challenge ▷ *entrada boba*

ugly challenge ▷ *entrada feia*

unfair challenge ▷ *entrada desleal*

X-rated challenge [slang] ▷ *entrada maldosa*

to challenge; to go in ▷ *entrar*

The defender challenged the striker and took the ball away.

*O zagueiro **entrou** no atacante e tomou a bola.*

The right wingback went in for a tackle on the striker.

*O ala direito **entrou** de carrinho no atacante.*

champion ▷ *campeão*

SEE ALSO RUNNER-UP

changing room; dressing room; locker room [AmE] ▷ *vestiário*

chants (from the fans/crowd) ▷ *grito (da torcida)*

The fans supported the players with original chants during the entire match.

*Os torcedores apoiaram as jogadoras com **gritos** criativos durante toda a partida.*

(to) cheer ▷ *vibrar; aplaudir*

The crowd cheered when the name of the star player was announced.

*A torcida **vibrou** quando o nome do craque foi anunciado.*

The fans cheered the team's spectacular play.

*A torcida **aplaudiu** a jogada espetacular da equipe.*

to cheer (for) ▷ *torcer*

SEE ALSO TO SUPPORT

(to) chest (the ball) down ▷ *matar (a bola) no peito e pôr/ botar no chão*

The goal came off a cross that the right wingback chested down before sending a shot into the right corner of the net.

*O gol saiu de um cruzamento que o ala direito **matou no peito e botou no chão** antes de mandar um chute no canto direito da rede.*

to chest trap the ball ▷ *matar a bola no peito*

The striker chest trapped the ball inside the box and sent a screamer into the back of the net.

*O atacante **matou a bola no peito** dentro da área e mandou um bomba para o fundo da rede.*

(to) chip/scoop/lob/flick the ball ▷ *tocar de cavadinha; tocar por cima*

The forward chipped the ball over the keeper into the goal.

*O atacante **tocou** por cima do goleiro, para o fundo do gol.*

chip/scoop/lob shot ▷ *cavadinha*

Messi's third goal, a teasing chip shot over the keeper, brought the Camp Nou house down.

*O terceiro gol de Messi, uma **cavadinha** marota sobre o goleiro, trouxe o estádio do Camp Nou abaixo.*

chip over (the keeper) ▷ *toque por cima (do goleiro)*

(to) claim the ball; to end up with the ball ▷ *ficar com a bola*

The goalie came out and claimed the ball.

*O goleiro saiu para fazer a defesa e **ficou com a bola**.*

clean sheet; shutout [AmE] ▷ *sem tomar/levar gol*

The team earned a shutout victory over their rival.

*O time conseguiu uma vitória **sem levar gol** sobre seu rival.*

The team's goal is to go out there and try to keep a clean sheet.

*O objetivo da equipe é ir para o jogo e tentar **não tomar gol**.*

The team's defense did a great job and posted their third clean sheet.

*A defesa da equipe jogou muito bem e ficou **sem tomar gol** pela terceira vez.*

The team has kept a shutout since last season.

*O time não **fica sem tomar gol** desde a temporada passada.*

The goalkeeper recorded his first clean sheet.

*O goleiro fez sua primeira partida **sem tomar gol.***

clear! (to tell a teammate to kick the ball as far as possible to get it out of danger) ▷ *tira!*

to clear (a defender) ▷ *livrar-se (da marcação)*

The striker cleared a defender and fired a shot from outside the box, scoring a beautiful goal.

*O atacante **livrou-se** de um zagueiro e chutou de fora da área para marcar um belo gol.*

to clear the ball ▷ *tirar a bola*

SEE ALSO BALL

(to) close down; to block ▷ *bloquear*

The defender failed to close down the striker.

*O zagueiro não conseguiu **bloquear** o atacante.*

to close down space ▷ *fechar os espaços*

The defender has pace and knows how to close down space.

*O zagueiro tem bom ritmo e sabe **fechar os espaços**.*

club ▷ *clube; time*

`SEE ALSO` TEAM

club shop; team store [AmE] ▷ *loja do clube*

coach; manager [chiefly BrE]; gaffer [informal] ▷ *técnico; treinador; professor [informal]*

assistant coach ▷ *auxiliar técnico*

coaching staff; technical staff ▷ *comissão técnica; equipe técnica*

goalkeeper coach; goalkeeping coach ▷ *treinador de goleiros; preparador de goleiros*

interim coach ▷ *técnico interino*

strength and conditioning coach; fitness coach ▷ *preparador físico*

combination ▷ *troca de passe*

The team got their first chance after a neat combination between the midfielder and the right wingback.

*O time teve sua primeira chance depois de uma bela **troca de passe** entre a meio-campista e a ala direito.*

(to) combine ▷ *fazer uma troca de passe*

The midfielder and the right wingback combined neatly down the right.

*O meio-campista e o ala direito **fizeram uma bela troca de passe** pela direita.*

(to) come from behind ▷ *virar o placar; virar o jogo*

to come from behind to tie ▷ *empatar depois de estar perdendo/em desvantagem*

The team came from behind to tie their rival 4-4.

*O time **empatou** com seu rival em 4 a 4 **depois de estar perdendo**.*

to come from behind to win/beat/defeat ▷ *ganhar/vencer/derrotar de virada*

The team came from behind to win 2-1.

*O time **ganhou de virada** por 2 a 1.*

The team came from behind to beat their rival 2-3.

*O time **derrotou** seu rival **de virada** por 2 a 3.*

(to) come off ▷ *vir*

The player comes off an injury-plagued season.

*O jogador **vem** de uma temporada de contusão.*

(to) come on (to the pitch) ▷ *entrar em campo*

The young talent came on for the veteran midfielder.

*O jovem talento **entrou** no lugar do veterano meio-campista*

The striker came on as a sub in the second half to give the team more offensive balance.

*O atacante **entrou** no segundo tempo para dar ao time mais equilíbrio ofensivo.*

(to) come/go in hard (on) ▷ *chegar duro/firme; entrar duro/ firme*

The defender came in hard on the striker and the ref immediately blew the whistle for a free kick.

*A zagueira **chegou duro** na atacante e a juíza imediatamente apitou falta.*

(colour) commentary* ▷ *comentários*

The colour commentary will be provided by...

*Os **comentários** serão feitos por...*

(play-by-play) commentary; the play-by-play [informal] ▷ *narração*

He is a veteran announcer and does the **play-by-play** for the most important soccer matches in Brazil.

*Ele é um **narrador** experiente e faz a narração das principais partidas de futebol no Brasil.*

I barely heard that player's name during the live commentary.

*Eu quase não ouvi o nome daquele jogador durante a **narração** ao vivo.*

* Where necessary, a distinction is made between "play-by-play/main commentary", which describes the action as it is taking place, and "colour commentary", which comments on what did take place. The same applies to "play--by-play/main commentator" and "colour commentator". Conversely, Portuguese has two separate words to make that disctinciton. So far no consensus has been reached on the origin of the use of the word colour in those expressions. A possible, but not definitive, explanation is that the colour commentator provides not only analysis and relevant information, but also a colourful cover of the game, often times with anecdotes and light humor. Additionally, the words broadcaster and sportscaster [AmE] are used, especially in the media industry, as general terms to refer to either a play-by-play or colour commentator. In American English, "colour" is spelled "color".

COMMENTATOR

(colour) commentator; (colour) analyst [AmE]; colour announcer [AmE] ▷ *comentarista*

SEE ALSO note under COLOUR COMMENTARY above

(play-by-play) commentator; (main) commentator; (play-by-play) announcer [AmE]; the play-by-play [informal] ▷ *narrador*

competition; tournament ▷ *competição; torneio*

The team is unbeaten so far in this tournament.
*O time ainda não perdeu nesta **competição**.*

(to) compress the field ▷ *diminuir o espaço*

The team was able to compress the field and not give the opposing strikers any opportunity to move freely.
*A equipe conseguiu **diminuir o espaço** e não deu chance aos atacantes adversários de se movimentarem com liberdade.*

(to) con the referee ▷ *enganar o juiz*

SEE ALSO REFEREE

(to) concede ▷ *ceder*

to concede a corner ▷ *ceder um escanteio*
to concede a free-kick ▷ *ceder uma cobrança de falta*
to concede a goal ▷ *ceder um gol*
to concede a penalty ▷ *ceder um pênalti*
to concede a throw-in ▷ *ceder um lateral*

concession area ▷ *área de alimentação; praça de alimentação*

concession stand/kiosk ▷ *lanchonete; quiosque*

concourse ▷ *saguão/corredor*

contention ▷ *disputa*

The team was knocked out of the contention for a spot in the World Cup.

*O time foi eliminado da **disputa** por uma vaga na Copa do Mundo.*

The team finished seventh in the league and was out of contention for a playoff spot.

*A equipe terminou em sétimo e ficou fora da **disputa** por uma vaga nas finais.*

(to) convert ▷ *converter*

The team converted all their kicks in the penalty shootout and won the tournament.

*O time **converteu** todas suas penalidades nas cobranças de pênalti e venceu o torneio.*

corner ▷ *escanteio*

(to kick) the ball out for a corner ▷ *(chutar) a bola para escanteio*

The defender headed the ball out for a corner.

*O zagueiro cabeceou a **bola para escanteio**.*

corner flag ▷ *bandeira de escanteio*

corner kick* ▷ *cobrança de escanteio*

The striker headed the ball off a corner kick, but the goalie made a good save.

*O atacante cabeceou a bola numa **cobrança de escanteio**, mas o goleiro fez uma boa defesa.*

COUNTER-ATTACK

* A corner kick is awarded to a team if the entire ball leaves the opposing field of play by crossing the end line after touching a player of the opposing team, including the keeper. Any outfield player can take the corner kick by placing the ball in the corner arc nearest where the ball crossed the end line and then kicking the ball back into play, without touching the corner flag.

to earn a corner (to force the ball off an opponent over the end line) ▷ *ganhar um escanteio*

The striker earned the corner that led to the first goal.

*O atacante **ganhou o escanteio** que deu no primeiro gol.*

counter-attack ▷ *contra-ataque*

The mid-fielder cut out a dangerous ball and led a counter-attack, passing it to his teammate who was caught offside.

*O meio-campista interceptou uma bola perigosa e puxou o **contra-ataque**, passando para seu companheiro, que estava impedido.*

to start/launch a counter-attack ▷ *iniciar um contra-ataque*

The forward started a counter-attack that led to his team's second goal.

*A atacante iniciou um **contra-ataque** que resultou no segundo gol da equipe.*

cover; backup ▷ *cobertura*

SEE ALSO BACKUP

to cover; to back up ▷ *cobrir*

(to) create space ▷ *criar espaço*

The team dominated possession and created space for attacking threats.

*A equipe dominou a posse de bola e **criou espaço** para levar perigo ao ataque.*

(club) crest/badge/shield/logo ▷ *escudo/distintivo/ brasão/emblema (do clube)*

The team's badge has three stars for each national championship.
*O **distintivo** do clube tem três estrelas para cada campeonato nacional conquistado.*

cross ▷ *cruzamento*

A cross from the winger found the striker running through the box, who then headed it into the net.
*Um **cruzamento** do ala encontrou o atacante correndo pela grande área que, então, cabeceou a bola para o fundo da rede.*

The defender deflected a cross past his own keeper and into the net.
*O zagueiro desviou um **cruzamento**, que passou por seu próprio goleiro e foi para o fundo da rede.*

to cross the ball ▷ *cruzar a bola*

The right wingback crossed the ball into the box and the unmarked striker headed it into the goal.
*O ala direito **cruzou a bola** para a área e o atacante, livre de marcação, cabeceou para o gol.*

crossbar; the bar ▷ *travessão*

SEE ALSO THE BAR

cup ▷ *taça (the trophy); copa (the tournament)*

The team tied the final match but lifted the cup on aggregate.
*A equipe empatou a partida final, mas ergueu a **taça** na soma dos placares.*

They have won two cups in a row.

*Eles venceram duas **copas** seguidas.*

team's name is on the cup [BrE] ▷ *estar com a mão na taça; estar com as duas mãos na taça*

The Brazilian team will play the last match at home and the fans feel that their team's name is on the cup.

*A equipe brasileira jogará a última partida em casa e os torcedores já sentem que seu time **está com a mão na taça**.*

cut (dribbling) ▷ *corte (drible)*

The forward made a cut, got past the defender and blasted a shot into the top left corner.

*O atacante deu um **corte**, passou pelo zagueiro e soltou uma bomba que entrou no ângulo esquerdo no gol.*

to cut ▷ *cortar*

The player cut and fired a shot that was deflected off the goal.

*O jogador **cortou** e deu um chute, que foi desviado para fora do gol.*

to cut down the angle; to narrow the angle (of goalkeeper) ▷ *fechar o ângulo*

SEE ALSO ANGLE

to cut inside ▷ *cortar para dentro*

The player cut inside and fired a shot that was deflected off the goal.

*O jogador **cortou para dentro** e deu um chute, que foi desviado para fora do gol.*

to cut it back ▷ *tocar para trás*

The player cut it back and found her teammate in the right spot to put it in.

*A jogadora **tocou para trás** e encontrou sua companheira em ótima posição para colocar para dentro.*

to cut out ▷ *interceptar; fazer o corte*

The defender failed to cut out a ball to the opposing striker.

*O zagueiro não conseguiu **interceptar** uma bola para o atacante adversário.*

to cut outside ▷ *cortar para fora*

The player cut outside and fired a shot that was deflected off the goal.

*O jogador **cortou para fora** e deu um chute, que foi desviado para fora do gol.*

dead-ball situation ▷ *jogada de ensaiada; jogada de bola parada; lance de bola parada*

`SEE ALSO` SET PIECE

(game; title etc.) decider, decisive, goal decisive ▷ *decisivo; que decide*

O jogador estava muito feliz por ter marcado o gol da vitória contra seu maior rival no jogo que decidiu o título.

*The player was ecstatic for having scored the winner against their biggest rivals in the title **decider**.*

O atacante cobrou novamente o pênalti e marcou o gol que decidiu a partida.

*The striker retook the penalty kick and scored the game **decider**.*

DEFEAT

defeat ▷ *derrota*

The team suffered a defeat in their first match at the tournament.

*O time sofreu uma **derrota** em sua primeira partida na competição.*

The team avoided a defeat to/against their rival.

*A equipe evitou uma **derrota** para/contra seu rival.*

> **to defeat; to beat; to take down [informal]** ▷ *derrotar; vencer*
>
> Brazil defeated Italy in a shootout an advanced in the tournament.
>
> *O Brasil **derrotou** a Itália nas cobranças de pênalti e avançou na competição.*
>
> Brazil took down Mexico 2-0 in the last friendly before the World Cup.
>
> *O Brasil **venceu** o México por 2 a 0 no último amistoso antes da Copa do Mundo.*

defender ▷ *jogador de defesa; zagueiro*

defence [BrE]/defense [AmE] ▷ *defesa*

The American offense was not able to overcome Brazil's solid defense.

*O ataque americano não conseguiu vencer/superar a sólida **defesa** brasileira.*

The forward managed to get past the opposing defense and score a beautiful goal.

*O atacante conseguiu passar pela **defesa** adversária e marcar um belo gol.*

The team's defense allowed only two shots on goal throughout the match.

*A **defesa** da equipe cedeu apenas dois chutes a gol durante toda a partida.*

> **bunker defense** ▷ *retranca*

The team was content to score one goal and started to play a bunker defense.

A equipe ficou contente em marcar um gol e começou a fazer **retranca**.

hole in the defense ▷ *buraco na defesa*

The midfielder found a hole in Cruzeiro's defense and got on the scoresheet for Corinthians.

O meio-campista achou um **buraco na defesa** *do Cruzeiro e anotou para o Corinthians.*

a mix-up in defence [BrE]/defense [AmE] ▷ *confusão na defesa*

The forward scored after a mix-up in defense.

O atacante marcou um gol depois de uma **confusão na defesa**.

A mix-up in defence allowed the midfielder to slot it home.

Uma **confusão na defesa** *permitiu que o meio-campista marcasse para seu time.*

to organize the defense ▷ *organizar a defesa*

The defender's job as captain is to organize the defense.

A função do zagueiro como capitão é **organizar a defesa**.

defensive line ▷ *linha defensiva*

He is the main piece on the team's defensive line.

Ele é a principal peça na **linha defensiva** *da equipe.*

The striker found a hole in the defensive line and scored his first goal.

O atacante encontrou um buraco na **linha defensiva** *e marcou seu primeiro gol.*

(to) deflect ▷ *desviar*

to deflect away from ▷ *desviar de*

DEFLECTION (OF A SHOT)

The ball was deflected away from the defender.
*A bola foi **desviada do** zagueiro.*
to deflect off ▷ *desviar em/no*
The ball deflected off the defender.
*A bola **desviou no** zagueiro.*

deflection (of a shot) ▷ *desvio*

The shot took a slight deflection off the defender into the corner of the net.
*O chute teve um pequeno **desvio** no zagueiro e entrou no canto do gol.*

delegation ▷ *delegação*

The Brazilian delegation has just left the hotel.
*A **delegação** brasileira acabou de sair do hotel.*

(to) deny (a goal; a pass etc.) ▷ *evitar (um gol; um passe etc.)*

The keeper's incredible save denied the opposing team a certain goal.
*A incrível defesa do goleiro **evitou um gol** certo da equipe adversária.*
The defender stepped out to deny the pass from the opposing midfielder to the striker.
*O zagueiro avançou a marcação para **evitar o passe** do meio-campista adversário para o atacante.*
to deny space ▷ *não dar espaço*
SEE ALSO SPACE

depth ▷ *um bom banco de reservas*

to have depth ▷ *contar com/ter um bom banco de reservas*

The squad does not have a lot of depth.

*O plantel não **conta com um banco de reservas** muito bom.*

derby; derby match; rival match; rivalry match ▷ *clássico*

The derby between Flamengo and Fluminense is considered by many as the most traditional one in Brazil.

*O **clássico** entre Flamengo e Fluminense é considerado por muitos como o mais tradicional do Brasil.*

> **intrastate derby match; intrastate rivalry match** ▷ *clássico estadual*
>
> **local derby match; crosstown rivalry match** ▷ *clássico local*

destroyer; anchorman; anchor player; midfield anchor ▷ *destruidor de jogadas; volante destruidor*

director (of a club) ▷ *dirigente (do clube)*

> **directors' box** ▷ *tribuna de honra*

(to) disallow (a goal) ▷ *anular um gol; invalidar um gol*

`SEE ALSO` GOAL

(to) dispossess; to take away ▷ *desarmar*

The defender was dispossessed in the box by the striker.

*O zagueiro foi **desarmado** na área pelo atacante.*

The defender stuck out a leg to take the ball away from the forward.

*O zagueiro esticou a perna para **desarmar** o atacante.*

dispossession ▷ *desarme*

dissent (to the referee) ▷ *reclamação*

The player received two cards, the first for dissent and the second for a malicious challenge.

*O jogador recebeu dois cartões, um por **reclamação** e outro por uma entrada maldosa.*

display ▷ *apresentação*

That was a magnificent display by the Brazilian striker.

*Foi uma bela **apresentação** do atacante brasileiro.*

(to) dive; to take a dive; to flop ▷ *atirar-se; jogar-se; simular uma falta*

The player dived in an attempt to con the referee.

*O jogador **atirou-se** para enganar o juiz.*

The striker took a dive in the box but was ignored by the referee.

*O atacante **jogou-se** na área, mas o juiz o ignorou.*

The player tends to flop to the ground if another player even brushes her.

*A jogadora sempre **se joga** ao chão se alguma outra jogadora esbarra nela.*

diver ▷ *jogador "cai-cai" [informal]; jogador que simula falta*

He earned himself a reputation as a diver after faking a foul and winning a penalty against Flamengo.

*Ele ganhou fama de **jogador "cai-cai"** depois de simular falta e ganhar um pênalti contra o Flamengo.*

diving header ▷ *peixinho*

The midfielder scored on a diving header.

*O meio-campista marcou um gol de **peixinho**.*

division (of a league) ▷ *divisão (de um campeonato)*

    first division ▷ *primeira divisão*

    second division ▷ *segunda divisão*

doping ▷ *doping*

The player was suspended for doping.

*O jogador foi suspenso por **doping**.*

    doping test ▷ *exame antidoping*

    The player failed the doping test.

    *O jogador não passou no **exame antidoping**.*

(to) double team ▷ *fazer marcação dupla*

They double teamed the opponent's star player the entire game.

*Eles **fizeram marcação dupla** no craque do time adversário o jogo inteiro.*

The team's star player was double teamed on every play.

*O astro do time **tinha marcação dupla** em toda jogada.*

    double team ▷ *marcação dupla*

    The striker was often trapped by a double team.

    *O atacante estava quase sempre preso numa **marcação dupla**.*

doubtful ▷ *dúvida*

The center fullback injured during the last match and is now doubtful to play the next game.

*O zagueiro central se contundiu na última partida e agora é **dúvida** para o próximo jogo.*

down (on the field) ▷ *caído (no campo)*

The player put the ball out of play as an opponent was down injured.

*O jogador colocou a bola fora de jogo, pois um adversário **estava caído** por contusão.*

drainage system (of the ground) ▷ *sistema de drenagem*

(to) draw (of the scoreline) ▷ *empatar (resultado final)*

Portugal and the Ivory Coast drew 0-0.

*Portugal e Costa do Marfim **empataram** em 0 a 0.*

Corinthians played 20 Brazilian League matches on this ground during last season, won 7, drew three and lost none.

*O Corinthians jogou 20 partidas do Campeonato Brasileiro neste campo durante a temporada passada, ganhou sete, **empatou** três e não perdeu nenhuma.*

to draw defenders ▷ *atrair a defesa*

He knows how to draw defenders leaving a gap for oncoming forwards.

*Ele sabe **atrair a defesa** deixando espaço livre para os atacantes que chegam.*

draw; tie ▷ *empate*

The goalkeeper made a great save and kept the 1-1 tie.

*O goleiro fez uma grande defesa e manteve o **empate** em 1 a 1.*

The match ended in a draw.

*A partida terminou em **empate**.*

come-from-behind draw ▷ *empate depois de estar perdendo*

The team earned/got a come-from-behind draw with their rival.

*O time conquistou/conseguiu um **empate depois de estar perdendo** de seu rival.*

scoreless/goalless draw ▷ *empate sem gol*

dressing room; changing room; locker room [AmE] ▷ *vestiário*

(to) dribble (past a player); to juke a player [AmE] ▷ *driblar (um jogador)*

The midfielder dribbled to the endline and crossed the ball into the area.

*A meio-campista foi **driblando** até a linha de fundo e cruzou a bola para a área.*

The striker dribbled past a defender and fired a well-placed shot with his left foot into the far bottom corner.

*O atacante **driblou um zagueiro** e soltou um chute bem colocado de pé esquerdo no canto inferior oposto.*

dummy* ▷ *corta-luz*

The striker made a dummy that left the midfielder open to score the first goal.

*O atacante fez um **corta-luz** que deixou o meio-campista livre para marcar o primeiro gol.*

The striker fooled the defender with a dummy.

*O atacante enganou o zagueiro com um **corta-luz**.*

* Classic examples of dummies include Falcão's move during the Brazil vs. USSR 1982 World Cup match, in which Falcão dummies the ball through his legs and lets it reach Eder, who slots it home.

dugout; (substitutes/team) bench ▷ *banco de reservas*

SEE ALSO BENCH

(to) dummy ▷ *fazer o corta-luz*

The midfielder dummied the ball, leaving it for the winger who was trailing behind.

*O meio-campista **fez o corta-luz**, deixando a bola para o ponta que vinha de trás.*

dummy run* ▷ *ultrapassagem (para atrair a marcação)*

The striker pulled the opposing defense out of position with a dummy run.

*O atacante desorganizou a defesa adversária com um **ultrapassagem**.*

The midfielder made a dummy run, allowing the striker space to hit it home.

*O meio-campista fez uma **ultrapassagem** e abriu espaço para o atacante marcar para o time.*

* Classic examples of dummy runs include Toninho Cerezo's dummy run on Falcão's goal during the 1982 World Cup matchup between Brazil and Italy.

(to) earn a corner ▷ *ganhar um escanteio*

SEE ALSO CORNER

ejection; sending off ▷ *expulsão*

SEE ALSO SENDING OFF

(to) eliminate ▷ *eliminar*

Brazil eliminated Portugal and advanced to the next stage.
*O Brasil **eliminou** Portugal e avançou para a próxima fase.*
The team was eliminated at the group stage.
*A equipe foi **eliminada** na fase de grupo.*

(to) emerge ▷ *aparecer*

The defender **emerged** to clear.
*O zagueiro **apareceu** para matar a jogada.*

(to) equalize; to tie (by scoring) ▷ *empatar (fazendo um gol)*

The defender sent a header into the back of the net to equalize the score at 1-1.
*O zagueiro cabeceou para o fundo da rede para **empatar** o placar em 1 a 1.*
The midfielder took a nice shot outside the box to tie the match at 2-2.
*O meio-campista deu um belo chute de fora da área para **empatar** a partida em 2 a 2.*

equipment manager; kit man/woman; kit manager ▷ *roupeiro*

(to) escape the marker ▷ *fugir da marcação*

The center-forward escaped his marker and headed a cross into the back of the net.
*A centroavante **fugiu da marcação** dentro da área e cabeceou um cruzamento para o fundo do gol.*

Europe-based player ▷ *jogador que atua na Europa*

SEE ALSO PLAYER

even; level ▷ *na mesma linha*

SEE ALSO LEVEL

extra time; overtime [AmE] ▷ *prorrogação; tempo extra*

The striker scored an equalizer and sent the game into extra time.
*A atacante marcou o gol de empate e levou o jogo à **prorrogação**.*

fair play ▷ *jogo limpo*

It was a game with fair play.
*Foi uma partida com **jogo limpo**.*

(to) fall behind ▷ *ficar em desvantagem (no placar)*

The team fell behind to the defender's own goal.
*O time **ficou em desvantagem** depois de um gol contra do zagueiro.*
This is the only team not to fall behind in any game during the entire tournament.
*Este é o único o time que não **ficou em desvantagem** em nenhum jogo durante todo o campeonato.*
It's very difficult to fall behind 2-0 against such a tough team.
*É muito difícil **ficar em desvantagem** de 2 a 0 contra um time tão forte.*

fans; supporters ▷ *torcida; torcedores*

far post/stick ▷ *segunda trave; segundo pau*

SEE ALSO POST

feint; jink ▷ *finta*

The player left the keeper on the ground with a feint before rolling it into the back of the net.

*O jogador deixou o goleiro no chão com uma **finta** antes de rolar para o fundo da rede.*

The striker beat/lost the defender with a little jink.

*O atacante tirou/deixou para trás o zagueiro com uma pequena **finta**.*

to feint; to jink ▷ *fintar*

The wingback feinted/jinked two defenders before finding the striker in the goal area.

*O ala **fintou** dois zagueiros antes de encontrar o atacante dentro da área.*

(to) field ▷ *colocar em campo*

The coach is expected to field a traditional 4-4-2 formation.

*O técnico deve **colocar em campo** uma formação 4-4-2 tradicional.*

The coach has hinted that he may field two strikers for the next match.

*O técnico deu a entender que deve **colocar em campo** dois centroavantes para o próxima partida.*

field [AmE]; pitch ▷ *campo*
SEE ALSO TURF

field of play ▷ *campo de jogo*

field/on-field/sideline reporter ▷ *repórter de campo*

field/on-field/sideline cameraman ▷ *câmera de campo*

field/on-field/sideline photographer ▷ *fotógrafo de campo*

(to) fill space ▷ *preencher os espaços*
SEE ALSO SPACE

FINAL WHISTLE

final whistle ▷ apito final; final de jogo/partida

SEE ALSO WHISTLE

(to) finish ▷ concluir; finalizar

The striker finished a through ball from the midfielder into the back of the net.

*A atacante **concluiu** para o fundo da rede uma bola enfiada pela meio--campista.*

finisher ▷ finalizador

The striker is quick, skilful and a great finisher.

*O atacante é rápido, habilidoso e excelente **finalizador**.*

first half ▷ primeiro tempo

SEE ALSO HALF

first teamer; first-choice player ▷ titular

SEE ALSO PLAYER

fitness coach; strength and conditioning coach ▷ preparador físico

fixtures [BrE]; (match) schedules [AmE] ▷ tabela de jogos

flair; gift ▷ talento

The player has a flair for scoring.

*O jogador tem **talento** para marcar gols.*

FOOTBALL

flag (of the assistant referee) ▷ *bandeira (do árbitro assistente)*

the flag is up (said by annoucer) ▷ *o auxiliar levanta a bandeira*

The striker sprints off toward the goal, but the flag is up.

*O atacante arranca em direção ao gol, mas **o auxiliar levanta a bandeira**.*

flash interview area ▷ *área para entrevista ao vivo*

(to) flick the ball ▷ *tocar de cavadinha; tocar por cima*

SEE ALSO TO CHIP

flop [informal] ▷ *simulação*

SEE ALSO SIMULATION

foosball; table football/soccer ▷ *pebolim; totó; fla-flu; futebol de mesa*

football [UK, South Africa, Australia]; soccer [US, Canada, South Africa, Australia] ▷ *futebol*

Football is a funny old game.*

*O **futebol** é uma caixinha de surpresa.*

* The catchphrase in English was coined by English former football player, Jimmy Greaves, and used by soccer commentators to describe the inherent vagaries of the game. The equivalent phrase used in Brazil connotes the same idea and is credited as having been coined by Brazilian radio announcer Benjamin Wright. Many fans considered this phrase a cliché, both in English and in Portuguese.

football/soccer machine (for goalkeeping training) ▷ *máquina lança-bolas (para treinamento de goleiro)*

form ▷ forma

The striker looked out of form for much of the match.

*A atacante parecia forma de **forma** durante boa parte do jogo.*

The midfielder has faced criticism over a lack of form at the end of the season.

*O meio-campista tem sofrido críticas por sua falta de **forma** no final da temporada.*

format; system (of a competition) ▷ formato; sistema

crossover format/system ▷ *formato/sistema de grupo contra grupo*

double round robin system/format ▷ *formato/sistema de turno e retuno, com pontos corridos*

group stage system/format ▷ *formato/sistema de grupo*

knockout system/format; simple elimination system/format ▷ *formato/sistema de mata-mata; formato/sistema de eliminação simples*

round robin system/format; all play all system/format ▷ *formato/sistema de todos contra todos; formato/sistema de pontos corridos*

formation; system of play ▷ sistema de jogo; formação

The team is known for 4-4-2 system of play.

*A equipe é conhecida por seu **sistema de jogo** em 4-4-2.*

The team came out in the second half with a more defensive formation.

*O time voltou no segundo tempo com uma **formação** mais defensiva.*

forward; striker ▷ atacante; jogador de ataque

foul ▷ falta

The midfielder was carded for a foul on the striker.

*O meio-campista recebeu cartão por uma **falta** no atacante.*

to commit a foul ▷ cometer falta

The left wingback committed a foul and the ref called a direct free.

*O ala esquerdo **cometeu falta** e o juiz deu tiro livre direto.*

to draw a foul ▷ chamar a falta

In the last minute of the match, the forward drew a foul in the box to win a penalty kick.

*No último minuto da partida, a atacante **chamou uma falta** dentro da área e ganhou uma cobrança de pênalti.*

to foul ▷ fazer falta

The defender fouled the attacker.

*O zagueiro **fez falta** no atacante.*

fouls committed ▷ faltas cometidas

fouls suffered ▷ faltas sofridas

The graph shows the average number of fouls committed and fouls suffered per match.

*A tabela mostra a média de faltas cometidas e **faltas sofridas** por partida.*

hard foul ▷ falta dura

intentional foul ▷ falta intencional

nasty foul ▷ falta feia

reckless foul ▷ falta imprudente

to suffer a foul; to be fouled ▷ sofrer/receber falta

The defender was fouled.

*O zagueiro **recebeu uma falta**.*

The team tied the game with a penalty kick after the striker suffered a foul inside the penalty area.

*O time empatou com uma cobrança de pênalti depois que a atacante **sofreu falta** dentro da área.*

friendly ▷ *amistoso; jogo amistoso; partida amistosa*

`SEE ALSO` MATCH

(right/left) fullback [BrE]; (right/left) outside back [AmE]; (right/left) back ▷ *lateral (direito/esquerdo) recuado*

full time! (call by the announcer) ▷ *final de jogo!/fim de jogo! (anúncio do narrador)*

(to) fumble ▷ *largar/soltar a bola*

`SEE ALSO` TO SPILL

The goalie fumbled.

*O goleiro **largou** a bola.*

futsal ▷ *futebol de salão; futsal*

gaffer [informal]; manager [chiefly BrE]; coach ▷ *professor [informal]; técnico*

game; match* ▷ *jogo; partida*

`SEE ALSO` MATCH

* While the words *game* and *match* are synonymous in football, *game* is chiefly an American English usage, and *match* is chiefly a British English usage.

> **game plan** ▷ *esquema; esquema tático; estratégia; tática*
>
> `SEE ALSO` TACTICS

it's a game of two halves* ▷ *é um jogo de dois tempos*
* This phrase is considered a cliché and is used to say that a game can have two very different halves. This means that everything can change from one half to another – for the better or for the worse.

it's game on! (said by announcer) ▷ *começa o jogo!; começa a partida!*

It's game on at Maracanã!
***Começa o jogo** no Maracanã!*

gamesmanship ▷ *catimba [informal]*

The keeper used a lot of gamesmanship, like asking a teammate to tie his boot, delaying the restart of the game and disputing the ref's calls.
*O goleiro usou de muita **catimba**, como pedir para um companheiro de equipe amarrar sua chuteira, atrasar o reinício da partida e reclamar das decisões do juiz.*

In one of his gamesmanship moves, the midfielder had the referee card an opponent.
*Em um de seus lances de **catimba**, o meio-campista fez o juiz dar cartão para um adversário.*

(to) get on the board ▷ *marcar*

Flamengo got on the board with four minutes left in the first half on a goal by the Zico.
*O Flamengo **marcou** com quatro minutos para o fim do primeiro tempo com um gol do Zico.*

to get on the board first ▷ *abrir o placar*

The team got on the board first with a goal from the striker.
*O time **abriu o placar** com um gol da centroavante.*

GIFT

to get on the scoresheet ▷ *anotar*

Three different players got on the scoresheet in the team's 4-0 win over Chelsea.

*Três jogadores diferentes **anotaram** na vitória do time sobre o Chelsea, por 4 a 0.*

The French midfielder got on the scoresheet again in the 30th minute.

*O meio-campista francês **anotou** novamente aos 30 minutos.*

to get past (a defender) ▷ *passar*

The striker got past the last defender and chipped the ball over the oncoming goalkeeper.

*O centroavante **passou** pelo último defensor e chutou a bola por cima do goleiro que saía.*

gift; flair; ▷ *talento*

The player has a flair for scoring.

*O jogador tem **talento** para marcar gols.*

give-and-go (pass); one-two (pass); wall pass ▷ *tabela*

The goal came off a one-two.

*O gol saiu numa **tabela**.*

The team scored seven minutes in after a give-and-go between the midfielder and the wingback.

*O time marcou com sete minutos de jogo depois de uma **tabela** entre o meio-campista e o ala.*

to play/do/work a give-and-go; to play/do/work a one-two; to play/do/work a wall pass ▷ *tabelar; fazer tabela*

The midfielder jinked into the box and played a give-and-go with the striker before slotting into the net.

*O meio-campista entrou driblando na área, **tabelou** com o atacante antes de chutar para o fundo da rede.*

goal ▷ gol

goal; target; frame ▷ gol

The shot missed wide of the target.

*O chute passou longe do **gol**.*

The striker gathered a cross into the box and blasted a shot into the corner of the frame.

*O atacante pegou um cruzamento na área e mandou uma bomba no canto do **gol**.*

attempt on goal ▷ tentativa de gol

The visitors had six attempts on goal during the entire match.

*O time visitante teve seis **tentativas** de gol durante todo o jogo.*

bottom corner of the goal; lower 90 [AmE] ▷ canto inferior do gol

goal-hanger; cherry picker* ▷ jogador banheirista [informal]; banheirista

* A "goal-hanger" or "cherry picker" is a striker who typically hangs around the goal area to score easy goals. These players are frowned upon because they are perceived as lazy: while leaving the other players to do the hard work of getting the ball into the area, they get the credit for scoring the goal. Oftentimes, "goal--hangers" or "cherry pickers" are caught offside.

open goal ▷ gol aberto

The midfielder missed his shot with an open goal in front of him.

*O meio-campista errou o chute com o **gol aberto** na frente dele.*

top corner of the goal; upper 90 [AmE] ▷ ângulo; canto superior do gol

The shot went into the upper 90.

*A bola entrou no **ângulo**.*

The defender headed the ball into the left top corner of the goal.

*O zagueiro cabeceou a bola no **ângulo esquerdo**.*

goal (scored) ▷ *gol (no placar)*

to allow/to concede/to suffer a goal ▷ *levar gol*

The team conceded only five goals throughout the tournament.

*O time **levou** apenas cinco gols em todo o campeonato.*

away goal ▷ *um gol fora de casa*

The two away goals the team scored give them a good chance to move to the next stage of the tournament.

*Os dois **gols fora de casa** que o time marcou lhes dão uma boa chance de avançar para a próxima fase da competição.*

game-tying goal; equalizer ▷ *gol de empate*

The team scored the game-tying goal in the third minute of stoppage time.

*O time marcou o **gol de empate** aos três minutos dos acréscimos.*

game-winning goal; game winner ▷ *gol da vitória*

The team's goal scorer scored what proved to be a game winner.

*O artilheiro da equipe marcou o gol que acabou sendo o **gol da vitória**.*

to go for goal ▷ *tentar marcar*

The striker went for goal in the final minute, but his strike deflected off the defense.

*A atacante **tentou marcar** no minuto final, mas seu chute desviou na zaga.*

go-ahead goal [chiefly AmE] ▷ *gol de desempate*

The striker netted the go-ahead goal ten minutes of the end of regulation time.

*O atacante marcou o **gol de desempate** a dez minutos do final do tempo regulamentar.*

goal against ▷ *gol contra*

The team's top scorer scored two goals against their rival.

*O artilheiro do time marcou dois **gols contra** o rival.*

GOAL (SCORED)

goal allowed/conceded ▷ *gol levado/tomado/sofrido*

It was the first goal allowed by the goalkeeper in ten matches.

*Foi o primeiro **gol levado** pelo goleiro em dez partidas.*

The team has the best defensive record in terms of goals conceded.

*O time tem o melhor rendimento defensivo em termos de **gols sofridos**.*

goal average ▷ *média de gol*

goal differential; goal difference ▷ *saldo de gol*

The two teams are tied in goal differential and goals scored.

*Os dois times estão empatados em **saldo de gol** e gols marcados.*

negative goal differential/difference ▷ *saldo de gol negativo*

positive goal differential/difference ▷ *saldo de gol positivo*

goal for ▷ *gol pró*

The number of goals for and against determines the team that advances to the next stage.

*O número de **gols pró** e contra determina o time que avança para a próxima fase.*

goal poacher* ▷ *atacante oportunista*

* This expression describes a striker who is always at the right moment in the penalty area to end up with the ball. Unlike a "goal-hanger" [SEE ABOVE], a goal poacher is not seen as lazy.

goal scored ▷ *gol marcado/feito*

The two teams are tied in goal differential and goals scored.

*Os dois times estão empatados em saldo de gol e **gols marcados**.*

goal scorer ▷ *goleador; jogador artilheiro*

The team needs a goal scorer that is able to put pressure on the opposing backline.

*O time precisa de um **goleador** que consiga pressionar a defesa adversária.*

goal-scoring forward/midfielder ▷ *centroavante/meia artilheiro*

303

GOAL (SCORED)

He earned a reputation as a goal-scoring midfielder after netting 43 goals in 126 games.

*Ele ganhou a reputação de **meia artilheiro** depois de marcar 43 gols em 126 jogos.*

goal-scoring opportunity; scoring opportunity ▷ *chance de gol*

The striker missed an obvious goal-scoring opportunity.

*O atacante perdeu uma **chance clara de gol**.*

goal tally ▷ *marca de gols*

He scored a hat-trick in the game, adding to his goal tally this season.

*Ele marcou um hat-trick no jogo, aumentando sua **marca de gols** nesta temporada.*

It is very unlikely that any player will ever surpass Pelé's goal tally.

*Dificilmente algum jogador irá superar a **marca de gols** do Pelé.*

golden goal ▷ *gol de ouro*

home goal ▷ *gol em casa*

The team's top scorer scored a home goal that doesn't count double.

*O artilheiro do time marcou um **gol em casa** que não vale dois.*

to nullify a goal; to disallow a goal; to chalk off a goal [informal] ▷ *anular um gol; invalidar um gol*

`SEE ALSO` TO NULLIFY

The referee disallowed the goal for a foul on the keeper.

*O árbitro **anulou** o gol marcando falta no goleiro.*

The goal was chalked off for offside.

*O gol foi **anulado** por impedimento.*

Olympic goal (a corner kick that goes right into the net without touching any player) ▷ *gol olímpico*

own goal ▷ *gol contra*

The defender deflected the ball and scored an own goal.

*O zagueiro desviou a bola e marcou um **gol contra**.*

to score/boot/net a goal; to get on the board ▷ *marcar/fazer um gol*

The striker netted a pair of goals to give his team the victory.

*A centroavante **fez dois gols** e deu a vitória ao seu time.*

The team scored a second goal, sealing the victory.

*O time **marcou um segundo gol**, selando a vitória.*

to score the/an opening goal ▷ *marcar o primeiro gol; abrir o placar*

Pelé scored the opening goal from a free kick against Argentina.

*Pelé **marcou o primeiro gol** numa cobrança de falta contra a Argentina.*

valid goal ▷ *gol válido*

The ball must cross the goal line entirely to be a valid goal.

*A bola deve cruzar a linha do gol por completo para o **gol ser válido**.*

The striker scored a valid goal that was disallowed by the ref.

*A atacante marcou um **gol válido** que foi anulado pelo juiz.*

wonder goal ▷ *golaço*

The striker almost scored a wonder goal, but his effort hit the woodwork.

*O atacante quase marcou um **golaço**, mas seu chute acertou a baliza.*

goalkeeper; keeper; goalie [informal] ▷ *goleiro*

goalkeeper coach; goalkeeping coach ▷ *treinador de goleiros; preparador de goleiros*

goalkeeper gloves; goalie gloves ▷ *luvas de goleiro*

oncoming/charging goalkeeper ▷ *goleiro que sai para fazer a defesa*

The forward chipped the ball over the oncoming goalkeeper.

*O atacante tocou por cima do goleiro que **saiu para fazer a defesa**.*

stranded goalkeeper ▷ *goleiro sem reação*

The striker chipped the ball over the stranded goalie.

*O atacante deu um toque por cima do goleiro, que ficou **sem reação**.*

goalpost ▷ *trave*

`SEE ALSO` THE POST

to go in; to challenge ▷ *entrar*

The defender challenged the striker and took the ball away.

*O zagueiro **entrou** no atacante e tomou a bola.*

The right wingback went in for a tackle on the striker.

*O ala direito **entrou** de carrinho no atacante.*

> #### to go/come in hard (on) ▷ *chegar duro/firme; entrar duro/firme*
> The defender went in hard on the striker and the ref immediatly blew the whistle for a free kick.
>
> *O zagueiro **chegou duro** no atacante e o juiz imediatamente apitou falta.*
>
> #### to go through (to/from a round) ▷ *passar; avançar*
> `SEE ALSO` TO ADVANCE

grandstand; stand; seats ▷ *arquibancada*

The shot was too high and ended in the seats.

*O chute foi muito alto e foi parar na **arquibancada**.*

grass; natural grass ▷ *grama natural*

`SEE ALSO` TURF

FIFA permits some qualifying matches to be played on artificial turf in places where it is hard to maintain grass fields.

*A FIFA permite que algumas partidas classificatórias sejam jogadas em grama sintética em lugares onde é difícil manter campos de **grama natural.***

Soccer at its highest level is played on natural grass.

*Futebol de alto nível é jogado em **grama natural.***

ground ▷ *campo; gramado; casa*

SEE ALSO TURF

groundsman/groundswoman [BrE]; groundskeeper [AmE] ▷ *preparador de gramado*

    head groundskeeper; head groundsman ▷ *responsável pelo gramado*
    head coach ▷ *técnico principal*

(to) head in; to head home ▷ *marcar/fazer gol de cabeça*

The midfielder headed home the game-tying goal.

*O meio-campista **marcou de cabeça** o gol de empate.*

half ▷ *tempo*

It was a game of two different halves.

*Foi um jogo de dois **tempos** diferentes.*

    first half ▷ *primeiro tempo*
    second half ▷ *segundo tempo*

halftime; break ▷ *intervalo*

The coach and his players made some adjustments at halftime and the team played better in the second half.

*O técnico e os jogadores fizeram alguns ajustes no **intervalo** e o time jogou melhor no segundo tempo.*

The players came out of the break with renewed energy and soon scored the equalizer.

*Os jogadores voltaram do **intervalo** com nova disposição e logo marcaram o gol de empate.*

handball ▷ *toque de mão*

Maybe the ref should've called a handball on the striker, but he didn't. So the goal was valid.

*Talvez o juiz devesse ter dado **toque de mão** do zagueiro, mas ele não marcou. Então o gol foi válido.*

to handle the ball ▷ *colocar/pôr a mão na bola*

The defender handled the ball and the ref immediately signaled a direct free kick.

*O zagueiro **colocou a mão na bola** e o juiz imediatamente sinalizou tiro livre direto.*

hand to ball ▷ *mão na bola*

`SEE ALSO` BALL TO HAND

The ref didn't call a handball as he decided it was a ball to hand situation, and not a hand to ball situation.

*O juiz não marcou toque de mão pois ele decidiu que foi bola na mão, e não **mão na bola**.*

header ▷ *cabeçada; bola cabeceada*

The striker finished the play with a header into the net.

*O atacante finalizou a jogada com uma **cabeçada** para o fundo da rede.*

healthy ▷ *em condição de jogo; não contundido*

The forward would have been a good signing if he'd been healthy for the most part of the season.

*O atacante teria sido uma boa contratação se **não estivesse contundido** a maior parte do campeonato.*

HOME

high kick; high foot ▷ *pé alto*

The team was awarded an indirect free kick after the opposing striker went in with a high kick on its defender.

*O time teve tiro livre indireto marcado a seu favor depois que o atacante adversário entrou com **pé alto** sobre seu zagueiro.*

highlights (of the game) ▷ *melhores momentos (do jogo)*

(to) hold on for a draw ▷ *segurar o empate*

Brazil's ten men managed to hold on for a draw.

*Com dez jogadores, o Brasil conseguiu **segurar o empate**.*

to hold the score ▷ *manter o placar*
`SEE ALSO` SCORE

hole in the defense ▷ *buraco na defesa*
`SEE ALSO` DEFENSE

home; at home ▷ *em casa*
`SEE ALSO` AWAY

The team is counting on their amazing home record to win the next match.

*O time conta com seu excelente retrospecto **em casa** para vencer seu próximo jogo.*

In knockout competitions, the key thing is to keep a clean sheet in the home games.

*Em torneios mata-mata, o essencial é não levar gols nos jogos **em casa**.*

Their victory allowed to play the final match at home.

*A vitória permitiu que eles **jogassem** a última partida **em casa**.*

309

HOMEGROWN TALENT

home advantage; home-field advantage ▷ *vantagem de jogar em casa; mando de jogo; fator campo [informal]*

The team can secure home-field advantage with a win or even a tie against Juventus.

*A equipe pode garantir o **mando de jogo** com uma vitória ou até mesmo um empate contra a Juventus.*

The team is looking to use the home advantage to score as many goals as possible.

*A equipe quer aproveitar o **fator campo** para marcar o maior número possível de gols.*

homegrown talent; homegrown player ▷ *jogador prata da casa; jogador formado nas divisões de base*

`SEE ALSO` PLAYER

(to) hoof (the ball) ▷ *dar chutão*

`SEE ALSO` BALL

hoofed ball ▷ *chutão; bola rifada*

`SEE ALSO` BALL

hospital (ball/pass) ▷ *(passe/bola) na fogueira*

The defender played a hospital pass to the midfielder and gifted the opponent possession in their half.

*O zagueiro deu um **passe na fogueira** para o meio-campista e deu de graça a posse de bola para o adversário no seu campo.*

The midfielder was given a hospital ball.

*O meio-campista recebeu uma **bola na fogueira**.*

host ▷ sede

World Cup host country ▷ *país-sede da Copa do Mundo*

host city ▷ *cidade-sede*

to host ▷ *receber*

The team hosts their rival for the final game on Sunday.

*A equipe **recebe** seu rival para a partida final no próximo domingo.*

howler; blunder ▷ falha

The goal came off a howler by the goalkeeper who let the ball slip between his legs and into the net.

*O gol saiu de uma **falha** do goleiro que deixou a bola passar entre as pernas e ir para o fundo do gol.*

The forward took advantage of a blunder in the opposing defense and scored the first goal.

*A atacante aproveitou a **falha** da defesa adversária e marcou o primeiro gol.*

hungry ▷ com fome

The players are hungry to put in a good performance.

*Os jogadores estão **com fome** de fazer uma boa apresentação.*

The players are hungry for victory.

*Os jogadores estão **com fome** de vitória.*

hustle [AmE]; spirit ▷ garra; raça

`SEE ALSO` SPIRIT

infringement; offence [BrE]; offense [AmE] ▷ *infração*

The referee whistled an infringement.
*O juiz apitou uma **infração**.*
The striker committed an offence before scoring the goal.
*O atacante cometeu **infração** antes de marcar o gol.*

injured ▷ *contundido; lesionado*

The midfielder dedicated his goal to his injured teammate.
*O meio-campista dedicou seu gol ao seu companheiro de equipe **contundido**.*

to be/get injured ▷ *contundir-se; lesionar-se*

The player was injured during the last match and is now doubtful for the next game.
*O jogador **contundiu-se** durante a última partida e agora é dúvida para o próximo jogo.*

injury ▷ *contusão; lesão*

The midfielder picked up a thigh injury.
*O meio-campista sofreu uma **contusão** na coxa.*
The striker suffered a hamstring injury and will miss the next game.
*O atacante sofreu uma **lesão** no tendão e não joga a próxima partida.*
The goalkeeper is coming back from a knee injury.
*A goleira está voltando de uma **lesão** no joelho.*

injury time; added time; stoppage time ▷ *tempo de acréscimo; acréscimo; acréscimos*

The goal came in the fifth minute of injury time.
*O gol veio aos cinco minutos dos **acréscimos**.*

mild injury ▷ *lesão leve*

serious injury ▷ *lesão grave*

instep ▷ *peito do pé*

`SEE ALSO` KNUCKLEBALL

The player flicked the ball with his instep over his marker.

*O jogador tocou a bola com o **peito do pé** por cima do seu marcador.*

in-swinger ▷ *cobrança fechada*

The in-swinger corner kick deflected off the defender and went into the goal.

*A **cobrança de escanteio fechada** desviou no zagueiro e foi para o fundo da rede.*

irrigation system (of the ground) ▷ *sistema de irrigação*

jersey; shirt ▷ *camisa*

jersey swap/exchange ▷ *troca de camisa*

to pull on the jersey/the shirt ▷ *vestir a camisa*

The Colombian wingback will pull on the shirt of a Brazilian club for the next season.

*O ala colombiano **vestirá a camisa** de um time brasileiro na próxima temporada.*

The young Brazilian talent will pull on the yellow-green shirt for the first-time.

*O jovem talento brasileiro **vestirá a camisa** verde-amarela pela primeira vez.*

to swap/exchange jerseys ▷ *trocar as camisas*

The players swapped jerseys at the end of the game.

*Os jogadores **trocaram camisas** no final da partida.*

jinx (person) ▷ *pé-frio*

I'm not watching the game with him. He's a jinx!

*Não vou assistir o jogo com ele. Ele é **pé-frio**!*

to jinx ▷ *secar; azarar*

I didn't talk about victory too soon because I didn't want to jinx the team.

*Eu não cantei vitória cedo demais porque eu não queria **azarar** o time.*

to put a jinx ▷ *secar; azarar*

My friends are doing all they can to put a jinx on my team.

*Meus amigos estão fazendo de tudo para **secar** meu time.*

keepie-uppies ▷ *embaixadas*

How many keepie-uppies can you do?

*Quantas **embaixadas** você consegue fazer?*

kick; shot; strike ▷ *chute*

`SEE ALSO` STRIKE

The team took a 1-0 lead when a kick by the midfielder rebounded off the goalkpeer into the net.

*O time abriu vantagem de 1 a 0 quando um **chute** to meio-campista rebateu no goleiro e entrou.*

The goal came from a good strike by the forward.

*O gol saiu de um belo **chute** do atacante.*

bicycle kick; scissors kick; overhead kick ▷ *bicicleta*

The player scored the winning goal with a bicycle kick.

*O jogador marcou o gol da vitória com uma **bicicleta**.*

corner kick* ▷ *cobrança de escanteio; escanteio*

The goal came off a corner kick.

*O gol saiu de um **escanteio**.*

* A corner kick is awarded to a team if the entire ball leaves the opposing field of play by crossing the end line after touching a player of the opposing team, including the keeper. Any outfield player can take the corner kick by placing the ball in the corner arc nearest where the ball crossed the end line and then kicking the ball back into play, without touching the corner flag.

free kick ▷ *cobrança de falta; tiro livre*

A free kick was awarded to the home team.

*Uma **cobrança de falta** foi dada para o time da casa.*

goal kick* ▷ *tiro de meta*

The goalie was lucky not to be booked for time wasting each time he took a goal kick.

*O goleiro teve sorte de não receber cartão por atrasar o jogo cada vez que cobrava o **tiro de meta.***

* When a player of the attacking team touches the ball and causes it to go out of bounds by crossing the end line, either on the ground on in the air, a goal kick is awarded to be taken, usually by the goalkeeper of the defending team, as a method of restarting play.

direct free kick* ▷ *cobrança livre direta; tiro livre direto*

The defender handled the ball and the ref immediately signaled a direct free kick.

*O zagueiro colocou a mão na bola e o juiz imediatamente sinalizou **tiro livre direto**.*

* A direct free kick is a way of restarting play following an infringement of the rule. A direct free kick is awarded to the opposing team when a player commits certain fouls, such as kicking, tripping or pushing, or attempting to kick, trip or push an opponent. If the offense is committed by the defending team inside their own penalty area, the direct free kick then becomes a penalty kick. A player is allowed to score directly from a direct free kick.

indirect free kick* ▷ *cobrança livre indireta; tiro livre indireto*

The referee called an indirect free kick after the defender passed the ball back to the keeper and he picked it up.

*O juiz deu **tiro livre indireto** depois que o zagueiro recuou a bola para o goleiro e ele pegou.*

* An indirect free kick is a way of restarting play following an infringement of the rule. An indirect free kick is awarded to the opposing team when a player commits certain technical infringements, such as an offside offense, touching the ball more than once on the restart, or the keeper touching the ball with his or her hands on a pass back from his or her own player. Unlike the direct free kick, indirect free kick offenses taking place inside the penalty area does not result in a penalty kick. A player is not allowed to score directly from an indirect free kick.

to kick; to strike the ball; to take a shot ▷ *chutar*

The player took a shot from close range.

*O jogador **chutou** de curta distância.*

to kick an out swerve ▷ *chutar de trivela*

to kick the ball into touch ▷ *chutar para lateral; ceder o lateral*

Under pressure, the defender was smart enough to kick the ball into touch so that the defense could get a break.

*Sob pressão, o zagueiro foi inteligente e **chutou a bola para lateral** para a defesa poder respirar.*

penalty/spot kick; penalty ▷ *cobrança de pênalti; pênalti*

The striker scored a well-taken penalty kick.

*O atacante marcou num **pênalti** bem cobrado.*

kick-about [BrE]; pick-up soccer [AmE] ▷ *pelada*

He got injured in a pick-up soccer game with his friends.

*Ele se machucou numa **pelada** com seus amigos.*

There were enough people to have a kick-about.

*Havia gente suficiente para jogar uma **pelada**.*

kickoff ▷ *início do jogo; pontapé inicial*

The team pressed forward from the kickoff.

*O time pressionou desde o **início do jogo**.*

> **to kick off** ▷ *dar o chute inicial; dar início; ter início*
>
> The Brazilian league playoffs kicked off at the Maracanã stadium last weekend.
>
> *As finais do Campeonato Brasileiro **tiveram início** no estádio do Maracanã no último fim de semana.*

kit; strip; uniform [AmE] ▷ *uniforme*

The young player was honored to have worn the yellow, green and blue kit of Brazil.

*O jovem jogador estava honrado em ter usado o **uniforme** amarelo, verde e azul do Brasil.*

> **away strip; away kit** ▷ *segundo uniforme*
>
> **goalkeeper kit; goalkeeper strip** ▷ *uniforme do goleiro*
>
> **home strip; home kit** ▷ *primeiro uniforme*
>
> The team will be wearing their home strip in the away game.
>
> *O time usará seu **primeiro uniforme** no jogo fora de casa.*
>
> **kit man/woman; kit manager; equipment manager** ▷ *roupeiro*
>
> **third strip; third kit** ▷ *terceiro uniforme*

knock ▷ *pancada*

The player took a knock to the knee in the last match, but he is now fully recovered for the next game.

*O jogador levou uma **pancada** no joelho na última partida, mas já está totalmente recuperado para o próximo jogo.*

knockout ▷ *mata-mata*

knockout competition ▷ *torneio mata-mata*
knockout phase ▷ *fase mata-mata*

knuckleball; knuckle shot; instep drive ▷ *chute de chapa*

The striker hit a knuckleball from the top of the box into the back of the net.

*O atacante acertou um **chute de chapa** da entrada da área para o fundo da rede.*

last man ▷ *último homem*

After fouling the opposing striker, the defender was given a straight red card for being the last man to the goal.

*Depois de fazer falta no atacante adversário, o zagueiro recebeu cartão vermelho direto por ser o **último homem** antes do gol.*

last 16 ▷ *oitava de final; oitavas de final*
SEE ALSO ROUND OF 16

(to) lay the ball/it off ▷ *rolar a bola*

The midfielder laid it off to the forward who struck it first-time into the back of the net.

*O meio-campista **rolou a bola** para o atacante que chutou de primeira para o fundo da rede.*

lead ▷ *vantagem*

The goal gave the team a 3-1 lead.

*O gol deu ao time uma **vantagem** de 3 a 1.*

to increase the lead ▷ *aumentar a vantagem*

The team continued to pressure, but was not able to increase the lead.

*O time continuou a pressionar, mas não conseguiu **aumentar a vantagem**.*

narrow lead ▷ *vantagem apertada/magra*

The team managed to hold on to their narrow lead throughout the second half.

*O time conseguiu assegurar a **vantagem apertada** durante todo o segundo tempo.*

thin lead ▷ *vantagem magra*

to take the lead ▷ *sair na frente*

The team took the lead on a well-taken free kick.

*A equipe **saiu na frente** com uma falta bem cobrada.*

(to) leave ▷ *sair para ser substituído*

SEE ALSO TO SUBSTITUTE

leave it!; leave! (to call a teammate off the ball in order to avoid a collision) ▷ *deixa!*

to leave out ▷ *deixar de fora*

The Brazilian coach left out some stars from the national team.

*O técnico brasileiro **deixou** algumas estrelas **de fora** da seleção.*

The young midfielder was left out of the coach's final roster.

*O jovem meio-campista foi **deixado de fora** da lista final do técnico.*

left-footer ▷ *chute de esquerda*

The right wing scored from the top of the box with a left-footer that deflected off the defender, tricked the keeper and found the bottom right corner of the net.

*O ponta direta marcou da entrada da grande área com um **chute de esquerda** que desviou no zagueiro, enganou o goleiro e entrou no canto inferior direito do gol.*

leg ▷ *jogo; partida*

first leg; away leg ▷ *jogo/partida de ida*

second leg; return leg; home leg ▷ *jogo/partida de volta*

two-legged matches ▷ *jogos/partidas de ida e volta*

The two legged-matches for the Round of 16 of the Brazil Cup.

*Os **jogos de ida e volta** das oitavas de final da Copa do Brasil.*

let it ride!; let it roll! (to let a teammate know that your team will have possession of the ball if it goes out of play) ▷ *deixa sair!*

level/even ▷ *na mesma linha*

The striker was not offside as he was **level/even** with the ball at the moment of the pass.

*O jogador não estava impedido pois estava **na mesma linha** da bola no momento do passe.*

line ▷ *linha*

by-line; bi-line; end line ▷ *linha de fundo*

goal line ▷ *linha do gol; linha de meta*

halfway line ▷ *linha de meio-campo*

off the line ▷ *em cima da linha*

The defender cleared the ball off the line.

*O zagueiro tirou a bola **em cima da linha**.*

The shot was saved off the line.

*O chute foi salvo **em cima da linha**.*

sideline; touchline ▷ *linha lateral; lateral*

to take it to the end line ▷ *ir com a bola até a linha de fundo*

The fullback took it to the end line and crossed to his unmarked teammate.

*O lateral **foi até a linha de fundo** e cruzou para seu companheiro de equipe livre de marcação.*

linesman/lineswoman; lino [informal] ▷ *juiz de linha; bandeirinha [informal]; bandeira [informal]*

lineup ▷ *escalação*

The lineup fielded for the last match had the return of the two first--choice strikers.

*A **escalação** que foi a campo no último jogo teve o retorno dos dois atacantes titulares.*

starting lineup ▷ *time/equipe que começa jogando; time/equipe que começa a partida; time/equipe que começa o jogo; time/equipe titular (in some contexts)*

SEE ALSO LINEUP

The coach hasn't announced the starting lineup for the match against Argentina.

*O técnico ainda não anunciou a **equipe que começa a próxima partida** contra a Argentina.*

The Brazilian star is back to the starting lineup.

*O craque brasileiro está de volta à **equipe titular**.*

link-up player/man (between midfield and attack) ▷
o jogador/homem de ligação

loan ▷ *empréstimo*

on loan ▷ *por empréstimo*

The team is interested in bringing the Uruguayan player on loan for the season.

*O time tem interesse em trazer o jogador uruguaio **por empréstimo** para esta temporada.*

(to) lob the ball ▷ *tocar de cavadinha; tocar por cima*

`SEE ALSO` TO CHIP THE BALL

lob shot ▷ *cavadinha*

`SEE ALSO` CHIP SHOT

locker room [AmE] ▷ *vestiário*

`SEE ALSO` CHANGING ROOM

lower 90 [AmE]; bottom corner of the goal ▷ *canto inferior do gol*

`SEE ALSO` GOAL

(to) make a save ▷ *fazer uma defesa*

to make no attempt to play the ball ▷ *deixar de ir na bola*

The defender made no attempt to play the ball and instead tried to hit the forward's legs.

*O zagueiro **deixou de ir na bola** para visar as pernas do atacante.*

to make the goalkeeper work ▷ *dar trabalho ao goleiro*

The team had many efforts on goal, but only made the keeper work once.

*O time deu vários chutes a gol, mas **deu trabalho ao goleiro** apenas uma vez.*

man ▷ *homem*

to be/play a man down ▷ *estar/jogar com um homem a menos*

After the defender received a red card, the team was forced to play with a man down for the remainder of the game

*Depois que o zagueiro recebeu o cartão vermelho, o time teve de **jogar com um homem a menos** o resto do jogo.*

to be/play a man short ▷ *estar/jogar com dez; estar/jogar com um homem a menos*

They played a man short during the entire second half.

*Eles **jogaram com dez** durante todo o segundo tempo.*

to be/play a man up ▷ *estar/jogar com um homem a mais*

The team took advantage of being a man up.

*O time aproveitou a vantagem de estar com **um homem a mais**.*

They played a man up against their rival for the last 30 minutes.

*Eles jogaram com **um homem a mais** contra seu rival nos últimos 30 minutos.*

man of the match ▷ *homem do jogo; grande nome da partida*

man on!; man! (warning to let a teammate know that an opponent is about to challenge them for the ball) ▷ *ladrão*

man-to-man ▷ *homem a homem*

The coach abandoned the man-to-man marking and opted for a zonal defensive scheme.

*O técnico abandonou a marcação **homem a homem** e optou por um sistema defensivo por zona.*

MANAGER

manager [UK]; coach; head coach ▷ *técnico; treinador*

(to) mark ▷ *marcar*

The striker has great speed and is very difficult to mark.
*O atacante tem muita velocidade e é difícil de **marcar**.*
He is a dangerous player and has to be marked tightly.
*Ele é um jogador perigoso e precisa ser **marcado** em cima.*

marked ▷ *marcado*

The midfielder sent a pass forward to the striker who was marked by two defenders.
*A meio-campista mandou um passe para a atacante que estava **marcada** por duas zagueiras.*

marking ▷ *marcação*

The marking on the Argentinean midfielder was the best strategy that the coach made.
*A **marcação** sobre o meio-campista argentino foi a melhor estratégia feita pelo técnico.*

man-to-man marking/system ▷ *marcação homem a homem*
tight marking ▷ *marcação cerrada*
He only touched the ball a few times as he received tight marking from the defenders.
*Ele tocou na bola apenas algumas vezes pois recebeu **marcação cerrada** dos zagueiros.*
zonal marking/system ▷ *marcação por zona*
The new coach scrapped the old zonal marking and adopted a man-to--man system.

*O novo técnico abandonou a antiga **marcação por zona** e adotou uma marcação homem a homem.*

massage therapist ▷ massagista

match* [BrE]; game [AmE]; fixture [BrE] ▷ jogo; partida

away game ▷ jogo fora de casa

The team will play a tough away game against Boca Juniors.

*A equipe fará um **jogo** difícil **fora de casa** contra o Boca Juniors.*

charity match/game ▷ partida/jogo beneficente

friendly match/game ▷ amistoso; jogo amistoso; partida amistosa

home game ▷ jogo em casa

In knockout competitions, the key thing is to keep a clean sheet in the home games.

*Em torneios mata-mata, o essencial é não levar gols nos **jogos em casa**.*

match/game analysis ▷ análise do jogo

opening match; opener ▷ jogo de estreia

Brazil's World Cup opener.

***Jogo de estreia** do Brasil na Copa do Mundo.*

qualifying match/game ▷ jogo eliminatório

The team will play a qualifying match next week.

*A equipe joga uma partida **eliminatória** na próxima semana.*

two-legged matches ▷ jogos de ida e volta

`SEE ALSO` LEG

The two legged-matches for the Round of 16 of the Brazil Cup.

*Os **jogos de ida e volta** das oitavas de final da Copa do Brasil.*

warm-up match/game/friendly ▷ jogo preparatório; partida preparatória; jogo-treino

Brazil will play a warm-up game against the US ahead of the upcoming World Cup.

*O Brasil terá um **jogo preparatório** contra os Estados Unidos antes da próxima Copa do Mundo.*

win-or-bust match/game ▷ *jogo que decide a sorte/o futuro*

It's a win-or-bust game for the team.

*Esse **jogo decide a sorte** da equipe.*

The team will play the win-or-bust match against their rival.

*O time jogará contra seu rival a **partida que decide o seu futuro**.*

* While the words "game" and "match" are synonymous in football, "game" is chiefly an American usage, and "match" is chiefly a British usage.

media center ▷ *centro de mídia*

media conference room ▷ *sala de entrevista coletiva*

media crew ▷ *equipe de imprensa*

medical team ▷ *equipe médica*

midfield ▷ *meio-campo; meio de campo*

The team has good midfielders who dominate the midfield and keep the ball long enough to create several good scoring opportunities.

*O time têm bons meio-campistas que dominam o **meio de campo** e mantêm posse da bola por tempo suficiente para criar muitas chances boas de gol.*

midfield anchor; anchorman; anchor player; destroyer ▷ *volante destruidor; destruidor de jogadas*

midfielder ▷ *meio-campista; meia*

attacking midfielder; an offensive midfielder ▷ *meia atacante; meia ofensivo*

defensive midfielder ▷ *cabeça de área; volante; meia defensivo*

mid-season ▷ *meio de temporada*

A mid-season transfer to a top-tier team is a lot of pressure for such a young talent.

*Uma transferência de **meio de temporada** para um time grande é muita pressão para um talento tão jovem.*

minutes ▷ *minutos*

in the 15ᵗʰ ▷ *aos 15 minutos do primeiro tempo*

in the 60ᵗʰ ▷ *aos 15 minutos do segundo tempo*

in the 90ᵗʰ ▷ *aos 45 minutos do segundo tempo*

in the X minutes ▷ *aos X minutos*

opening minutes ▷ *primeiros minutos*

The team had the game wrapped up in the opening minutes.

*O time resolveu a partida nos **primeiros minutos**.*

misconduct ▷ *má conduta*

The player was transferred from the team for misconduct.

*O jogador foi transferido do time por **má conduta**.*

miscue ▷ *espanada; chute espanado; bola espanada etc.*

The striker scored the goal after a miscue from the defender.

*O atacante marcou o gol depois de um **chute espanado** do zagueiro.*

(to) miscue ▷ *espanar*

The striker miscued his shot and the ball went out of play.

*O atacante **espanou** o chute e a bola foi para fora.*

A miscued ball from the back fell into the path of the opposing striker.

*Uma bola **espanada** pelo zagueiro foi parar nos pés do atacante adversário.*

(to) miss a shot ▷ *errar o chute*

The striker missed a shot from point-blank range.

*O atacante **errou um chute** à queima-roupa.*

to narrowly/barely miss (the net/the post) ▷ *passar perto (do gol, da trave etc.)*

SEE ALSO WIDE and JUST WIDE

The forward's header narrowly missed the goal.

*A cabeçada do atacante **passou perto** do gol.*

mistake; blunder; howler ▷ *falha*

The team scored after a mistake by the defender.

*O time marcou depois da **falha** do zagueiro.*

(to) mistime the ball ▷ *errar o tempo da bola*

The midfielder mistimed the ball and kicked air.

*O meio-campista **errou o tempo da bola** e chutou o ar.*

mixed zone (stadium) ▷ *zona mista*

MOVE

mixer* ▷ bolo; área

The midfielder's corner kick made its way into the mixer.

*A cobrança de escanteio do meio-campista foi para o **bolo** da área.*

As the striker prepared to take the free kick, the crowd shouted: "Put it in the mixer!".

*Enquanto o atacante se preparava para cobrar a falta, a torcida gritava: "Manda para a **área**!".*

They just keep throwing it into the mixer with no clear target.

*Eles ficam mandando a bola para o **bolo** da área sem nenhum objetivo claro.*

* The mixer is the area in front of the goal where a group of players await a cross or free kick.

mix-up in defence [BrE]/defense [AmE] ▷ confusão na defesa

The forward scored after a mix-up in defense.

*O atacante marcou um gol depois de uma **confusão na defesa**.*

A mix-up in defence allowed the midfielder to slot it home.

*Uma **confusão na defesa** permitiu que o meio-campista marcasse para seu time.*

move ▷ drible; jogada

move ▷ jogada

In a quick move, the midfielder played a one-two with the striker, who chipped it over the goalkeeper and into the net.

*Numa **jogada** rápida, a meio-campista tabelou com a atacante, que tocou por cima da goleira, para o fundo do gol.*

move; trick ▷ drible

329

The striker caused problems to the opposing backline, with his skills and his dazzling moves.

*O atacante causou problema à defesa adversária com sua habilidade e seus **dribles** fantásticos.*

(to) move on (to/from a stage) ▷ *passar; avançar*

SEE ALSO TO ADVANCE

move up!; move out!; step up!; step out! (goalkeeper or defender telling defenders to move upfield) ▷ *sai!*

(to) narrow the angle; to cut down the angle (of goalkeeper) ▷ *fechar o ângulo*

SEE ALSO ANGLE

near post/stick ▷ *primeira trave; primeiro pau [informal]*

SEE ALSO POST

net ▷ *rede*

back of the net ▷ *fundo da rede*

The midfielder one-timed a shot into the back of the net.

*O meio-campista chutou de primeira para o **fundo da rede**.*

to net ▷ *marcar/fazer um gol*

SEE ALSO GOAL

to rattle the net ▷ *balançar a rede*

The midfielder rattled the net with a powerful strike from the edge of the box.

*O meio-campista **balançou a rede** com um chute forte de fora da área.*

roof of the net ▷ *alto da rede*

The forward blasted a shot into the roof of the net to score the away team's first goal.

*O atacante mandou uma bomba no **alto da rede** para marcar o primeiro gol da equipe visitante.*

side netting ▷ *rede pelo lado de fora*

The left back hit the ball with his head and sent it to the side netting.

*O lateral esquerdo cabeceou a bola e mandou na **rede pelo lado de fora**.*

nil; zero; nothing [AmE] ▷ *zero*

The team was beat 3-nil.

*O time perdeu de três a **zero**.*

They team had a two-to-zero lead.

*A equipe tinha uma vantagem de dois a **zero**.*

The score is two to nothing.

*O placar está dois a **zero**.*

(to) nod in; to nod home ▷ *marcar/fazer um gol com um leve toque de cabeça*

The midfielder nodded in the game-tying goal.

*O meio-campista **marcou** o gol de empate **com um leve toque de cabeça**.*

nose for the goal ▷ *faro de gol*

A center-forward must have a nose for the goal.

*O centroavante precisa ter **faro de gol**.*

He is a striker with a nose for the goal.

*Ele é um atacante com **faro de gol**.*

(to) nullify (a player, a play etc.) ▷ *anular*

The defense was not able to nullify the opponent's star player.

*A defesa não conseguiu **anular** o craque da equipe adversária.*

The team managed to nullify the major attacking threats from their rival.

*O time foi capaz de **anular** os grandes lances de ataque de seu rival.*

> **to nullify a goal; to disallow a goal; to chalk off a goal [informal]** ▷ *anular um gol; invalidar um gol*
> SEE ALSO GOAL

nutmeg ▷ *bola no meio das pernas; caneta* [informal]

The forward did a nutmeg on the opposing player.

*O atacante aplicou uma **caneta** no adversário.*

> **to do a nutmeg (on a player); to nutmeg (a player)** ▷ *dar um drible no meio das pernas; "aplicar uma caneta" [informal]*
> The forward nutmegged the defender and fired a shot past Flamengo goalie and into the net.
> *O atacante **aplicou uma caneta** no zagueiro e chutou para o fundo da rede do goleiro do Flamengo.*

(to) obstruct ▷ *obstruir*

The goalie claimed to the ref that he was obstructed by the striker that scored.

*O goleiro disse ao juiz que ele foi **obstruído** pelo atacante que marcou o gol.*

OFFSIDE OFFENSE/OFFENSE

obstruction* ▷ *obstrução*

The ref awarded an indirect free kick for obstruction.

*A juíza deu tiro livre indireto por **obstrução**.*

* An obstruction is the offense of, without attempting to make a play with the ball, holding back or blocking an opponent who is also trying to win the ball.

offense; attack ▷ *ataque*

official ▷ *árbitro*

SEE ALSO REFEREE

(to) officiate a game ▷ *apitar/arbitrar um jogo*

SEE ALSO TO REFEREE

offside offense [BrE]/offense [AmE]*; offside; offsides [AmE] ▷ *impedimento; infração de impedimento*

SEE ALSO ONSIDE

The ref called an offside offense.

*O juiz marcou **impedimento**.*

a shade offside ▷ *ligeiramente impedido*

The striker was a shade offside when the ball was struck.

*O atacante estava **ligeiramente impedido** quando o chute saiu.*

to be offside; to be in an offside position; to be caught offside ▷ *estar em impedimento; estar impedido; estar em posição/condição irregular*

The player was in offside position but was not involved in the play.

*O jogador **estava impedido**, mas não participou da jogada.*

The midfielder played a through ball, but the striker was caught offside.

OFFSIDE OFFENSE/OFFENSE

*O meio-campista enfiou uma bola, mas o atacante **estava em impedimento.***

The striker was offside on the goal.

*O atacante **estava em condição irregular** no gol.*

to catch (an opponent) offside; to play (an opponent) offside ▷ *deixar (o jogador adversário) em impedimento/posição irregular*

The defense played the offside trap and caught the striker offside.

*A defesa fez a linha de impedimento e **deixou o atacante em posição irregular**.*

The midfielder's through ball caught the forward offside.

*A bola enfiada pelo meio-campista **deixou o atacante em impedimento**.*

The defense should have stepped up to play the striker offside.

*A defesa deveria ter se adiantado para **deixar o atacante em impedimento**.*

offside position ▷ *posição/condição de impedimento; posição/ condição irregular*

The goal didn't stand as the player struck from an offside position.

*O gol não foi válido porque o jogador chutou de **posição irregular**.*

* If at the very moment that a pass is made the player receiving it is caught between the last opponent (with the exception of the keeper) and the ball, then he or she is said to be in an offside position, which may turn out to be considered an offside offence. A player is not considered to be in an offside position if at the very moment of the pass he or she is level with the last opponent. Even if in an offside position, a player will not be committing an offside offence if he or she is not actively involved in the play, or if he or she is in his/her own half of the field. A goal scored by a player committing an offside offence is automatically disallowed. An offside offence is not a cardable offence. The offside rule is the source of a great deal of dispute in football, as it is often up to the referee to interpret whether a player is actually committing an offside offence. 'Offsides' is widely used as a variation of the term in the United States.

OFFSIDE OFFENSE/OFFENSE

offside trap* ▷ *linha de impedimento*

to avoid/dodge the offside trap ▷ *escapar/fugir/sair da linha de impedimento*

The striker avoided the offside trap and calmly slid the ball into the left corner.

*O atacante **escapou da linha de impedimento** e calmamente mandou a bola no canto esquerdo.*

to beat the offside trap ▷ *vencer/superar a linha de impedimento*

The midfielder beat the German offside trap on a pass and sent the striker on a one-on-one with the goalie.

*O meio-campista **venceu a linha de impedimento** alemã com um passe e deixou o centroavante cara a cara com o goleiro.*

botched/failed offside trap ▷ *linha de impedimento malfeita/falha; "linha burra" [informal]*

to break/bust [informal] the offside trap ▷ *furar a linha de impedimento*

The striker busted the opponent's offside trap and went on a one-on--one with the keeper.

*O atacante **furou a linha de impedimento** do adversário e ficou cara a cara com o goleiro.*

to set/play/spring an offside trap ▷ *fazer/montar/armar uma linha de impedimento*

The defender didn't step out to play the offside trap and allowed the opponent to score the equalizer.

*O zagueiro não saiu para **fazer a linha de impedimento** e permitiu que o adversário marcasse o gol de empate.*

* Note: The offside trap is a means of exploiting the offside rule in order to create a defensive strategy. It is executed by the defenders stepping forward at the same time at the very moment a pass is made to an opposing attacker. This is meant to leave the opposing attacker receiving the ball in an offside position, thus having this player commit an offside offense. The offside trap is a high--risk strategy and is not considered unsporting behavior.

(to) one-time it/a shot; to score on a one-timer ▷ *marcar/ fazer [gol] de primeira*

The left winger sent in a corner kick and the striker one-timed it.

O ponta esquerda cobrou o escanteio dentro da área e o atacante **marcou de primeira**.

The midfielder got a rebound off the wall and and scored on a one--timer.

O meio-campista pegou um rebote da barreira e **marcou de primeira**.

one-two (pass) ▷ *tabela*

SEE ALSO GIVE-AND-GO

onside; onside position ▷ *posição regular; em condição*

The player was onside.

O jogador estava em **posição regular**.

The striker placed himself in an onside position before the midfielder played the ball to him.

O atacante colocou-se em **posição regular** *antes de o meio-campista tocar a bola para ele.*

to play (a player) onside ▷ *dar condição (de jogo)*

The goal stood: from his position near the corner flag, the defender played the midfielder onside.

O gol valeu: de sua posição perto da bandeirinha, a zagueira **dava condição** *à meio-campista.*

OPPOSING

open ▷ *desmarcado; livre; livre de marcação; sem marcação*
SEE ALSO UNMARKED

to open the floodgates* ▷ *abrir a porteira [informal]*

The goal was a long time coming but it opened the floodgates.

*O gol demorou para sair, mas **abriu a porteira**.*

*In football, to say that a goal has opened the floodgates means that after that first goal other goals will be allowed more easily.

to open the scoring/the account ▷ *abrir o placar*
SEE ALSO SCORING

opener; opening match ▷ *jogo de estreia*
SEE ALSO MATCH

opening minutes ▷ *primeiros minutos*

The team had the game wrapped up in the opening minutes.

*O time resolveu a partida nos **primeiros minutos**.*

opponent ▷ *adversário; time adversário*

The team will learn its opponent after this round wraps up.

*O time conhecerá seu **adversário** depois da conclusão da rodada.*

The defenders must keep an eye on the ball and their opponent's body.

*Os zagueiros devem ficar de olho na bola e no corpo do **adversário**.*

opposing [adjective] ▷ *adversário*

opposing backline ▷ *defesa adversária*

opposing player ▷ *jogador adversário*

opposing team ▷ *time adversário*

no option ▷ *sem opção*

The three forwards were marked and the midfielder was left with no option for a pass.

*As três atacantes estavam marcadas e a meio-campista ficou **sem opção** de passe.*

(to) organize the defense ▷ *organizar a defesa*

The defender's job as captain is to organize the defense.

*A função do zagueiro como capitão é **organizar a defesa**.*

(to) outclass; to outplay ▷ *jogar melhor; superar*

The Brazilian side outclassed the Argentinean team.

*O time brasileiro **jogou melhor** que a equipe argentina.*

The Argentinean team was outplayed by the Brazilian side.

*A equipe argentina foi **superada** pelo time brasileiro.*

outright; pure ▷ *de ofício/origem*

Our squad needs an outright striker.

*Nossa equipe precisa de um centroavante **de ofício**.*

The team played the last 30 minutes without a pure full back.

*O time jogou os últimos 30 minutos sem um zagueiro **de origem**.*

out swerve (pass/kick); outside of the foot (pass/kick) ▷ *(chute/passe) de trivela*

out-swinger ▷ *cobrança aberta*

SEE ALSO IN-SWINGER

The midfielder set up the play with a free kick, hitting an out-swinger towards the edge of the goal area.

*O meio-campista armou a jogada numa cobrança de falta, mandando uma **cobrança aberta** para a entrada da pequena área.*

overhead kick; bicycle kick; scissors kick ▷ *bicicleta*

`SEE ALSO` A KICK

overlapping run ▷ *ultrapassagem; jogada de ultrapassagem*

The midfielder picked out an overlapping run by the right winger and passes the ball to him.

*O meio-campista observa uma **ultrapassagem** do ponta direita e passa a bola para ele.*

The right winger got the ball on an overlapping run.

*O ponta direita recebe a bola numa **ultrapassagem**.*

over-the-top ▷ *aéreo*

`SEE ALSO` TO PLAY OVER THE TOP

The right wingback played an over-the-top ball to the striker.

*O ala direito lançou uma bola **aérea** para o atacante.*

The striker received an over-the-top pass from the defensive midfielder.

*O atacante recebeu um passe **aéreo** do volante.*

The team's incessant over-the-top play is not entertaining to watch.

*O incessante jogo **aéreo** da equipe não é interessante de se ver.*

overtime [AmE]; extra time ▷ *prorrogação; tempo extra*

`SEE ALSO` EXTRA TIME

pace ▷ ritmo

The center back's lack of pace and poor positioning cost the team a goal.

*A falta de **ritmo** e o mal posicionamento do zagueiro custaram um gol à equipe.*

Panenka penalty ▷ pênalti com cavadinha; cavadinha

SEE ALSO PENALTY

parking area ▷ estacionamento

(to) parry the ball; to push the shot ▷ espalmar (a bola; um chute etc.)

The left half took a powerful left footer outside the box, but the keeper parried the shot.

*O meia esquerda chutou forte de canhota fora de área, mas o goleiro **espalmou o chute**.*

The keeper pushed the ball over the bar.

*O goleiro **espalmou o a bola** por cima do travessão.*

PA system ▷ serviço de som

pass ▷ passe

clincal pass; pinpoint pass ▷ passe preciso/milimétrico

The midfielder made a pinpoint pass to the striker.

*O meio-campista deu um **passe preciso** para o atacante.*

crossing pass ▷ bola cruzada

PASS

The striker scored on a header shot off a crossing pass from the left winger.

*O atacante marcou de cabeça aproveitando uma **bola cruzada** pelo ponta esquerda.*

cut-back pass ▷ *toque para trás*

The defender's arm interfered with the right back's cut-back pass and the referee pointed to the spot.

*O braço da zagueira interceptou o **toque para trás** da lateral direito e a juíza apontou para a marca de pênalti.*

lateral pass ▷ *passe lateral*

lob pass ▷ *passe por cima*

long pass ▷ *passe longo*

misplaced pass ▷ *passe errado*

neat pass ▷ *belo passe*

The left half took a neat pass from the left winger, cut into the area and fired a shot into the back of the net.

*O meia esquerda aproveitou um **belo passe** do ponta esquerda, cortou para dentro da área e deu um chute para o gol.*

over-the-top pass ▷ *passe aéreo*

The striker received an over-the-top pass from the defensive midfielder.

*O atacante recebeu um **passe aéreo** do volante.*

perfectly-placed pass ▷ *passe perfeito*

through pass/ball ▷ *passe enfiado*

The midfielder played a through-ball pass to the striker.

*O meio-campista deu um **passe enfiado** para o atacante.*

to trade passes ▷ *trocar passe*

The midfielder traded passes with the striker in the box.

*O meia **trocou passe** com o atacante dentro da área.*

well-timed pass; well-placed pass ▷ *passe na medida*

past (the goalkeeper) ▷ *que vence*

The midfielder hit a shot from outside the area past the goalkeeper.

*O meio-campista chutou uma bola de fora da área que **venceu** o goleiro.*

penalty ▷ *pênalti*

blatant penalty; obvious penalty; stonewall penalty [informal] ▷ *pênalti claro*

Panenka penalty* ▷ *pênalti com cavadinha; cavadinha*

* A deliberately risky spot kick technique in which the ball is chipped down the middle of the goal. This spot kick method is named after Czech footballer Antonín Panenka, who used it during the penalty shootout of the 1976 UEFA European Football Championship final against West German, helping Czechoslovakia raise the trophy and carving his name in the history of football.

penalty arc ▷ *arco penal*

penalty area/box; the box; the 18-yard box [US] ▷ *grande área [informal]; área penal*

penalty area marking ▷ *linha da grande área; linha da área penal*

penalty kick tiebreaker ▷ *desempate por penalidades*

SEE ALSO TIEBREAKER

After the regulation and extra time finished tied, the team won the tournament on a penalty kick tiebreaker.

*Depois que o tempo regulamentar e a prorrogação terminaram em empate, o clube ganhou o torneio no **desempate por penalidades**.*

penalty kick; spot kick ▷ *cobrança de pênalti; tiro penal*

penalty shootout ▷ *cobranças de pênalti; disputa de cobrança de pênalti; penalidades*

The team converted all their kicks in the penalty shootout and won the tournament.

*O time converteu todas suas penalidades nas **cobranças de pênalti** e venceu o torneio.*

penalty spot; penalty kick mark ▷ *marca do pênalti; marca penal; ponto penal*

to call/whistle a penalty; to call/whistle a penalty kick/spot (of referee) ▷ *marcar/assinalar/apitar/dar um pênalti*

to take a penalty; to take a penalty kick ▷ *cobrar um pênalti*

The team took the lead after the striker calmly took a penalty kick.

*O time ficou em vantagem depois que o atacante **cobrou um pênalti** com calma.*

well-taken penalty; well-taken penalty kick ▷ *pênalti bem cobrado*

The striker scored with a well-taken penalty kick.

*O atacante marcou num **pênalti** bem cobrado.*

penetrating run ▷ *em penetração/progressão*

The striker made a penetrating run into the box and passed the ball to the midfielder who had no problem finishing it off.

*O atacante entrou **em penetração** na área e passou para o meia que não teve problemas para finalizar.*

penetration (into defense) ▷ *penetração*

The team had better penetration in the first half, but showed less ball movement in the second half.

*A equipe teve melhor **penetração** no primeiro tempo, mas mostrou menos movimentação de bola no segundo tempo.*

pennant ▷ *flâmula*

The teams' captains greeted each other and exchanged pennants before the coin toss.

PERFORMANCE

*Os capitães das equipes se cumprimentaram e trocaram **flâmulas** antes do cara ou coroa.*

performance ▷ *apresentação*

to put in a good performance ▷ *fazer/ter uma boa apresentação*

The team put in a good performance with some great goals.

*A equipe **fez uma boa apresentação** com alguns belos gols.*

phase ▷ *fase*

SEE ALSO STAGE

philosophy (of coach) ▷ *filosofia*

The team bought into the coach's philosophy.

*A equipe comprou a **filosofia** do treinador.*

(team) physician ▷ *médico*

physiotherapist; physio ▷ *fisioterapeuta*

pick ▷ *palpite*

What's your pick for the game?

*Qual seu **palpite** para o jogo?*

My pick is that Brazil will beat Argentina, 2 to 0.

*Meu **palpite** é que o Brasil vai ganhar da Argentina de 2 a 0.*

pick-up soccer [AmE] ▷ *pelada [informal]*

SEE ALSO KICK-ABOUT

(TO) PLAY

(training) pinny/bib/pinny ▷ *colete (de treinamento)*

(to) play ▷ *jogar*

to play; to bring in ▷ *colocar*

The coach will bring in striker João to play on the right.

*O técnico irá **colocar** o centroavante João para jogar pelo lado direito.*

to play a defensive game ▷ *jogar na defesa*

The visitors played a defensive game that resulted in a tie.

*O time visitante **jogou na defesa**, o que levou a um empate.*

to play advantage (of the referee) ▷ *dar vantagem*

It was a clear foul on the striker, but the ref played advantage and the striker scored a beautiful goal.

Foi falta clara no atacante, mas o juiz deu vantagem e o atacante marcou um belo gol.

to play an offensive game ▷ *jogar no ataque*

The team needs to play an offensive game and cancel out the opponent's home-field advantage.

*A equipe precisa **jogar no ataque** para anular o fator campo do adversário.*

to play at home ▷ *jogar em casa*

The team will play their next match at home, when they host their biggest rivals.

*A equipe **jogará** sua próxima partida **em casa**, quando recebe seu maior rival.*

to play away; to play away from home ▷ *jogar fora de casa*

When a team plays away, the home side is more likely to attack.

*Quando um time **joga fora de casa**, a equipe da casa tende a atacar mais.*

to play down the middle ▷ *jogar pelo meio*

She is not skillful enough to play down the middle; she can perform better up front.

*Ela não tem habilidade para **jogar pelo meio**; seu jogo é mais à frente.*

to play narrow ▷ *jogar por dentro*

They played narrow throughout the match, which made it easier for their opponent to cross it into the box.

*Eles **jogaram por dentro** durante toda a partida, o que facilitou para que a equipe adversária cruzasse bolas na área.*

to play on the deck/on the floor* ▷ *pôr/colocar a bola no chão*

It's hard for the team to play on the deck when they have to chase.

*É difícil para o time **colocar a bola no chão** quando está em desvantagem no placar.*

* "Playing on the deck" or "on the floor" is a style of play where the ball is kept in contact with the ground and passed from feet to feet rather than played long. This style requires skills and patience.

to play over the top ▷ *fazer jogo aéreo*

The Italian tough defense forced the team to play over the top.

*A forte defesa italiana obrigou a equipe a **fazer jogo aéreo**.*

to play tight ▷ *fazer marcação cerrada*

The team played tight at the back and made fast counterattacks.

*A equipe **fez marcação cerrada** atrás e contra-ataques rápidos*

The defense played tight on the forward.

*A defesa **fez marcação cerrada** no atacante.*

to play wide ▷ *jogar aberto; jogar pelos lados; fazer um jogo aberto*

She is a very versatile player who can play wide or down the middle.

*Ela é uma jogadora bastante versátil que pode **jogar tanto aberto** como pelo meio.*

The team is playing too narrow and it's not working, they should play wide and throw balls into the box to take advantage of their target man.

*O time está jogando muito por dentro e não está dando certo, eles deveriam **jogar aberto** e mandar bolas para a área para aproveitar seu homem de referência.*

to play/do/work a give-and-go; to play/do/work a one-two; to play/do/work a wall pass ▷ *tabelar; fazer tabela*

The midfielder jinked into the box and played a give-and-go with the striker before slotting into the net.

*O meio-campista entrou driblando na área, **tabelou/fez tabela** com o atacante antes de chutar para o fundo da rede.*

play ▷ *jogada; lance*

He scored his first goal on a spectacular play.

*Ele marcou seu primeiro gol numa **jogada** espetacular.*

An offside is not called whenever the player who is offside is not involved in the play.

*O impedimento não é marcado quando o jogador impedido não estiver envolvido no **lance**.*

dangerous play ▷ *jogada perigosa*

The player should have gotten a yellow card for that dangerous play.

*O jogador deveria ter recebido cartão amarelo por aquela **jogada perigosa**.*

over-the-top play ▷ *jogo aéreo*

The team's incessant over-the-top play is not entertaining to watch.

*O incessante **jogo aéreo** da equipe não é interessante de se ver.*

playable condition/state ▷ *condição de jogo*

The ground was not in a playable state.

*O gramado não estava **em condição de jogo**.*

PLAY-BY-PLAY

play-by-play ▷ lance a lance
Follow live play-by-play of the game.

Acompanhe o jogo ao vivo **lance a lance**

play-by-play coverage ▷ *cobertura lance a lance.*

player ▷ jogador

all-round player; all-rounder ▷ *jogador versátil; jogador coringa*

He has developed into an all round player, who contributes goals but also play defensive midfield.

*Ele se tornou um **jogador versátil**, que faz gols mas também joga defensivamente no meio-campo.*

He is an attacking all rounder, and is able to play in all forward positions.

*Ele é um **atacante coringa** e sabe jogar em todas as posições de ataque.*

back-up player ▷ *jogador para compor elenco; jogador para ser reserva*

The team has signed two back-up players, a midfielder and a striker.

*O time contratou dois **jogadores para compor elenco**, um meio-campista e um atacante*

The team needs a back-up player for the veteran midfielder.

*A equipe precisa de um **jogador para ser reserva** do veterano meio--campista.*

bench player; reserve; substitute; sub [informal] ▷ *jogador reserva; reserva*

The friendly will be a great opportunity to give the reserves some international experience.

*O amistoso será uma ótima oportunidade para dar experiência internacional aos **jogadores reservas**.*

The striker is coming back from a serious injury and will included among the bench players.

PLAYER

O atacante está voltando de uma contusão grave e será incluído entre os **reservas.**

The Colombian defender came on as a sub in the second half.

O zagueiro colombiano entrou como **reserva** *no segundo tempo.*

Europe-based player ▷ *jogador que atua na Europa*

Brazil played without any of its Europe-based players.

O Brasil jogou sem nenhum de seus **jogadores que atuam na Europa.**

first-choice player; first teamer ▷ *jogador titular; jogador principal*

The team brought in few first teamers.

A equipe jogou com poucos **titulares.**

The team missed a few first-choice players and made some simples mistakes during the match.

O time estava sem alguns de seus **titulares** *e cometeu alguns erros simples durante a partida.*

Both teams used first-choice players.

Ambas as equipes estavam com seus **jogadores principais.**

goal-hungry player ▷ *jogador com fome de gol*

holding player ▷ *jogador de contenção*

homegrown talent/player ▷ *jogador formado nas divisões de base; jogador prata da casa [informal]*

The club's youth academy has produced many fine homegrown talents.

As divisões de base do clube têm revelado muitos bons **jogadores prata da casa.**

The team is mostly made up of homegrown players.

O time é composto por uma maioria de **jogadores formados na divisões de base** *do clube.*

link-up player/man (between midfield and attack) ▷ *jogador de ligação; homem de ligação (entre o meio-campo e o ataque)*

PLAYER

mobile player ▷ *jogador que se movimenta bem*

oncoming player ▷ *jogador que chega de trás*

He laid off the ball to the oncoming teammate.

*Ele rolou a bola para o **companheiro de equipe que chegava.***

outfield player; outfielder ▷ *jogador de linha*

player on the ball; ball carrier ▷ *jogador com a bola*

He's an important player even when he's not on the ball.

*Ele é importante mesmo quando não está **com a bola**.*

second-choice player; second teamer ▷ *jogador reserva; reserva*

The team's focus is the Libertadores Cup and for the next match the coach will field a team of second-choice players.

*O foco da equipe é a Copa Libertadores e para a próxima partida o técnico colocará em campo um time de **reservas**.*

The Argentinean striker started the scrimmage with the second-teamers, but took a spot with the starters in the second half of the practice.

*O atacante argentino começou o coletivo entre os **reservas**, mas ficou com uma vaga entre os titulares no segundo tempo do treino.*

star player ▷ *estrela; astro; craque; grande nome*

The Brazilian midfielder is the team's star player.

*O meia brasileiro é a **estrela** do time.*

He was the team's star player in the 90's.

*Ele foi o **grande nome** do time nos anos 1990.*

starting player; starter ▷ *jogador titular; jogador que inicia a partida; jogador que começa jogando*

The Colombian player will be the starting goalkeeper for the next match.

*O jogador colombiano será o goleiro **titular** na próxima partida.*

The team featured a blend between starters and reserve team players.

*O time apresentou uma mistura de **titulares** e jogadores reservas.*

His talent landed him a starting fullback position.

*Seu talento lhe rendeu uma posição de **titular** na zaga.*

target player/man ▷ *centroavante de referência; pivô*

playmaker; setup man ▷ *homem de armação; articulador*

playing time ▷ *tempo de jogo*

The player hopes to get more playing time in the next game.

*O jogador espera ter mais **tempo de jogo** na próxima partida.*

The players need more playing time together.

*Os jogadores precisam de mais **tempo de jogo** juntos.*

play-off; wild card [AmE] ▷ *repescagem*

The fourth-placed team of North and Central America and the Caribbean advances to the intercontinental play-offs against the winner of Oceania.

*O quarto colocado da América do Norte e Central e do Caribe avança para a **repescagem** intercontinental contra o vencedor da Oceania.*

The team will play a wild-card game against their rival.

*A equipe fará um jogo de **repescagem** contra seu rival.*

play-off zone ▷ *zona de classificação*

The two teams strive for a place in the play-off zone.

*Os dois times irão lutar por um lugar na **zona de classificação**.*

play on (of the referee) ▷ *seguir o jogo*

The referee waved/signaled play on.

*O juiz mandou o **jogo seguir**.*

point-blank ▷ à queima-roupa

The keeper made a point-blank save on a shot from the center-
-forward.

A goleira fez uma defesa à queima-roupa no chute da centroavante.

The striker missed a point-blank goal.

O atacante perdeu um gol à queima-roupa.

    point-blank shot ▷ *chute à queima-roupa*

    point-blank header ▷ *cabeçada à queima-roupa*

(to) position oneself ▷ posicionar-se

The goalie positioned himself perfectly to save the shot.

*O goleiro **posicionou-se** muito bem para defender o chute.*

The midfielder positioned himself for a corner kick.

*O meio-campista **posicionou-se** para a cobrança de escanteio.*

positioning ▷ posicionamento

They took advantage of the opposing team's weak positioning.

*Eles aproveitaram o **posicionamento** ruim da equipe adversária.*

(ball) possession ▷ posse de bola

    to lose (ball) possession ▷ *perder a bola; perder a posse de bola*

    The striker lost possession to the opponent.

    *O atacante **perdeu a bola** para o adversário.*

post; goalpost; stick [informal] ▷ trave; pau [informal]

    to brush/shave the post/the bar ▷ *raspar a trave/o travessão;
resvalar na trave/no travessão*

The center forward's shot brushed the right post and narrowly missed going into the net.

*O chute do centroavante **raspou a trave** direita e por pouco não entrou.*

The defender's header shaved the bar and went out of bounds.

*A bola cabeceada pelo zagueiro **resvalou no travessão** e saiu pela linha de fundo.*

far post; far stick [informal] ▷ *segunda trave; segundo pau [informal]*

to hit the goalpost; to rattle the frame (of the goal) ▷ *bater na trave; acertar a trave*

The team had several opportunities in the first half, but they all went just wide of the goal or rattled the frame.

*O time teve várias chances no primeiro tempo, mas todas passaram perto do gol ou **bateram na trave**.*

His bicycle kick hit the post.

*Seu chute de bicicleta **acertou a trave**.*

to hit the post and go in/out ▷ *bater na trave e entrar/sair*

The left half fired a shot over the goalkeeper, which hit the post and went in.

*O meia esquerda soltou um chute sobre o goleiro, que **bateu na trave e entrou**.*

left-hand post ▷ *trave esquerda*

near post; near stick [informal] ▷ *primeira trave; primeiro pau [informal]*

The midfielder sent a great cross to the near stick where the center--forward was waiting to nod home.

*O meio-campista fez um ótimo cruzamento para o **primeiro pau**, onde o centroavante esperava para marcar de cabeça.*

off the post ▷ *na trave*

The forward fired a shot off the post.

*O atacante mandou um chute **na trave.***

right-hand post ▷ *trave direita*

outside of the post ▷ *parte de fora da trave*

The shot hit the outside of the post.

*O chute bateu na **parte de fora da trave**.*

practice; training; training session ▷ *treino; treinamento; sessão de treinamento*

The practice paid off when the midfielder crossed a pass to the forward's head in the goal box.

*O **treino** deu resultado quando o meio-campista cruzou a bola na cabeça do atacante dentro da pequena área.*

The coach set up a training session.

*O técnico organizou uma **sessão de treinamento**.*

closed practice; training session behind closed doors ▷ *treino fechado*

The team held a closed practice today as the team prepares for the grand finale.

*A equipe fez um **treino fechado** hoje como parte da preparação para a grande final.*

to practice; to train ▷ *treinar*

The players are training for the World Cup.

*Os jogadores estão **treinando** para a Copa do Mundo.*

The players practiced set pieces during the training.

*Os jogadores **treinaram** bola parada durante o treino.*

PROMOTION

preseason ▷ *pré-temporada*

The player was cut during the preseason.
*O jogador foi cortado durante a **pré-temporada**.*
Preseason training runs until February.
*O treinamento da **pré-temporada** vai até fevereiro.*

press box ▷ *cabine de imprensa*

private suite; VIP box ▷ *camarote*

(to be) promoted ▷ *subir*

SEE ALSO TO RELEGATE

The team was promoted to the first division after winning its last match.
*O time **subiu** à primeira divisão depois de vencer sua última partida.*

promotion ▷ *acesso*

SEE ALSO RELEGATION

The striker was crucial in the team's promotion campaign.
*O atacante foi decisivo na campanha de **acesso** da equipe.*
The team won/earned the promotion to the first division.
*A equipe conquistou o **acesso** à primeira divisão.*
The right back scored the goal that secured the team's promotion to the first division.
*A lateral direito marcou o gol que garantiu o **acesso** da equipe para a primeira divisão.*

promotion zone ▷ *zona de acesso*

(TO) PROTEST

(to) protest ▷ *reclamar*

The team protested the referee's call.

*A equipe **reclamou** da marcação do juiz.*

(to) pull for [AmE]; to root for; to support ▷ *torcer para*

`SEE ALSO` TO SUPPORT

to pull one back (for the team) ▷ *diminuir*

The striker pulled one back for the U.S. with a right-footer from inside the area.

*O atacante **diminuiu** para os Estados Unidos com um chute de direita de dentro da área.*

to pull on the jersey/the shirt ▷ *vestir a camisa*

The Colombian wingback will pull on the shirt of a Brazilian club for the next season.

*O ala colombiano **vestirá a camisa** de um time brasileiro na próxima temporada.*

The young Brazilian talent will pull on the yellow-green shirt for the first-time.

*O jovem talento brasileiro **vestirá a camisa** verde-amarela pela primeira vez.*

(to) punch the ball away ▷ *tirar a bola de soco*

The goalkeeper came out hard and punched the ball from a corner away.

*O goleiro saiu firme e **tirou de soco um bola** de escanteio.*

pure; outright ▷ *de ofício/origem*

`SEE ALSO` OUTRIGHT

QUALIFIER

(to) push an opponent ▷ *empurrar um jogador adversário*

The striker was pushed in the box and the ref called a penalty.

*O atacante foi **empurrado** dentro da área e o juiz deu pênalti.*

to push down an opponent ▷ *derrubar um jogador adversário com um empurrão*

The striker was pushed down in the box and the ref called a penalty.

*A atacante foi **derrubada com um empurrão** dentro da área e a juíza deu pênalti.*

to push the shot/parry the ball ▷ *espalmar a bola/um chute etc.*

The left half took a powerful left footer outside the box, but the keeper pushed the shot over the bar.

*O meia esquerda chutou forte de canhota fora de área, mas o goleiro **espalmou o chute** por cima do travessão.*

(to) put away (to score) ▷ *guardar*

The striker put away two goals in his team's 4-0 win.

*O atacante **guardou** dois gols na vitória do seu time por 4 a 0.*

The right wing sent a cross to the forward who put away into the right corner of the net.

*O ponta direita mandou um cruzamento para o atacante, que **guardou** no canto direito do gol.*

qualifier ▷ *eliminatória*

The team won and moved to the semifinals of the World Cup qualifiers.

*A equipe venceu a partida e seguiu para as semifinais das **eliminatórias** da Copa do Mundo.*

(to) qualify ▷ classificar-se

The U.S. has qualified for the World Cup.

Os Estados Unidos **classificaram***-se para a Copa do Mundo.*

qualifying ▷ eliminatório

The team will play a qualifying match next week.

A equipe joga uma partida **eliminatória** *na próxima semana.*

The team will participate in the qualifying tournament for the World Cup.

O time participará do torneio **eliminatório** *para a Copa do Mundo.*

quarterfinals; Round of 8 ▷ quartas de final

They won and advanced to the quarterfinals.

Eles venceram e avançaram para as **quartas de final**

I don't think they have a good enough team to make/reach the Round of 8.

Não acho que eles tenham um time bom o bastante para chegar às **quartas de final***.*

rabona; crossed kick* ▷ de letra

The striker scored with a rabona into the top corner of the goal.

O atacante marcou **de letra** *no ângulo.*

The midfielder delivered a rabona cross into the box.

O meio-campista fez um cruzamento **de letra** *para dentro da área.*

    rabona cross ▷ cruzamento de letra

    rabona goal ▷ gol de letra

    rabona pass ▷ passe de letra

(TO) REBOUND

* A way of kicking in which the kicking leg crosses around the back of the standing leg.

radiocast ▷ *transmissão por rádio*

to radiocast ▷ *transmitir por rádio*

rainbow kick ▷ *lambreta; carretilha*

The striker beat the defender by doing a rainbow kick over his head.
O atacante venceu o zagueiro dando uma **carretilha** *sobre ele.*

(to) rattle the frame (of the goal) ▷ *bater na trave; acertar a trave*

`SEE ALSO` POST

to rattle the net ▷ *balançar a rede*
The midfielder rattled the net with a powerful strike from the edge of the box.
O meio-campista **balançou a rede** *com um chute forte de fora da área.*

reaction/reflex save (of goalkeeper) ▷ *defesa no reflexo; defesa de puro reflexo*

(to) rebound ▷ *rebater*

The striker headed into the net a ball that rebounded off the defender.
O atacante cabeceou para o fundo do gol uma bola que **rebateu** *no zagueiro.*
The shot rebounded off the post and into the path of the right back, who shot to the back of net.

*A bola **rebateu** na trave e caiu nos pés da lateral direito, que chutou para o fundo da rede.*

rebound ▷ rebote

The striker scored on a rebound from the keeper.

*O atacante marcou num **rebote** do goleiro.*

The left back put the rebound into the back of the net.

*O lateral esquerdo mandou o **rebote** para o fundo da rede.*

record ▷ retrospecto

The team is counting on their amazing home record to win the next match.

*O time conta com seu excelente **retrospecto** em casa para vencer seu próximo jogo.*

The team is looking into keeping its excellent away record.

*O time tenta manter seu excelente **retrospecto** fora de casa.*

red card ▷ catão vermelho

`SEE ALSO` CARD

referee; ref [informal] ▷ juiz

assistant referee; AR ▷ **árbitro assistente**

centre referee [BrE]; center referee [AmE] ▷ **árbitro principal**

to con the referee ▷ enganar o juiz

The attacker dived inside the box, managing to con the ref.

*O atacante se atirou dentro da área e conseguiu **enganar o juiz**.*

The player was booked for trying to con the referee.

*A jogadora recebeu cartão por tentar **enganar a juíza**.*

fourth official ▷ quarto árbitro

goal-line official/referee; fifth official; additional assistant referee ▷ *árbitro de gol; juiz de gol; quinto árbitro; árbitro assistente adicional*

linesman/lineswoman ▷ *bandeirinha*

official ▷ *árbitro*

to referee/to officiate/to ref a game ▷ *apitar/arbitrar um jogo*

He is a world-class refereee who officiated at the last World Cup.

*Ele é um árbitro de nível mundial, que **apitou** na última Copa do Mundo.*

It was a well-reffed match.

*Foi um jogo bem **arbitrado**.*

referee signals ▷ *sinalização do árbitro*

refereeing; officiating; reffing [informal] ▷ *arbitragem*

The refereeing was very severe.

*A **arbitragem** foi muito rígida.*

The team complained that the reffing was one-sided.

*O time reclamou que a **arbitragem** foi tendenciosa.*

refereeing/officiating crew ▷ *equipe de arbitragem*

refereeing/officiating trio ▷ *trio de arbitragem*

(to) rehab ▷ *recuperar(-se)*

The coach will field the striker for the next match, now that he is fully rehabbed from a knee injury.

*O técnico colocará o atacante em campo para a próxima partida, agora que ele está totalmente **recuperado** de uma lesão no joelho*

The defender is still rehabbing from a season-ending injury.

*O zagueiro ainda está **se recuperando** de uma lesão que o deixou fora da temporada.*

rehabilitation ▷ recuperação

The striker continues his rehabilitation following a thigh injury.

*O atacante continua em **recuperação** após uma lesão na coxa.*

(to) relegate ▷ rebaixar

A goal in the last minute relegated the team from the first division.

*Um gol no último minuto **rebaixou** o time da primeira divisão.*

to be relegated ▷ ser rebaixado

`SEE ALSO` TO BE PROMOTED

Although their center-forward is the top scorer of the tournament, the team was relegated to the second division.

*Embora o centroavante da equipe seja o artilheiro da competição, o time **foi rebaixado** para a segunda divisão.*

relegation ▷ rebaixamento

`SEE ALSO` PROMOTION

The players blamed the club's relegation to the preseason.

*Os jogadores culpam o **rebaixamento** da equipe à pré-temporada.*

relegation zone ▷ zona do rebaixamento

reserve ▷ reserva

`SEE ALSO` PLAYER and SUBSTITUTE

result ▷ resultado

to get a result ▷ conseguir/obter um resultado

The coach will field four strikers to try and get a result.

*A técnica vai colocar quatro atacantes em campo para tentar **conseguir um resultado**.*

(to) retreat ▷ *recuar; voltar para o campo de defesa*

The team lost the ball and the opposing team set up a counterattack, but the players retreated quickly and broke the play up.

*A equipe perdeu a bola e o time adversário armou um contra-ataque, mas os jogadores **recuaram** com rapidez e mataram a jogada.*

(to) reverse the call (of the referee) ▷ *reverter a decisão/ marcação*

Under pressure from the players, the referee spoke to his assistant before reversing the call and allowing the goal.

*Sob pressão dos jogadores, o árbitro conversou com seu assistente antes de **reverter a marcação** e validar o gol.*

(to) ride pine [informal]; to warm the bench ▷ *esquentar o banco de reservas*

With so many talented veterans on the team, the rookie knows he will warm the bench for a while.

*Com tantos veteranos de talento no time, o novato jogador sabe que ele **esquentará o banco** por algum tempo.*

The coach said to the striker that she'd ride pine if she didn't have a good performance in the next game.

*A técnica disse à atacante que ela **esquentaria o banco** se não se apresentasse bem no próximo jogo.*

right-footer ▷ *chute de direita*

The striker took a crossing pass from the right back and hit a righ--footer past the goalie into the net, putting his team in the lead again.

O atacante aproveitou o cruzamento do lateral direito e acertou um **chute de direita** *que passou pelo goleiro e foi para o fundo da rede, colocando seu time novamente à frente.*

rival match; derby ▷ *clássico*

The derby between Flamengo and Fluminense is considered by many as the most traditional one in Brazil.
O **clássico** *entre Flamengo e Fluminense é considerado por muitos como o mais tradicional do Brasil.*

rocket [informal] ▷ *foguete [informal]*

The striker fired a rocket into the top left corner of the net.
O atacante mandou um **foguete** *no ângulo esquerdo do gol.*

roof (stadium) ▷ *cobertura*

grandstand roof ▷ *cobertura da arquibancada*

roofed ▷ *coberto*

roofed stand ▷ *arquibancada coberta*
unroofed ▷ *descoberto*

(to) root for ▷ *torcer para*

SEE ALSO TO SUPPORT

roster ▷ *convocados; lista de convocados*

Brazil roster will be announced this week.
Os **convocados** *da seleção brasileira serão anunciados nesta semana.*

ROUND OF 16

to be back on the roster ▷ *estar de volta à lista de convocados*

to be included in the roster ▷ *estar incluído na lista de convocados*

to be left out of the roster ▷ *estar fora da lista de convocados*

to be on the roster ▷ *estar na lista de convocados*

slot/spot on the roster ▷ *vaga no time; vaga na escalação*

Twenty-one players have been called up for the national team, and only two slots are left.

*Vinte e um jogadores foram convocados para a seleção, restando apenas duas **vagas**.*

His performance in the last match earned him a spot on the roster.

*Seu desempenho na última partida deu a ele **uma vaga no time**.*

Round of 8; quarterfinals ▷ *quartas de final*

`SEE ALSO` QUARTERFINALS

Round of 16; last 16 ▷ *oitava de final; oitavas de final*

The team made the Round of 16.

*A equipe conseguiu chegar à **oitava de final**.*

The last-16 matches are settled.

*Os jogos das **oitavas de final** estão definidos.*

Round of 16 is scheduled for next weekend.

*As **oitavas de final** estão programadas para o próximo fim de semana.*

to advance to the Round of 16 ▷ *avançar para as oitavas de final*

to go through the Round of 16 ▷ *ir para as oitavas de final*

to qualify for the Round of 16 ▷ *classificar-se para as oitavas de final*

(to) run/wind down the clock; to run out the clock ▷ *fazer o tempo passar; gastar o tempo*

Now that the team has a good lead, they are just running down the clock by keeping possession in the opponent's half.
*Agora que o time tem uma boa vantagem, eles estão apenas **fazendo o tempo passar**, mantendo a posse de bola no campo do adversário.*

runner-up ▷ *vice-campeão*

SEE ALSO CHAMPION

save ▷ *defesa*

The defender's free kick forced a great save from the opposing keeper.
*A cobrança de falta do zagueiro obrigou o goleiro adversário a fazer uma grande **defesa**.*
The goalkeeper made a reflex save on a shot from point-blank range.
*O goleiro fez uma **defesa** no reflexo, num chute à queima-roupa.*
The goalie made a fingertip save off a corner kick.
*O goleiro fez uma **defesa** com a ponta dos dedos numa cobrança de escanteio.*

to force a save ▷ *obrigar o goleiro a fazer uma defesa*
The shot from the striker forced a great save from the keeper.
*O chute do atacante **obrigou o goleiro a fazer uma** grande **defesa.***

to make a save ▷ *fazer uma defesa*
The goalie made a great save, denying the goal.
*O goleiro **fez uma** grande **defesa** e evitou o gol.*
The goalkeeper made a diving save.
*A goleira mergulhou para **fazer a defesa**.*

partial save ▷ *defesa parcial*

The goalie made a partial save and the defender cleared the danger.

*A goleira fez uma **defesa parcial** e a zagueira tirou o perigo.*

reaction/reflex save ▷ *defesa no reflexo; defesa de puro reflexo*

to save ▷ *defender*

The midfielder went on a breakaway and fired a powerful shot, but the keeper saved it.

*O meio-campista saiu em arrancada e deu um chute forte, mas o goleiro **defendeu**.*

The winger blasted a shot from inside the box, which was saved by the goalie, holding the score at 0-0.

*O ponta soltou uma bomba de dentro da área, que foi **defendida** pelo goleiro, mantendo placar em 0 a 0.*

(match) schedules [AmE]; fixtures [BrE] ▷ *tabela de jogos*

scheme ▷ *esquema; esquema tático; estratégia; tática*

`SEE ALSO` TACTICS

scissors kick ▷ *bicicleta*

`SEE ALSO` BICYCLE KICK

(to) scoop the ball ▷ *tocar de cavadinha; tocar por cima see*

`SEE ALSO` TO CHIP

scoop shot ▷ *cavadinha*

`SEE ALSO` A CHIP SHOT

score ▷ *placar*

What's the score?

*Qual o **placar**?/Quanto está o jogo?*

SCOREBOARD

The score is 1-0 to the home team.

O **placar** está 1 a 0 para o time da casa.

The score is tied at 0.

O **placar** está empatado em 0 a 0.

final score; scoreline [BrE – journalism] ▷ *placar final*

The scoreline was Brazil 2-0 Argentina.

O **placar final** *foi Brasil 2 a 0 Argentina.*

to finish the score/scoring ▷ *fechar o placar*

to hold/keep the score ▷ *manter o placar*

The goalie made several great saves, keeping the score at 0-0.

O *goleiro fez várias defesas incríveis,* **mantendo o placar** *em 0 a 0.*

to open the score/scoring; to open the account; to score the/an opening goal; to break on top; to get on the board first ▷ *abrir o placar*

The Argentinean team broke on top five minutes into the game.

O *time argentino* **abriu o placar** *com cinco minutos de jogo*

The team opened the account early in the first half.

O *time* **abriu o placar** *logo no começo do primeiro tempo.*

to score/boot/net a goal; to get on the board ▷ *marcar/fazer um gol*

`SEE ALSO` TO GET ON THE SCORESHEET

The striker netted a pair of goals to give his team the victory.

A *centroavante* **fez dois gols** *e deu a vitória ao seu time.*

The team scored a second goal, sealing the victory.

O *time* **marcou um segundo gol**, *selando a vitória.*

scoreboard ▷ *placar*

electronic scoreboard ▷ *placar eletrônico*

to get on the board; to score/boot/net a goal ▷ *marcar/fazer um gol*

`SEE ALSO` TO GET ON THE SCORESHEET

Flamengo got on the board with four minutes left in the first half on a goal by the Zico.

*O Flamengo **marcou** com quatro minutos para o fim do primeiro tempo com um gol do Zico.*

to get on the board first ▷ *abrir o placar*

The team got on the board first with a goal from the striker.

*O time **abriu o placar** com um gol da centroavante.*

(goal) scorer ▷ *jogador artilheiro; goleador*

The team needs a goal scorer that is able to put pressure on the opposing backline.

*O time precisa de um **goleador** que consiga pressionar a defesa adversária.*

top scorer; leading scorer ▷ *artilheiro*

He finished as the tournament's top scorer with eight goals and led the Brazilian team to the fifth World Cup title.

*Ele terminou como **artilheiro** da competição com oito gols e levou a equipe brasileira ao quinto título da Copa do Mundo.*

He is the team's all-time leading scorer.

*Ele é o maior **artilheiro** de todos os tempos da equipe.*

scoring opportunity ▷ *chance/oportunidade de gol*

The striker missed an obvious scoring opportunity.

*O atacante perdeu uma **chance clara de gol**.*

(talent) scout ▷ *olheiro*

tactical scout ▷ *observador tático*

technical scout ▷ *observador técnico*

scramble ▷ *bate-rebate*

The goal came on a scramble in the box.
*O gol saiu de um **bate-rebate** dentro da área.*
After a goalmouth scramble, the center back poked the ball home.
*Depois de um **bate-rebate** na boca do gol, o zagueiro central marcou para o seu time.*

(to) scrape the ball ▷ *triscar a bola*

The defender scraped the ball away.
*O zagueiro **triscou a bola** para afastá-la.*

scrappy ▷ *feio; truncado*

The second half of the match was very scrappy.
*O segundo tempo do jogo foi muito **truncado**.*

screamer ▷ *bomba*

The striker hit a **screamer** from long range.
*O atacante acertou uma **bomba** de longe.*

(to) screen/shield the ball ▷ *proteger a bola*

SEE ALSO TO SHIELD THE BALL

scrimmage ▷ *coletivo*

to seal the win/victory ▷ *selar a vitória*

A second goal in the last minute of the match sealed the team's victory.
*Um segundo gol no último minuto da partida **selou a vitória** da equipe.*

season ▷ *temporada*

SENDING OFF

seat (stadium) ▷ *cadeira; assento; lugar*

numbered seat ▷ *cadeira numerada*
seats ▷ *arquibancada*
SEE ALSO GRANDSTAND

second-choice player; a second teamer ▷ *reserva*

SEE ALSO PLAYER

second ball ▷ *segunda bola*

SEE ALSO BALL

second half ▷ *segundo tempo*

SEE ALSO HALF

(to) secure ▷ *garantir*

The team fought hard and secured an away win.
*O time brigou bastante e **garantiu** uma vitória fora de casa.*

seed ▷ *cabeça-de-chave*

SEE ALSO TOP SEED

semi-finals ▷ *semifinais*

sending off; ejection ▷ *expulsão*

The foul resulted in a sending off.
*A falta resultou em **expulsão**.*

(to) send off ▷ *expulsar de campo*

The player was sent off for an unfair tackle.

*O jogador foi **expulso de campo** por um carrinho desleal.*

set-piece; set play; dead-ball situation ▷ *jogada ensaiada; jogada de bola parada; lance de bola parada*

The goal came from a set-piece.

*O gol saiu de uma **jogada ensaiada**.*

setup; buildup; buildup play; buildup work ▷ *armação de jogada; jogada*

The goal was a good setup by Messi.

*O gol saiu de uma bela **armação** de Messi.*

Daniel Alves drilled it from outside the box into the upper 90 off a setup from Ronaldinho.

*Daniel Alves acertou um chute de fora da área no ângulo depois de uma **jogada** do Ronaldinho.*

to set up (a teammate) ▷ *armar uma jogada*

The midfielder set up the striker inside the area.

*O meio-campista **armou a jogada** para o atacante dentro da grande área.*

to set the ball up; to set it up ▷ *ajeitar a bola*

Instead of striking it first-time, you can set it up with a first touch to strike it with a second touch.

*Em vez de chutar de primeira, você pode **ajeitar a bola** com um toque e depois chutar com um segundo.*

She set the ball up to her teammate.

*Ela **ajeitou a bola** para sua companheira.*

SHIRT

to set up the goal ▷ *fazer a jogada do gol*

The left wingback set up the goal with a cross into the box which the striker headed into the net.

*O ala esquerdo **fez a jogada do gol** com um cruzamento na área que o atacante cabeceou para a rede.*

(to) shave the post/the bar ▷ *raspar a trave/o travessão; resvalar na trave/no travessão*

SEE ALSO TO BRUSH THE POST/BAR

(club) shield/badge/crest/logo ▷ *escudo/distintivo/ brasão/emblema (do clube)*

The team's badge has three stars for each national championship.

*O **distintivo** do clube tem três estrelas para cada campeonato nacional conquistado.*

to shield/screen the ball ▷ *proteger a bola*

The striker screened the ball from two defenders, turned and sent a screamer into the back of the net.

*A atacante **protegeu a bola** de duas zagueiras, girou e mandou uma bomba para o fundo da rede.*

shin pads [BrE]; shin guards [AmE] ▷ *caneleiras*

shirt; jersey ▷ *camisa*

SEE ALSO JERSEY

(to) shoot on goal; to shoot on target ▷ *chutar ao gol*

The team shot on goal ten times.
*O time **chutou ao gol** dez vezes.*

shooting accuracy ▷ *pontaria*

The team's few scoring opportunities were wasted with bad passing and even worse shooting accuracy.
*As poucas chances de gol da equipe foram desperdiçadas com passe ruim e **pontaria** ainda pior.*
If they want to win that game they will have to improve their shooting accuracy.
*Se eles querem vencer esse jogo, eles terão que melhorar a **pontaria**.*

shot; kick; strike ▷ *chute*

The team took a 1-0 lead when a kick by the midfielder rebounded off the goalkeeper into the net.
*O time abriu vantagem de 1 a 0 quando um **chute** do meio-campista rebateu no goleiro e entrou.*
The goal came from a good strike by the forward.
*O gol saiu de um belo **chute** do atacante.*

accurate shot ▷ *chute preciso*

The team opened the scoring with an accurate shot from the midfielder on an assist by the left winger.
*O time abriu o placar com um **chute preciso** do meio-campista, aproveitando a assistência do ponta esquerda.*

SHOT

angled shot ▷ *chute cruzado*

The right wing cut into the area and beat the goalie with an angled shot.

O ponta direita cortou para dentro da área e venceu o goleiro com um **chute cruzado**.

clinical shot ▷ *chute certeiro*

The midfielder finished the scoring with a clinical shot into the top right--hand corner of the net.

O meia fechou o placar com um **chute certeiro** *no ângulo direito.*

goal-bound shot ▷ *chute em direção ao gol*

The goalkeeper saved a goal-bound shot by parrying it out of play.

O goleiro defendeu um **chute em direção ao gol** *espalmando a bola para fora.*

harmless shot ▷ *chute sem perigo*

The player struck what seemed to be a harmless shot, but it deflected off the defender and went into the goal.

O jogador deu **chute que parecia sem perigo**, *mas que entrou depois de desviar no zagueiro adversário.*

to miss a shot ▷ *errar o chute*

The striker missed a shot from point-blank range.

O atacante **errou um chute** *à queima-roupa.*

no shot! (keeper asking defender to stop the opponent with the ball from shooting on goal) ▷ *não deixa chutar!*

powerful shot; strong shot ▷ *chute forte*

From short range, an accurate shot can be more efficient than a powerful shot.

De perto, um chute preciso pode ser mais eficiente do que um **chute forte**.

scoop/chip/lob shot ▷ *cavadinha*

Messi's third goal, a teasing chip shot over the keeper, brought the Camp Nou house down.

*O terceiro do Messi, uma **cavadinha** marota sobre o goleiro, trouxe o estádio do Camp Nou abaixo.*

to send the shot ▷ *mandar a bola*

The striker sent the shot over the bar.

*O atacante **mandou a bola** por cima do gol.*

shot that missed the target ▷ *chute para fora*

The player came close to scoring but his shot missed the target.

*O jogador chegou perto de marcar um gol, mas seu **chute foi para fora**.*

shot/strike from outside the (penalty) box/from outside the (penalty) area/from outside the 18-yard box/area (AmE)/from outside the 18 (AmE) ▷ *chute de fora da área*

The striker hit a shot from outside the box that brushed the far post before going out of bounds.

*O atacante acertou um **chute de fora da área** que raspou o segundo pau antes de sair pela linha de fundo.*

The midfielder scored on a strike from outside the 18-yard box.

*O meio-campista marcou num **chute de fora da área**.*

shots on target; shots on goal; shots on frame ▷ *chutes a gol*

The team played a good defensive game allowing only three shots on target.

*O time teve um bom esquema defensivo e cedeu apenas três **chutes a gol**.*

Brazil took 15 shots on goal while Argentina managed four.

*O Brasil deu um total de 15 **chutes a gol**, enquanto a Argentina conseguiu quatro.*

In the first half, the team's offense took 14 shots on frame.

*No primeiro tempo, o ataque do time deu 14 **chutes a gol**.*

SHOT

shots taken ▷ *chutes dados*

The player finished the World Cup with 15 shots taken.

*O jogador terminou a Copa do Mundo com 15 **chutes dados**.*

swerve shot; swerving shot ▷ *chute com efeito*

The striker chested down the ball in the area and sent a swerve shot into the net.

*O atacante matou a bola de peito dentro da área, pôs no chão e mandou um **chute com efeito** para o fundo do gol.*

to take a shot ▷ *dar um chute*

The player took a shot from close range.

*O jogador **deu um chute** a curta distância.*

unstoppable shot ▷ *chute indefensável*

The player sprinted past two defenders and unleashed an unstoppable shot from outside the area.

*O jogador passou em velocidade por dois zagueiros e soltou um **chute indefensável** de fora da área.*

well-placed shot ▷ *chute bem colocado*

A well-placed shot in the corner is very hard for goalkeepers to save.

*Um **chute bem colocado** no canto é difícil para o goleiro defender.*

The midfielder dribbled past a defender and fired a well-placed shot with his left foot into the far bottom corner.

*O meio-campista driblou um zagueiro e soltou **um chute bem colocado** de pé esquerdo no canto baixo oposto.*

The forward hit a well-placed shot to give to home team a 3-2 lead.

*O atacante acertou **um chute bem colocado** e deu ao time da casa a vantagem de 3 a 2.*

well-taken shot ▷ *chute bem dado; belo chute*

Flamengo's striker netted home with a well-taken shot after a failed clearance from Botafogo's backline off a corner kick.

SHOULDER CHARGE

*O atacante do Flamengo marcou com um **belo chute** depois de a defesa do Botafogo falhar na tentativa de corte numa cobrança de escanteio.*

shoulder charge ▷ carga de ombro; tranco com o ombro

to be shoulder charged ▷ receber carga de ombro/tranco com o ombro; ser deslocado com o ombro

The forward was shoulder charged in the box.

*O atacante **foi deslocado com o ombro** dentro da área.*

to shoulder charge ▷ fazer carga de ombro; deslocar com o ombro; tirar da bola com o ombro

The defender shoulder charged the striker off the ball.

*O zagueiro **tirou** o atacante **da bola com o ombro**.*

showboat [AmE - informal] ▷ jogador de firula

to showboat [AmE - informal] ▷ fazer firula [informal]

He started showboating too early in the game.

*Ele começou a **fazer firula** muito cedo na partida.*

(to) show up ▷ aparecer

He is a key player and needs to show up in the big games.

*Ele é um jogador-chave e precisa **aparecer** nos jogos importantes.*

shutout [AmE] ▷ sem tomar/levar gol

SEE ALSO CLEAN SHEET

side ▷ time; equipe

SEE ALSO TEAM

(TO) SIGN

sideline; touchline ▷ *lateral; linha lateral*

`SEE ALSO` LINE

sideline photographer ▷ *fotógrafo de campo*

sideline reporter ▷ *repórter de campo*

to sideline a player ▷ *afastar um jogador*

Real Madrid's attacker will be sidelined until October.

*O atacante to Real Madrid ficará **afastado** até outubro.*

(to) sidefoot the ball ▷ *chutar/bater com o lado do pé*

The striker received the pass and sidefooted it into the back of the net.

*O atacante recebeu o passe e **chutou com o lado do pé** para o fundo da rede.*

side-footed ▷ *com o lado do pé; de lado de pé*

side-footed goal ▷ *gol com o lado do pé*

side-footed pass ▷ *passe com o lado do pé*

side-footed shot ▷ *chute com o lado do pé*

side netting ▷ *rede pelo lado de fora*

The left back hit the ball with his head and sent it to the side netting.

*O lateral esquerdo cabeceou a bola e mandou na **rede pelo lado de fora**.*

(to) sign ▷ *contratar*

`SEE ALSO` UNATTACHED

The club has signed a Colombian forward.

*O time **contratou** um atacante colombiano.*

to sign with a club ▷ *acertar/assinar/fechar (contrato) com um time*

The Argentinean mid-fielder has signed with a Brazilian club and will play in the club in the next season.

SIGNING

*O meio-campo argentino **acertou** com um clube brasileiro e defenderá o time na próxima temporada.*

signing ▷ contratação

The Ecuadorian forward was a good signing for the team.
*O atacante equatoriano foi uma boa **contração** para a equipe.*
The team is looking for new signings for the next season.
*O time está a procura de novas **contratações** para a próxima temporada.*

(to) simulate ▷ simular

The player got a card for simulating a trip.
*O jogador recebeu cartão por **simular** um calço.*

simulation; flop [informal] ▷ simulação

The player got a card for a flop.
*O jogador recebeu cartão por **simulação**.*

(to) sit out ▷ ficar de fora

The player was injured and sat out the team's final.
*O jogador foi contundido e **ficou de fora** da final.*

sitter ▷ gol feito

The forward missed a sitter and the opportunity to put his team in the lead.
*O atacante perdeu um **gol feito** e a oportunidade de colocar seu time na frente.*

(an X on X) situation ▷ *X contra X*

The forward had a three on two situation to score.

*O atacante ficou no **três contra dois** para marcar o gol.*

They counter-attacked at full speed and created a four-on-two situation.

*Ele contra-atacaram em alta velocidade e ficaram no **quatro contra dois**.*

one-on-one situation; one-on-one opportunity; a one-on-one ▷ *mano a mano; cara a cara*

The striker had a one-on-one with the goalie.

*O atacante ficou **cara a cara** com o goleiro.*

The player found himself in a one on one with the goalie.

*O jogador ficou no **mano a mano** com o goleiro.*

The midfielder put the forward in a one on one situation with the defender.

*O meio-campista deixou o atacante no **mano a mano** com o zagueiro.*

skill ▷ *habilidade*

SEE ALSO ABILITY

skillful ▷ *habilidoso*

The striker is quick, skillful and has a nose for the goal.

*O atacante é rápido, **habilidoso** e tem faro de gol.*

(to) skip off (the ground, the turf, the grass etc.) ▷ *quicar*

The ball skipped off the ground and went through the keeper's legs.

*A bola **quicou** e passou por entre as pernas do goleiro.*

SKIPPER

skipper [informal]; captain ▷ *capitão*

(football/soccer) socks ▷ *meiões*

snoozer ▷ *jogo morno; jogo que dá sono*

soccer [chiefly AmE] ▷ *futebol*
SEE ALSO FOOTBALL

space ▷ *espaço*

    to create space ▷ *criar espaço*

The team dominated possession and created space for attacking threats.

*A equipe dominou a posse de bola e **criou espaço** para levar perigo ao ataque.*

    to deny space ▷ *não dar espaço*

The players came in knowing that they had to deny space to the opposing team.

*A equipe entrou sabendo que **não podia dar espaço** ao time adversário.*

    to exploit the space ▷ *explorar o espaço*

He's a very fast striker who knows how to exploit the space behind the defenders.

*Ele é um atacante muito rápido que sabe **explorar o espaço** atrás dos zagueiros.*

The strikers were able to exploit the space left by the advanced midfielders.

*O atacante conseguiu **explorar o espaço** deixado pelos meias avançados.*

    to fill space ▷ *preencher os espaços*

to open space ▷ *espaço aberto*

The midfielder's pass found the striker in the open space to score the team's first goal.

*O passe preciso do meio-campista encontrou o atacante no **espaço aberto** para marcar o primeiro gol da equipe.*

space behind (a player) ▷ *espaço nas costas (de um jogador)*

The defensive midfielder must provide cover for the space behind the right fullback.

*O volante precisa dar cobertura para o **espaço nas costas** do lateral direito.*

speakers (stadium) ▷ *alto-falantes*

(to) spill (of the keeper) ▷ *rebater; dar rebote*

SEE ALSO TO FUMBLE

The keeper spilled the ball into the path of the striker who drilled it to the back of the net.

*O goleiro **rebateu** a bola nos pés do atacante, que empurrou para o fundo da rede.*

spirit; hustle [AmE] ▷ *garra; raça*

The player is admired for his spirit.

*O jogador é admirado por sua **garra.***

They scored the equalizer on a hustle play.

*Eles marcaram o gol de empate num lance de **raça.***

squad ▷ *plantel; time*

SEE ALSO TEAM

STAGE

stage; phase ▷ *fase*

group stage ▷ *fase de grupo*

The team easily made it out of the group stage to the quarterfinals.

*A equipe saiu com facilidade da **fase de grupo** para as quartas de final.*

knockout stage ▷ *fase de mata-mata*

The top two teams from each group advance to the knockout stage.

*Os dois primeiros colocados de cada grupo avançam para a **fase de mata--mata**.*

round robin stage; all-play-all stage ▷ *fase todos-contra-todos*

The round robin stage will decide the top six teams to compete for the title.

*A **fase todos-contra-todos** decidirá os seis primeiros que disputarão o título.*

(to) stand ▷ *valer; ser validado*

Despite the protests from the players, the goal stood.

*Apesar dos protestos dos jogadores, o gol **foi validado**.*

stand access tunnel ▷ *o túnel de acesso às arquibancadas*

standing (foot, leg etc.) ▷ *(pé, perna etc.) de apoio*

As he took the penalty kick, his standing foot slipped and the ball flew over the bar.

*Quando ele cobrou o pênalti, seu **pé de apoio** escorregou e a bola voou por cima do travessão.*

standings ▷ *classificação; a tabela de classificação; tabela*

This game is a matchup of the two teams at the top of the standings.

*Este jogo é o encontro dos dois times na parte de cima da **tabela**.*

The four teams at the bottom of the standings are relegated to the second division.

Os quatro times na parte de baixo da **tabela** *são rebaixados para a segunda divisão.*

The team moved up in the standings with a 2-0 win.

O time subiu na **classificação** *com uma vitória de 2 a 0.*

The team lead the standings on goal difference.

O time lidera a **tabela** *no saldo de gols.*

> **position in the standings** ▷ *posição na classificação*
>
> **current standings** ▷ *classificação atual*
>
> **full standings** ▷ *classificação/tabela completa*

starting lineup ▷ *time/equipe que começa jogando; time/equipe que começa a partida; time/equipe que começa o jogo; time/equipe titular (in certain contexts)*

The coach hasn't announced the starting lineup for the match againts Argentina.

O técnico ainda não anunciou a **equipe que começa a próxima partida** *contra a Argentina.*

The Brazilian star is back to the starting lineup.

O craque brasileiro está de volta à **equipe titular**.

> **starting player; starter** ▷ *titular*
>
> `SEE ALSO` PLAYER

statistics; stats ▷ *estatísticas*

stepover; stepover move ▷ *pedalada*

He cleared the defender with a clever stepover.

Ele livrou-se do zagueiro com uma **pedalada** *esperta.*

(to) steal the ball ▷ *roubar a bola*

The midfielder stole the ball from the opposing striker and fed it to the left wingback.

O meio-campista **roubou a bola** *do atacante adversário e serviu o ala esquerdo.*

steal ▷ *bola roubada; roubada de bola*

The midfielder made several key steals during the match.

O meio-campista fez várias **roubadas de bola** *importantes durante a partida.*

The defender pulled off ten steals during the match.

O zagueiro conseguiu dez **bolas roubadas** *durante a partida.*

step up!; step out!; move up!; move out! (call by goalkeeper or defender telling defenders to move upfield) ▷ *sai!*

stick [informal] ▷ *pau [informal]; trave*

SEE ALSO POST

stoppage ▷ *parada*

The stoppage in play benefitted the team that committed the foul.

A parada do jogo beneficiou o time que fez a falta.

stoppage time ▷ *tempo de acréscimo*

SEE ALSO TIME

strategy ▷ *estratégia; esquema; esquema tático; tática*

SEE ALSO TACTICS

UNBEATEN STREAK/RUN

streak; a run ▷ *série*

to end an unbeaten streak/run ▷ *acabar/encerrar/terminar com a invencibilidade*

The team ended its rival's 36-match unbeaten run.

*A equipe **acabou com a invencibilidade** de 36 partidas de seu rival.*

to end an unbeaten streak/run (against a team) ▷ *quebrar um tabu*

The team ended a five-game unbeaten run against Germany.

*O time **quebrou um tabu** de cinco jogos contra a Alemanha.*

to end/snap a losing streak ▷ *quebrar/interromper série de derrotas*

losing streak ▷ *série de derrotas*

The one-goal defeat extended the team's losing streak.

*A derrota por um gol aumentou a **série de derrotas** da equipe.*

home losing streak ▷ *série de derrotas em casa*

The team is looking to snap its home losing streak.

*A equipe quer quebrar sua **série de derrotas em casa**.*

away losing streak ▷ *série de derrotas fora de casa*

unbeaten streak/run ▷ *série sem derrota; série invicta; invencibilidade*

The draw continued the club's unbeaten streak this season.

*O empate deu continuidade à **invencibilidade** do time nesta temporada.*

away unbeaten streak/run ▷ *série sem derrota fora de casa; invencibilidade fora de casa*

The team's away unbeaten streak reaches eight with the 2-2 draw in Rio de Janeiro.

*A **invencibilidade** da equipe **fora de casa** chega a oito jogos com o empate de 2 a 2 no Rio de Janeiro.*

home unbeaten streak/run ▷ *série sem derrota em casa; invencibilidade em casa*

The team has extended its home unbeaten run to a Brazilian League record of 23 matches.

*O time aumentou sua **invencibilidade** em casa para 23 jogos, recorde no Campeonato Brasileiro.*

winless run/streak ▷ *série sem vitória*

    home winless run/streak ▷ *série sem vitória em casa*

    away winless run/streak ▷ *série sem vitória fora de casa*

winning run; winning streak ▷ *100% de aproveitamento; série de vitórias*

Zico's goal gave Flamengo a win to extend his team's winning run at home.

*O gol do Zico deu a vitória ao Flamengo e manteve o **100% de aproveitamento** da equipe em casa.*

The team began a winning streak over their rival.

*O time iniciou uma **série de vitórias** contra seu rival.*

strength and conditioning coach; fitness coach ▷
preparador físico

strecther ▷ *maca*

The medical team ran onto the field and placed the payer on a stretcher.

*A equipe médica correu para o campo e colocou o jogador numa **maca**.*

    to be stretchered off ▷ *sair de maca*

(to) strike; to kick ▷ *chutar*

    strike ▷ *chute*

SUBSTITUTE

wonder strike ▷ *chute espetacular*

The midfielder fired a wonder strike into the upper left corner of the goal.

*O meio-campista mandou um **chute espetacular** no ângulo esquerdo do gol.*

The striker hit a wonder strike and put the team two up.

*O atacante acertou um **chute espetacular** e deixou a equipe com dois gols de vantagem.*

to strike it first-time ▷ *chutar de primeira; dar um chute de primeira*

The midfielder struck it first-time on goal.

*O meio-campista **chutou de primeira** para o gol.*

to strike it with power ▷ *chutar com força*

The right wing struck it with power and the ball went right in, but the goal was disallowed.

*O ponta direita **chutou com força** e a bola foi direto para o fundo da rede, mas o gol foi anulado.*

striker; forward; attacker ▷ *atacante*

first striker ▷ *primeiro atacante*

second striker; secondary striker; supporting striker ▷ *segundo atacante*

strip; kit; uniform [AmE] ▷ *uniforme*

`SEE ALSO` KIT

substitute; reserve [adjective] ▷ *reserva*

`SEE ALSO` PLAYER

The star of the game was the substitute goalkeeper.

*O grande nome do jogo foi o goleiro **reserva**.*

The team's reserve squad will play against an already relegated opponent.

SUBSTITUTION

A equipe **reserva** *do time jogará contra um adversário já rebaixado.*

to be substituted on; to be subbed on [informal] ▷ *entrar como substituto*

The player was sent off ten minutes after being subbed on.

O jogador foi expulso dez minutos depois de **entrar como substituto**.

to be substituted out/off; to be subbed out/off; to leave ▷ *sair para ser substituído*

The young striker was subbed out, avoiding a second yellow card that would have kept him out of the final.

O jovem atacante **saiu para ser substituído** *e evitar um segundo cartão amarelo que o deixaria de fora da final.*

The goal scorer got a huge round of applause as he left the field.

O artilheiro recebeu muitos aplausos quando **saiu** *de campo.*

to substitute; to sub [informal]; to replace ▷ *substituir*

The veteran was replaced by the young striker in the second half.

O veterano foi **substituído** *pelo jovem atacante no segundo tempo.*

The team's third-choice goalkeeper was subbed on for the first-choice keeper, who was not fully recovered from an injury.

O terceiro goleiro da equipe **substituiu** *o goleiro reserva, que não estava completamente recuperado de uma contusão.*

substitution ▷ *substituição*

The coach's third and final substitution had an immediate impact.

A terceira e última **substituição** *da técnica teve efeito imediato.*

sudden death ▷ *morte súbita*

(to) support ▷ *torcer*

(to) support (a club) ▷ *torcer para*

What club do you support?

***Para** qual time você **torce**?*

to cheer for; to root for [AmE]; to barrack for [AUS] (to express your support) ▷ *torcer*

The fans chanted and cheered for their team throughout the game.

*Os torcedores cantavam e **torciam** durante todo o jogo.*

to support; to root/pull for [AmE] (to hope that a club wins) ▷ *torcer para*

Now that your team was kicked out of the tournament, which team are you rooting for?

*Agora que seu time foi eliminado da competição, **para** qual time você está **torcendo**?*

supporters; fans ▷ *torcida; torcedores*

supporters group; supporters club ▷ *torcida organizada; torcida uniformizada*

suspended ▷ *suspenso*

The player was suspended for doping.

*O jogador foi **suspenso** por doping.*

sweeper ▷ *líbero*

(to) swerve ▷ *fazer curva*

The ball swerved a bit and caught the keeper on the wrong foot.
*A bola **fez** uma pequena **curva** e pegou o goleiro no contrapé.*

(to) switch ▷ *revezar*

The striker is an all-rounder and often switches with the midfielder to play down the middle.
*O atacante sempre **reveza** com o meia para jogar pelo meio.*

switch of play ▷ *inversão de jogada*

A great switch of play from the left wing found the striker open on the right side of the box.
*Uma grande **inversão de jogada** do lado esquerdo do campo encontrou o atacante livre no lado direito da área.*

to switch play ▷ *virar o jogo; fazer a inversão de jogada*

The midfielder is a two-footed player, showing excellent skills with both feet, being easily able to switch play from one side to another.
*O meio-campista é ambidestro e demonstra excelente habilidade com ambos os pés, podendo facilmente **virar o jogo** de um lado para o outro.*

(to) swivel; to turn ▷ *girar; fazer o giro (de corpo)*

The striker controlled the ball on his chest then swiveled and struck an unstoppable volley into the back of the net.
*O atacante matou a bola no peito, **girou** e mandou um voleio indefensável para o fundo da rede.*

system of play; formation ▷ *sistema de jogo; formação*

The team is known for 4-4-2 system of play.
*A equipe é conhecida por seu **sistema de jogo** em 4-4-2.*

TACTICS

The team came out in the second half with a more defensive formation.

*O time voltou no segundo tempo com uma **formação** mais defensiva.*

tackle; slide tackel ▷ *carrinho*

to be tackled ▷ *receber/levar um carrinho*

The player was injured after being tackled hard during the previous game.

*O jogador se contundiu depois de **receber um carrinho** violento durante a última partida.*

harsh/hard tackle ▷ *carrinho violento*

slide tackle ▷ *carrinho lateral*

to tackle ▷ *dar/aplicar um carrinho*

tackle from behind ▷ *carrinho por trás*

to tackle it/the ball away ▷ *tirar (a bola) de carrinho*

The player lost the ball but chased back and tackled it away.

*O jogador perdeu a bola mas voltou para recuperá-la e **tirá-la de carrinho**.*

tactics; game plan; strategy; scheme* ▷ *esquema; esquema tático; estratégia; tática*

The visitors started the game with a defensive game plan/scheme, with five players at the back.

*O time visitante começou a partida com uma **tática** defensiva, com cinco jogadores atrás.*

Both teams used offensive tactics and the game turned out to be very exciting.

*As duas equipes usaram uma **tática** ofensiva e o jogo acabou sendo bastante empolgante.*

The coach will change the team's scheme for the next game.

*O **técnico mudará o esquema tático** do time para a próxima partida.*

* Although outside of the field of sports a distinction may be made between the terms "strategy", "tactics", "game plan" and "scheme", in football they are often used interchangeably, both in Portuguese and in English.

(to) take away ▷ *desarmar*

`SEE ALSO` TO DISPOSSESS

to take down [informal] ▷ *derrotar; vencer*
`SEE ALSO` TO BEAT

to take the lead ▷ *sair na frente*
`SEE ALSO` LEAD

taker (of free-kick/corner kick) ▷ *batedor; cobrador*

The Argentinean midfielder is probably the best free-kick taker in the tournament.

*O meio-campista argentino é provavelmente o melhor **batedor** de falta deste campeonato.*

(to get) tangled up ▷ *enroscar-se*

The striker got tangled up with two defenders in the box and asked for a penalty.

*O atacante **se enroscou** com dois zagueiros na área e pediu pênalti.*

target ▷ *meta; gol*

The ball curled in towards the target.

*A bola fez uma curva em direção à **meta**.*

off target ▷ *para fora*

The right back sent a shot off target.

*A lateral direito mandou um chute **para fora**.*

target man ▷ *homem/jogador de referência; pivô*

TEAM

technical area ▷ *área técnica*

team; club; squad; side; lineup (in some contexts) ▷ *time; equipe*

away team/side/squad ▷ *time visitante; equipe visitante*
The away goals rule ends up benefitting the away side with an offensive attitude.

*A regra do gol fora de casa acaba beneficiando a **equipe** visitante com postura ofensiva.*

first team ▷ *time principal; equipe principal*
The young back is the start of the U17 team, but his goal is to play for the first team.

*O jovem zagueiro é o craque da equipe sub-17, mas seu objetivo é jogar **no time principal**.*

first-choice team ▷ *time titular; equipe titular*
The Brazilian coach expects to field his first-choice team against Argentina.

*O técnico brasileiro espera pôr em campo a **equipe titular** contra a Argentina.*

home team/side/squad ▷ *time da cada; a equipe da casa*
The midfielder scored on a free kick to give the home squad the equalizer.

*O meio-campista marcou numa cobrança de falta para dar o empate à **equipe da casa**.*

opposing team/side/squad ▷ *time adversário; equipe adversária*
The fans' hope ended when the opposing team scored a goal.

*A esperança dos torcedores terminou quando o **time adversário** marcou um gol.*

to put a team through ▷ *classificar*

A goal scored at the last minute of extra time gave the team the win and put them through to the quarterfinals.

Um gol marcado no último minuto do tempo extra deu a vitória ao time e o **classificou** *para as quartas de final.*

reserve team; B team ▷ *time reserva; equipe reserva; time B; equipe B*

The team's focus is the Libertadores Cup, and for the Brazilian league the coach will field the reserve team.

O foco da equipe é a Copa Libertadores, e para o Campeonato Brasileiro o técnico colocará em campo o **time reserva**.

team store [AmE]; club shop ▷ *loja do clube*

teammate ▷ *companheiro de equipe*

The midfielder made a good decision not to pass to a teammate that was offside.

O meio-campista fez bem em não passar a bola para o **companheiro de equipe** *que estava impedido.*

The goalkeeper collided with a teammate and had to receive treatment.

O goleiro trombou com um **companheiro de equipe** *e teve que receber atendimento.*

telecast ▷ *transmissão por TV*

to telecast; to televise ▷ *transmitir por TV; televisionar*

The game will be telecast live.

O jogo será **televisionado** *ao vivo.*

thermal shorts (of the player) ▷ *bermuda térmica*

touch ▷ *toque*

The striker received a pass and after three touches fired at goal.

*O atacante recebeu um passe e depois de três **toques** chutou a gol.*

to take a touch ▷ *dar um toque na bola*

The player took a touch before shooting.

*O jogador **deu um toque** antes de chutar.*

throw-in ▷ *cobrança de lateral; arremesso; lateral*

The player took advantage of the fact that the defense was not in position and took the throw-in quickly.

*O jogador aproveitou que a defesa não estava posicionada e cobrou o **lateral** rapidamente.*

The ref allowed the player to re-take the throw-in.

*A juíza permitiu à jogadora repetir a **cobrança de lateral**.*

(to) thrash; to throttle [AmE] ▷ *dar uma surra*

Bolivia thrashed Argentina 6-1.

*A Bolívia **deu uma surra** de 6 a 1 na Argentina.*

to be thrashed; to be throttled [AmE] ▷ *levar uma surra*

The team was throttled 6-1 by their rival.

*A equipe **levou uma surra** de 6 a 1 de seu rival.*

through ▷ *classificado*

The team is through to the next stage.

*O time está **classificado** para a próxima fase.*

as good as through ▷ *praticamente classificado*

The team is as good as through to the next stage.

*O time está **praticamente classificado** para a próxima fase.*

TICKET

ticket ▷ *ingresso*

ticket office ▷ *bilheteria*
ticket window ▷ *guichê*

(to) tie; to equalize (by scoring) ▷ *empatar*

The defender sent a header into the back of the net to equalize the score at 1-1.

*O zagueiro cabeceou para o fundo da rede para **empatar** o placar em 1 a 1.*

The midfielder took a nice shot outside the box to tie the match at 2-2.

*O meio-campista deu um belo chute de fora da área para **empatar** a partida em 2 a 2.*

tie; draw ▷ *empate*

The goalkeeper made a great save and kept the 1-1 tie.

*O goleiro fez uma grande defesa e manteve o **empate** em 1 a 1.*

The match ended in a scoreless/goalless draw.

*A partida terminou em **empate** sem gol.*

tiebreaker ▷ *o critério de desempate*

The goal differentials is the first tiebreaker of the tournament.

*O saldo de gols é o primeiro **critério de desempate** da competição.*

penalty kick tiebreaker ▷ *desempate por penalidades*

After the regulation and extra time finished tied, the team won the tournament on a penalty kick tiebreaker.

*Depois que o tempo regulamentar e a prorrogação terminaram em empate, o clube ganhou o torneio no **desempate por penalidades**.*

upper/lower tier (of the stand) ▷ *anel superior/inferior (da arquibancada)*

(TO) TOE THE BALL

tight angle ▷ *ângulo fechado*

SEE ALSO ANGLE

time ▷ *tempo*

added time; injury time; stoppage time ▷ *tempo de acréscimo; acréscimo; acréscimos*

The goal came in the fifth minute of injury time.

*O gol veio aos cinco minutos dos **acréscimos**.*

playing time ▷ *tempo de jogo*

The player hopes to get more playing time in the next game.

*O jogador espera ter mais **tempo de jogo** na próxima partida.*

The players need more playing time together.

*Os jogadores precisam de mais **tempo de jogo** juntos.*

regulation time ▷ *tempo regulamentar*

The end of game was especially exciting with four goals in the last ten minutes of regulation time.

*O final do jogo foi particularmente emocionante, com quatro gols nos últimos dez minutos de **tempo regulamentar**.*

time added on ▷ *tempo de acréscimo; acréscimo; acréscimos*

Three minutes will be added on.

*Haverá três minutos de **acréscimo**.*

The team scored in time added on at the end of the first half.

*O time marcou nos **acréscimos** no final do primeiro tempo.*

timer (of the official) ▷ *cronômetro*

(to) toe the ball ▷ *chutar de bico*

top seed; seed ▷ *cabeça-de-chave*

Brazil is the top seed of that group.

*O Brasil é o **cabeça-de-chave** daquele grupo.*

to top seed; to seed ▷ *(escolher como) cabeça-de-chave*

Eight teams were top seeded.

*Oito equipes foram **escolhidas como cabeça-de-chave**.*

touchline; side line ▷ *linha lateral; lateral*

`SEE ALSO` LINE

(to) track back ▷ *voltar para marcar*

The team needs an attacking mid who can track back.

*O time precisa de um meia atacante que saiba **voltar para marcar.***

(to) trade passes ▷ *trocar passe*

`SEE ALSO` PASS

(to) trail ▷ *estar atrás no placar*

The team was trailing by one goal.

*O time **estava um gol atrás no placar**.*

(to) train ▷ *treinar*

`SEE ALSO` TO PRATICE

the training ▷ *treino*

`SEE ALSO` PRATICE

training field ▷ *campo de treinamento*

TRICK

transfer window ▷ *janela de transferência*

The club hopes to close some good deals before the transfer window comes to an end in Europe.

*O clube espera fazer bons negócios antes de a **janela de transferência** se encerrar na Europa.*

(to) trap the ball ▷ *matar a bola*

SEE ALSO BALL

treatment ▷ *atendimento*

The player needed treatment in the first half.

*A jogadora precisou de **atendimento** no primeiro tempo.*

(a/the) treble* ▷ *Tríplice Coroa; tríplice coroa*

He helped his team win an unprecedented treble.

*Ele ajudou seu time a conquistar uma **tríplice coroa** inédita.*

It was the first team to win the Spanish treble.

*Foi o primeiro time a conquistar a **Tríplice Coroa** espanhola.*

* The treble is an achievement by a team that wins three trophies in one single season. This will vary from country to country, but a treble usually involves winning the top--tier domestic leagues and at least one continental trophy.

trick; move ▷ *drible*

The striker caused problems to the opposing backline, with his skills and his dazzling tricks.

*O atacante causou problema à defesa adversária com sua habilidade e seus **dribles** fantásticos.*

(to) trickle in ▷ *entrar chorando* [informal]

The keeper spilled the shot and the ball trickled in over the goal line.

*O goleiro rebateu o chute e a bola **entrou chorando** pela linha do gol.*

(to) trip (up) (an opponent) ▷ *calçar (um jogador adversário)*

The defender missed the ball and tripped up his opponent.

*O zagueiro errou a bola e **calçou** seu adversário.*

trophy ▷ *troféu*

trophy case [figurative] ▷ *galeria de troféus*

The club can add another title to its trophy case.

*O time pode acrescentar mais um título à sua **galeria de troféus**.*

turf; ground ▷ *gramado; campo; casa*

The team will decide the championship on on the opponent's turf.

*O time decidirá o campeonato na **casa** do adversário.*

The team has its own ground.

O time tem seu próprio campo.

artificial turf; synthetic turf; artificial surface; artificial grass ▷ *grama artificial; grama sintética*

SEE ALSO GRASS

The team has a trip to Moscow for a game on artificial turf against CSKA.

*A equipe viaja até Moscou para uma partida em **grama sintética** contra o CSKA.*

neutral turf ▷ *campo neutro*

The match will be played on neutral turf.

*A partida será jogada em **campo neutro**.*

UNIFORM

(to) turn ▷ *girar*

`SEE ALSO` TO SWIVEL

turnstiles (stadium) ▷ *catracas*

two-time champion; three-time champion; four- -time champion; five-time champion etc. ▷ *bicampeão; tricampeão; tetracampeão; pentacampeão etc.*

The two-time World Cup champions.
Os **bicampeões** da Copa do Mundo.

unattached ▷ *sem contrato*

`SEE ALSO` TO SIGN

The player has been competing unattached for a year.
O jogador está há um ano jogando **sem contrato**.
As the coach was unattached, the club decided to hire him without fear of having to pay a transfer fee for his services.
Como o técnico estava **sem contrato**, o clube decidiu contratá-lo sem medo de ter de pagar uma multa de transferência.

unbeaten streak/run ▷ *série sem derrota; série invicta; invencibilidade*

`SEE ALSO` STREAK/RUN

underdog ▷ *azarão*

uniform [AmE]; kit; strip ▷ *uniforme*

`SEE ALSO` KIT/STRIP

unmarked; open ▷ *desmarcado; livre; livre de marcação; sem marcação*

The midfielder's pass found an unmarked teammate arriving in the box.

*O passe do meio-campista encontrou um companheiro **desmarcado** chegando na área.*

The team was caught off guard by the play that left the striker open down the right sideline.

*O time foi pego de surpresa pela jogada que deixou o atacante **livre** pela lateral direita.*

unroofed (stadium) ▷ *descoberto*

SEE ALSO ROOFED

unsporting behavior; unportsmanlike conduct ▷ *atitude/conduta antidesportiva*

The referee booked the player for unsporting behavior.

*A juíza deu cartão à jogadora por **conduta antidesportiva**.*

(to be/play a man) up ▷ *estar com um homem a mais*

SEE ALSO DOWN

The team took advantage of being a man up.

*O time aproveitou a vantagem de estar com **um homem a mais**.*

They played a man up against their rival for the last 30 minutes.

*Eles jogaram com **um homem a mais** contra seu rival nos últimos 30 minutos.*

up front ▷ *lá na frente*

The striker is on his own up front.

*O atacante está sozinho **lá na frente**.*

upper 90 [AmE]; top corner of the goal ▷ *ângulo; canto superior do gol*

`SEE ALSO` GOAL

upset ▷ *zebra*

They are not a top-tier team, but they have enough veterans to pull off an upset in their next match.

*Eles não são um time grande, mas contam com jogadores veteranos suficientes para conseguir uma **zebra** no próximo jogo.*

vanishing spray (paint) ▷ *spray demarcatório*

(training; scrimmage; practice) vest/bib/pinny ▷ *colete (de treinamento)*

video screen ▷ *telão*

(to) volley the ball ▷ *chutar de voleio*

The midfielder's cross found the striker, who volleyed the ball into the back of the net.

*O cruzamento do meio-campista encontrou o atacante, que **chutou de voleio** para o fundo da rede.*

volley ▷ *chute de voleio; voleio*

The midfielder settled a rebound from the keeper on his chest and hit a volley into the upper corner.

*O meio-campista matou o rebote do goleiro no peito e acertou **um voleio** no ângulo.*

walk in the park ▷ *passeio*

They said the game would be a walk in the park for Brazil, but it wasn't.

*Falaram que o jogo seria um **passeio** para o Brasil e não foi.*

wall ▷ *barreira*

to adjust the wall ▷ *ajeitar/arrumar a barreira*

to set up a wall ▷ *formar barreira*

the shot hit the wall ▷ *o chute acertou a barreira*

three-man wall; three-woman wall ▷ *barriera de/com três jogadores*

a wall (pass) ▷ *tabela*

SEE ALSO GIVE-AND-GO

the wall is set up ▷ *a barreira está formada*

(to) warm the bench; to ride pine [informal] ▷ *esquentar o banco de reservas*

With so many talented veterans on the team, the rookie knows he will warm the bench for a while.

*Com tantos veteranos de talento no time, o novato jogador sabe que **esquentará o banco** por algum tempo.*

The coach said to the striker that she'd ride pine if she didn't have a good performance in the next game.
A técnica disse à atacante que ela **esquentaria o banco** *se não se apresentasse bem no próximo jogo.*

warm-up area ▷ *área de aquecimento*

warm-up friendly ▷ *jogo preparatório; partida preparatória; jogo-treino*

SEE ALSO MATCH

warning ▷ *advertência*

The referee stopped the match and gave a verbal warning to the coach.
O juiz parou a partida e deu uma **advertência** *verbal ao técnico.*

washout ▷ *fiasco*

Last season was a washout.
A temporada passada foi um **fiasco.**
The team's international signings turned out to be a washout.
As contratrações internacionais que o time fez foram um **fiasco.**

wave; Mexican wave; la Ola ▷ *ola*

The crowd was cheering and doing the wave.
A torcida vibrava e fazia a **ola.**

(to) weave (his/her) way into ▷ *entrar driblando*

The right wingback weaved his way into the box and sent a shot across the face of the goal.

*O ala direito **entrou driblando** na área e mandou um chute que passou na frente do gol.*

to weave (his/her) way through ▷ *passar driblando por*

The striker weaved his way through the defense before firing a rocket into the net.

*O atacante **passou driblando pela** defesa antes de soltar um foguete para o gol.*

webcast ▷ *transmissão pela internet; transmissão on-line*

to webcast ▷ *transmitir pela internet; transmitir on-line*

whistle ▷ *apito*

final whistle ▷ *apito final; final de jogo/partida*

The team held the 1-0 lead until the final whistle.

*O time segurou a vantagem de 1 a 0 até o **final do jogo**.*

At the final whistle, the players celebrated the win.

*No **final do jogo**, os jogadores celebraram a vitória.*

The player was sent off two minutes before the final whistle.

*O jogador foi expulso dois minutos antes do **apito final**.*

finger grip whistle ▷ *apito com dedal*

there's the full-time whistle!/that's the final whistle! (call by the announcer) ▷ *final de jogo!; fim de jogo!*

whistle with lanyard ▷ *apito com cordão*

to whistle/to call a foul/a handball/a dangerous play etc. ▷ *apitar/dar/marcar falta/pênalti/mão na bola/jogo perigoso etc.*

The ref whistled a dangerous play against Uruguay.

*O juiz **marcou** jogo perigoso contra o Uruguai.*

The referee whistled a foul on the defender.

*O juiz **deu** falta do zagueiro.*

The referee whistled a penalty and awarded the other team a penalty kick.

*A juíza marcou falta e **deu** cobrança de pênalti a favor do time adversário.*

wide (of the target, of the post etc.) ▷ longe (do gol, da trave etc.)

The right back sent a shot that went/missed wide of the goal.

*O lateral direito mandou um tiro que passou **longe** do gol.*

The forward fired a strike that went well wide of the right post.

*O atacante mandou um chute que fez uma curva e passou bem **longe** da trave direta.*

The midfielder placed a shot that missed wide left.

*A meio-campista colocou a bola **longe** da trave esquerda.*

just wide (of the target; of the post etc.) ▷ perto (do gol, da trave etc.)

The shot went just wide of the goal.

*O chute passou **perto** da trave.*

The forward's header missed just wide of the post.

*A cabeçada do atacante passou **perto** da trave.*

wide ▷ aberto

A shot from the striker wide on the left.

*Um chute do atacante **aberto** na esquerda*

The forward played wide on the right throughout the game.

*O atacante jogou **aberto** na direita o jogo inteiro.*

WIN

win; victory ▷ *vitória*

The striker scored two goals in the team's win over their rival.

*O atacante marcou dois gols na **vitória** da equipe sobre seu rival.*

come-from-behind win/victory/defeat ▷ *vitória de virada*

The team got a come-from-behind win.

*O time conseguiu uma **vitória de virada**.*

Two second-half goals gave the team a come-from-behind defeat over their rival.

*Dois gols no segundo tempo deram à equipe uma **vitória de virada** sobre seu rival.*

to earn a win ▷ *conquistar uma vitória*

to get/make a win ▷ *conseguir uma vitória*

to go for a win ▷ *ir atrás da vitória*

This is a key game and they're **going for a win** against the Spanish team.

*Este é um jogo importante e eles **vão atrás da vitória** contra a equipe espanhola.*

to win the game ▷ *vencer o jogo*

win-or-bust game/match ▷ *jogo que decide a sorte/o futuro*

It's a win-or-bust game for the team.

*Esse **jogo decide a sorte** da equipe.*

The team will play the win-or-bust match against their rival.

*O time irá jogar contra seu rival a **partida que decide o seu futuro**.*

it's win or bust! ▷ *é tudo ou nada!*

It's win or bust for Brazil today!

*Hoje **é tudo ou nada** para o Brasil!*

winless ▷ *não vencer; sem vencer; sem vitória*

After the 1-1 draw, the team remains winless in this season.

Depois do empate em 1 a 1, o time continua **sem vencer** *nesta temporada.*

This is the team's fifth defeat in six winless games.

Esta é a quinta derrota da equipe em seis partidas **sem vitória**.

winless streak/run ▷ *série sem vitória*

`SEE ALSO` STREAK

(right/left) wingback ▷ *ala (direito/esquerdo); lateral (direito/esquerdo) avançado*

winning streak/run ▷ *100% de aproveitamento; série de vitórias*

`SEE ALSO` STREAK

(to) wrap it up; to have the game wrapped up ▷ *resolver a partida; decidir a partida*

The striker had the game wrapped up in the first half.

O atacante **resolveu a partida** *no primeiro tempo.*

The right back scored a beautiful goal late in the match to wrap it up.

O lateral direito marcou um belo gol no final do jogo e **decidiu a partida**.

wristband ▷ *munhequeira*

(to) wrong foot ▷ *pegar/apanhar no contrapé*

The goalkeeper was wrong-footed and stranded by the shot.

O goleiro foi **pego no contrapé** *e ficou sem reação com o chute.*

The striker struck it beautifully and it wrong-footed the keeper.
*O atacante acertou um belo chute que **pegou o goleiro no contrapé**.*

wrong way ▷ *lado errado*
The goalie jumped the **wrong way**.
*O goleiro pulou para o **lado errado**.*

yellow card ▷ *cartão amarelo*
SEE ALSO CARD

youth academy ▷ *divisões de base; categorias de base*
The club's youth academy has produced many fine homegrown talents.
*As **divisões de base** do clube têm revelado muitos bons jogadores prata da casa.*

5
FOOTBALL TERMS SPECIFICALLY USED IN ENGLISH AND IN PORTUGUESE

FOOTBALL TERMS SPECIFICALLY USED IN ENGLISH

"box-to-box midfielder" ▷ a modern defensive midfielder, common in English football, who plays between the two boxes, both defending and attacking, and who can mark off the ball and move forward when their team is with the ball. This expression is sometimes used by Brazilian commentators.

"a fox in the box" ▷ a type of striker with excellent scoring ability and who is very tricky for a defender to stop.

"giant-killer" ▷ a small, lower-tier team that defeats a much stronger team.

"hat-trick" ▷ the achievement of a player who scores three goals or more in a single game. Different origins have been attributed to this term. Commentators in Brazil will sometimes use the original expression in English to refer to this feat. When this occurs in a game, it is generally said that a player "scored a hat-trick".

"to hit the woodwork" ▷ in football parlance, the woodwork is the crossbar and posts. The phrase is commonly used by commentators to say that a player has come close to scoring, but the shot hit the frame of the goal. The word "woodwork" is applied even to a frame made of metal. Two equivalent expressions in Portuguese are "arco do gol" and "baliza", the latter a term that has currency in Portugal.

"the onion bag" ▷ a goal net, especially in the context of scoring a goal. When a player scores, it is said that he or she has "found the onion bag".

"to slot" ▷ to score a goal by placing the ball on the ground in the narrow space between the keeper and the post.

"a soft goal" ▷ a goal conceded by a keeper on what should be an easy save. A keeper is said to have "conceded a soft goal", while the scorer is said to have "scored a soft goal".

FOOTBALL TERMS SPECIFICALLY USED IN PORTUGUESE

"balão" ▷ a hoofed ball (usually upward) with no target.

"banheira" ▷ it literally translates as "bathtub". Forwards are said to "be or stay in the bathtub" when they stand around the attacking goal area, waiting for a perfect ball, but often finding themselves offside.

"chapéu" ▷ a form of dribbling in which, after flicking the ball over an opponent's head, the player steps around the opponent to collect the ball on the other side. There is no specific word in English to refer to this form of dribbling. The word "chapéu" means hat in Portuguese. It is analogous to the Spanish word "sombrero", which is also used to refer to the same move in many Spanish-speaking countries and even by a considerable number of English-language media outlets.

"chuveiro" or "chuveirinho" ▷ Literally "shower" or "little shower", this is a highball sent into the area of the attacking goal.

"drible da vaca" ▷ a move where the player kicks the ball past one side of the opponent and runs around the opposite side to collect the ball downfield, leaving the opponent in the middle. It literally translates as "the cow's dribble". Also known as "meia-lua", or half moon.

"frango" ▷ in Brazil, a ball that a goalkeeper lets in, but which should have been very easy to save, is usually called a "frango". In Portuguese,

GLOSSARY OF FOOTBALL TERMS

a "frango" is a chicken. Now, try to imagine someone scrambling to grab a chicken on the run. That's the idea. The word "frango" is used especially about goalkeeping blunders that are embarrassing for the keeper, such as letting the ball roll in through his or her legs. It is then said that the poor goalie "took a chicken" [levou um frango]. A bad goalkeeper is referred to as being "frangueiro" (roughly, "a chicken taker"). The phrase "The goalkeeper let in a soft goal" in English comes close to the meaning of "frango", except that a soft ball does not necessarily involve embarrassment for the goalkeeper, as is the case with "levar um frango" in Brazilian Portuguese.

"freguês" ▷ literally, a customer in Portuguese. When a club is defeated by another club on a regular basis, supporters of the winning team banter with fans of the losing team, saying that they are their "customers" who always come back for more thrashing.

"futebol de botão" ▷ more than an expression, this is a quite popular football simulation game in Brazil. It is played on a table-top using concave disks for outfield players, and a rectangular block for the goalkeeper. Initially, clothing buttons were used as players, hence the name of this pasttime (button football, in Portuguese]. The game has its own specific rules. A circular disk is pressed down on the buttons in order to move the players and hit the ball.

"gol de placa" ▷ an extraordinarily beautiful goal. This phrase was coined after a game between Pelé's Santos and Fluminense in the Maracanã stadium, in Rio de Janeiro, on March 5, 1961, in which Pelé scored such a beautiful goal that Brazilian sports journalist Joelmir Beting suggested that a plaque be erected in the stadium in memory of Pelé's feat. Beting's suggestion was carried out. Sadly there is no video footage of this match, but the expression "gol de placa" became synonymous in Brazil with a very beautiful goal. Even to this day, the Marcanã stadium carries the token of recognition to Pelé's wondrous piece of skill.

"lanterna" ▷ the team placed last at any point during a competition. The expression was popularized in Brazil via the Tour de France cycling race, in which the rider who finishes last is called the "Lanterne Rouge" (the red lantern, in French). Named after the red lantern on the guard's van[BrE]/caboose[AmE] of a train (the last wagon, for use of the train crew), the red lantern tradition started in 1903 and is meant as an honor to the last place of the race.

"na gaveta" ▷ literally, "in the drawer". A ball shot right into the top- -most corner of the goal, either left or right, just inside the goalpost and right under the crossbar.

"sair catando borboleta" ▷ when a keeper steps up to grab or punch a box-bound ball, such as a cross, but fails in his or her attempt and fumbles with the ball or doesn't even get his or her hands on it, the keeper is said to have "gone out catching butterflies".

AGRADECIMENTOS

Agradeço a Fernanda Marão, da Crayon Editorial, pela determinação e por sua orientação técnica indispensável; a Samuel Ribeiro de Noronha pela amizade e pelas trocas de ideias inspiradoras; a Wil Cabral de Azevedo por me mostrar um caminho; a Ken Fujioka e Marcos Medeiros pela confraternidade alvinegra e pelo entusiasmo com esta publicação; a minhas irmãs e meus irmãos pelo amor que recebo; aos alunos e às alunas que há tantos anos me fazem acreditar na missão do ensino.

Obrigado, Juca Kfouri, pela inspirada apresentação a este livro.

Um agradecimento especial a Keco Brandão e Lufe Gomes por sua arte em minha vida, pelo apoio sempre paciente e pela confiança irrestrita que depositam em mim. Este livro não existira sem vocês dois.

ACKNOWLEDGEMENTS

I'd like to thank Fernanda Marão, of Crayon Editorial, for her determination and indispensable technical advice; Samuel Ribeiro de Noronha for his friendship and the inspirational conversations; Wil Cabral de Azevedo for showing me the way; Ken Fujioka and Marcos Medeiros for their camaraderie and their excitement about this publication; my sisters and brothers for the love they give me; my students, who throughout these years have helped me believe in the mission of teaching.

Thank you, Juca Kfouri, for the inspired introduction to this book.

A special acknowledgement goes to Keco Brandão and Lufe Gomes for the art they bring into my life, their patient support and the unconditional trust that they place in me. This book would not exist without you.

REFERÊNCIAS

TEXTOS

http://soccernet.espn.go.com

http://www.worldsoccer.com/

http://www.bbc.co.uk/sport/0/football/

http://www.thesun.co.uk/sol/homepage/sport/football/

http://sportsillustrated.cnn.com/soccer/

http://goal.blogs.nytimes.com/tag/live-play-by-play/

http://www.stadiumguide.com/

http://www.fifa.com/newscentre/features/news/newsid=1655278/index.html

http://pt.fifa.com/classicfootball/news/newsid=1392577.html

http://www.fifa.com/classicfootball/history/the-game/Britain-home-of-football.html

http://oxforddictionaries.com/definition/english/--er--4

http://oxforddictionaries.com/definition/english/soccer?q=soccer

http://www.bbc.co.uk/sport/0/cycling/18507575

http://mauriciostycer.blogosfera.uol.com.br/tag/benjamin-wright/

http://en.wikipedia.org/wiki/Jimmy_Greaves

http://placar.abril.com.br/

http://www.lancenet.com.br/

MESAS-REDONDAS EM ÁUDIO

http://www.majorleaguesoccertalk.com/

http://totalsoccershow.com/

http://www.theguardian.com/football/series/footballweekly

VÍDEOS DE PARTIDAS

http://www.livesoccertv.com

http://www.socceronlinehub.com/

REFERENCE

TEXTS

http://soccernet.espn.go.com
http://www.worldsoccer.com/
http://www.bbc.co.uk/sport/0/football/
http://www.thesun.co.uk/sol/homepage/sport/football/
http://sportsillustrated.cnn.com/soccer/
http://goal.blogs.nytimes.com/tag/live-play-by-play/
http://www.stadiumguide.com/
http://www.fifa.com/newscentre/features/news/newsid=1655278/index.html
http://pt.fifa.com/classicfootball/news/newsid=1392577.html
http://www.fifa.com/classicfootball/history/the-game/Britain-home-of-football.html
http://oxforddictionaries.com/definition/english/--er--4
http://oxforddictionaries.com/definition/english/soccer?q=soccer
http://www.bbc.co.uk/sport/0/cycling/18507575
http://mauriciostycer.blogosfera.uol.com.br/tag/benjamin-wright/
http://en.wikipedia.org/wiki/Jimmy_Greaves
http://placar.abril.com.br/
http://www.lancenet.com.br/

AUDIO FOR TALK SHOWS

http://www.majorleaguesoccertalk.com/
http://totalsoccershow.com/
http://www.theguardian.com/football/series/footballweekly

MATCH VIDEOS

http://www.livesoccertv.com
http://www.socceronlinehub.com/

Este livro foi impresso em novembro de 2013 pela Yangraf
Gráfica e Editora Ltda., sobre papel offset 90g/m².